V&R unipress

L'Homme.
Europäische Zeitschrift für Feministische Geschichtswissenschaft

Herausgegeben von
Caroline Arni/Basel, Gunda Barth-Scalmani/Innsbruck, Ingrid Bauer/Wien
und Salzburg, Mineke Bosch/Groningen, Bożena Chołuj/Warschau und
Frankfurt (Oder), Maria Fritsche/Trondheim, Christa Hämmerle/Wien,
Gabriella Hauch/Wien, Almut Höfert/Oldenburg, Anelia Kassabova/Sofia,
Claudia Kraft/Wien, Ulrike Krampl/Tours, Margareth Lanzinger/Wien,
Sandra Maß/Bochum, Claudia Opitz-Belakhal/Basel, Regina Schulte/
Berlin, Xenia von Tippelskirch/Berlin, Heidrun Zettelbauer/Graz

Initiiert und mitbegründet von Edith Saurer (1942–2011)

Wissenschaftlicher Beirat
Angiolina Arru/Rom, Sofia Boesch-Gajano/Rom, Susanna Burghartz/Basel,
Kathleen Canning/Ann Arbor, Jane Caplan/Oxford, Krassimira Daskalova/
Sofia, Natalie Zemon Davis/Toronto, Barbara Duden/Hannover, Ayşe
Durakbaşa/Istanbul, Ute Frevert/Berlin, Ute Gerhard/Bremen, Angela Groppi/
Rom, Francisca de Haan/Budapest, Hanna Hacker/Wien, Karen Hagemann/
Chapel Hill, Daniela Hammer-Tugendhat/Wien, Karin Hausen/Berlin, Hana
Havelková/Prag, Waltraud Heindl/Wien, Dagmar Herzog/New York, Claudia
Honegger/Bern, Isabel Hull/Ithaca, Marion Kaplan/New York, Christiane
Klapisch-Zuber/Paris, Gudrun-Axeli Knapp/Hannover, Daniela Koleva/Sofia,
Brigitte Mazohl/Innsbruck, Hans Medick/Göttingen, Michael Mitterauer/
Wien, Herta Nagl-Docekal/Wien, Kirsti Niskanen/Stockholm, Helga
Nowotny/Wien, Karen Offen/Stanford, Michelle Perrot/Paris, Gianna Pomata/
Bologna, Helmut Puff/Ann Arbor, Florence Rochefort/Paris, Lyndal Roper/
Oxford, Raffaela Sarti/Urbino, Wolfgang Schmale/Wien, Gabriela Signori/
Konstanz, Brigitte Studer/Bern, Marja van Tilburg/Groningen, Maria
Todorova/Urbana-Champaign, Claudia Ulbrich/Berlin, Kaat Wils/Leuven

L'Homme. Europäische Zeitschrift für
Feministische Geschichtswissenschaft
30. Jg., Heft 2 (2019)

Innenräume – Außenräume

Herausgegeben von
Maria Fritsche, Claudia Opitz-Belakhal und
Inken Schmidt-Voges

V&R unipress

Inhalt

Beiträge

Extra

Im Gespräch

Aus den Archiven

Aktuelles & Kommentare

Rezensionen

30 Jahre „L'Homme. Z. F. G."

„Wenn eine in ihr dreißigstes Jahr geht, wird man nicht aufhören, sie jung zu nennen." So könnte – frei nach Ingeborg Bachmann[1] – wohl auch in Bezug auf die Zeitschrift „L'Homme. Z. F. G." formuliert werden. Obwohl ihr das nicht immer zugetraut wurde und es seit dem Erscheinen des ersten Heftes zum Themenschwerpunkt „Religion"[2] Ende 1990 auch schwierigere Zeiten zu bewältigen gab, ist „L'Homme" 2019 tatsächlich in ihr dreißigstes Jahr getreten – und dabei in vielerlei Hinsicht jung geblieben. Denn es geht der Zeitschrift ähnlich wie dem Protagonisten in Ingeborg Bachmanns Erzählung, der sich in seinem dreißigsten Lebensjahr vor dem Hintergrund seiner bisherigen Lebenserfahrungen und Identitätsentwürfe selbstkritisch und -experimentierend gleichsam neu entwirft: Sie beziehungsweise ihr sich immer wieder veränderndes Herausgeberinnenteam,[3] ihre Redaktion und ihre vielen Autor*innen haben mit all den bislang in 59 Heften veröffentlichten Beiträgen verschiedene Phasen und Facetten der Selbstverortung/en feministischer Geschichtswissenschaft mitgestaltet. Die dafür gewählten Themen reichten von „Religion" und Fokussierungen auf „Krieg", „Flucht", „Minderheiten", „Körper", „Heimarbeit", „Geschlechterdebatten" und „Post/Kommunismen" über Ausgaben zu „Citizenship", „Whiteness", „Care", „Krise(n) der Männlichkeit", „Gender & 1968" hin zu solchen über „Mitgift", „Romantische Liebe", „Ökonomien", „Nach 1989", „Schwesterfiguren" etc.; oder von Mittel- über West-, Süd-, Südost- und Nordeuropa bis hin zu anderen Weltregionen und globalgeschichtlichen Dimensionen geschlechtlich verankerter Ungleichheit.[4] Dabei wurde das bis heute expandierende, in seiner Komplexität auf knappem Raum auch nicht mehr annähernd zu resümierende Forschungsfeld stets aufs Neue inhaltlich wie

---

1 Ingeborg Bachmann, Das dreißigste Jahr, in: dies., Werke. Zweiter Band: Erzählungen, hg. von Christine Koschel, Inge von Weidenbaum u. Clemens Münster, München/Zürich 1982, 94–137, 94, original formuliert in männlicher Form. Die Erstausgabe erschien 1961.
2 Dieses erste Heft der Zeitschrift wurde von Edith Saurer und Christa Hämmerle herausgegeben.
3 Vgl. die Auflistung aller bisherigen „L'Homme"-Herausgeberinnen unter: https://www.univie.ac.at/ Geschichte/LHOMME → „Über ‚L'Homme. Z. F. G.'".
4 Vgl. zu allen „L'Homme"-Ausgaben sowie zur Schriftenreihe der Zeitschrift die Website unter: https://www.univie.ac.at/Geschichte/LHOMME → „Bisher erschienen".

methodisch-theoretisch reflektiert und vermessen, verändert und weiterentwickelt,[5] ganz im Sinne einer ständigen kritischen ‚Denkwerkstatt'. Feministische Geschichtswissenschaft und damit einhergehende Wissenschaftskritik verstehen sich so gesehen als nach ‚innen' wie nach ‚außen' gerichtetes Kontinuum, das sich zudem – hierbei notwendigerweise jung und rebellisch bleibend – in den jeweiligen (geschlechter-)politischen Kontexten zu entfalten hat.

Diese Kontexte haben sich in den dreißig Jahren, in denen „L'Homme. Z. F. G." nun besteht, selbstverständlich gewandelt. Wurde die Zeitschrift mit ihren Anliegen im ersten Editorial 1990 noch klar und ganz emanzipatorisch im „Spannungsverhältnis zwischen politischer Bewegung und wissenschaftlicher Analyse" verortet,[6] folgte daraufhin eine Zeit, in der die Frauen- und Geschlechtergeschichte im akademisch-universitären Bereich in vielerlei Hinsicht erfolgreich etabliert werden konnte, während die feministischen Bewegungen und damit verbundene Definitionen von Feminismus außerhalb – so wurde oft kritisch konstatiert – nach der Aufbruchssituation und den Kämpfen der 1970er- und 1980er-Jahre mehr oder weniger stagnierten oder sich zumindest stark veränderten.[7] Angesagt war nun vor allem der ‚Gang durch die Institutionen', die Frauen und engagierter Frauen- oder Geschlechterforschung so lange versperrt geblieben waren. Und während die Gründung der Zeitschrift 1989/1990 das dezidierte Ziel beinhaltet hatte, nach einer Phase der Interdisziplinarität einen Schritt zurück *in* die Disziplin zu setzen und – wie im „L'Homme"-Logo bis heute vergegenwärtigt[8] – Geschichte gänzlich und grundlegend umzuschreiben, kam es mit der Entstehung und der Ausgestaltung der Gender Studies zu einer neuen Form von Interdisziplinarität. Die mittlerweile entwickelten queeren Ansätze und ‚verflüssigten' Geschlechterdefinitionen spielten und spielen dabei eine ebenso große Rolle wie praxeologische, kulturwissenschaftliche, machttheoretische und intersektionale Interpretamente, die vice versa auch die gleichzeitig weiterhin in der Empirie verankerte feministische Geschichtswissenschaft der vergangenen Jahre geprägt haben – wobei das Feld sich laufend entwickelt und verändert.

Gleichzeitig muss konstatiert werden, dass nicht nur das Logo der Zeitschrift nach wie vor Gültigkeit hat, da wichtige Teilbereiche der Geschichtswissenschaft, und insbesondere ihr Mainstream, vielfach noch immer ohne Integration der analytischen Kategorie Geschlecht verfahren. Auch das im Untertitel festgeschriebene Label der

---

5 Vgl. zum Forschungsfeld etwa zuletzt die erweiterte und überarbeitete Neuauflage von Claudia Opitz-Belakhal, Geschlechtergeschichte, Frankfurt a. M. 2018 (Orig. 2010).

6 Editorial, in: L'Homme. Z. F. G., 1, 1 (1990), 3.

7 Vgl. zu diesem Spannungsverhältnis etwa die Festrede von Ute Frevert, Ein Vierteljahrhundert „L'HOMME" – Aufbruch aus und Ankommen in der Allgemeinen Geschichte, anlässlich des 25-jährigen Jubiläums der Zeitschrift 2014, unter: https://www.univie.ac.at/Geschichte/LHOMME/cms/images/pdfs/25jahre-rede-frevert.pdf.

8 Das vom Künstler Erwin Thorn (1930–2012) gestaltete Logo zeigt Leonardo da Vincis „homo quadratus" ohne Mann/Mensch, der das Innere der Welt zusammenhält. So wird, im Sinne einer permanenten Provokation, die Notwendigkeit des Neuschreibens der Geschichte postuliert.

feministischen Geschichtswissenschaft hat angesichts aktueller politischer Entwicklungen und Diskurse neue Bedeutung gewonnen. In einer Zeit der massiven Zunahme eines vor allem, aber nicht nur von rechtspopulistischen Parteien und Medien vorangetriebenen „Gender-Bashings", einer immer häufiger laut werdenden Infragestellung der über Jahrzehnte erkämpften Frauenrechte, der vielen Versuche, erneut konservative, angeblich ‚natürlich' bedingte Geschlechtermodelle zu etablieren einerseits, und der Kürzung von Budgets für verschiedenste Projekte und Maßnahmen zur Herstellung von Geschlechtergerechtigkeit sowie der öffentlichen Instrumentalisierung und Mythenbildung in Bezug auf die Relationen von Geschlecht und Geschichte andererseits ist es dringlich, sich erneut feministisch zu positionieren, das heißt für umfassende Gleichberechtigung der Geschlechter einzutreten. Das gilt auch in Hinblick auf ein Empowerment durch jene in den letzten Jahrzehnten geschaffenen europäischen Netzwerke, zu denen die heute von Wissenschaftlerinnen aus acht europäischen Ländern herausgegebene Zeitschrift „L'Homme" und die ihr angeschlossene Schriftenreihe ebenfalls gehören. Gegen Versuche, ein vereintes und in seiner Diversität solidarisches Europa zu zerstören, wird sie daher mit allen ihr verfügbaren Mitteln ankämpfen. Und dabei – so hoffen wir – eben auch jung im obigen Sinne bleiben – bis hin zu einem vierzigsten, fünfzigsten, hundertsten Jahr … In dieser Perspektive wollen wir das dreißigste Jahr im Rück- wie im Vorausblick begehen: Zum runden Geburtstag erscheint im Frühjahr 2020 in den „L'Homme Schriften" eine Zusammenstellung von Gesprächen mit Protagonist*innen feministischer Forschung, die seit 1992 in „L'Homme. Z. F. G." publiziert wurden.[9]

Für die Herausgeberinnen und in Erinnerung an Edith Saurer (1942–2011),
die „L'Homme. Z. F. G." einst initiiert hat: Christa Hämmerle

---

9 Vgl. Ingrid Bauer, Christa Hämmerle u. Claudia Opitz-Belakhal (Hg.), Politik – Theorie – Erfahrung. 30 Jahre Feministische Geschichtswissenschaft im Gespräch, Göttingen 2020 (in Vorbereitung).

Editorial

Ausgehend von der Idee, dass Geschichte sich immer in Zeit und Raum vollzieht, war die Kategorie Raum seit jeher eine Grundkategorie der historischen Forschung. Besondere Aufmerksamkeit findet sie aber seit der Jahrtausendwende. Mit dem sogenannten *spatial turn* richtete sich der Blick der Geschichtswissenschaft nicht nur verstärkt auf (vor allem außereuropäische) geografische Räume. Er reflektierte, viel weitgehender, die Erkenntnis, dass soziale Interaktionen immer auch in Räumen stattfinden und diese ihrerseits mitgestalten, ganz gleich, ob diese nun materiell fassbar oder eher virtuell beziehungsweise durch soziale Beziehungen geprägt sind (wie etwa im Konzept des „Kulturraums"). Wie Susanne Rau in ihrer Einführung zur historischen Raumforschung argumentiert, besteht die Chance einer historisch-analytischen Perspektivierung auf Raum/Räume unter anderem darin, „die Prozesse der Produktion und Konstruktion von Räumen zu beleuchten, auf kulturelle Praktiken einzugehen, Differenzen und Koexistenzbeziehungen von Raumvorstellungen herauszuarbeiten, Verortungen und Verräumlichungen sozialer Beziehungen zu beobachten, räumliche Selbstbilder und Ordnungsarrangements von Gruppen und Gesellschaften zu analysieren und ihre Auswirkungen zu verfolgen sowie auf die raumzeitlichen Veränderungen sozialer Prozesse hinzuweisen".[1]

Bereits lange vor dem *spatial turn* hatte die Kategorie Raum in der feministischen Geschichtsbetrachtung eine zentrale Bedeutung. Ausgehend von der Beobachtung, dass die Lebens- und damit Erfahrungsräume von Männern und Frauen in der Vergangenheit mehr oder weniger klar getrennt waren (ausgedrückt im Konzept der „separate spheres"), wurde von der feministischen Forschung kritisiert, dass die Geschichtsschreibung und -forschung mit ihrer Konzentration auf politische ‚Haupt- und Staatsaktionen' die ‚typisch weiblichen' Handlungsräume von Haushalt, Familie und Privatsphäre systematisch ausgeblendet hatte. Die Diskussion über die in der historischen Realität häufig höchst unscharfe Trennung zwischen ‚Öffentlichkeit' und ‚Privatsphäre' bildete einen wesentlichen Ausgangspunkt für Forschungskritik und neue

---

1 Susanne Rau, Räume. Konzepte, Wahrnehmungen, Nutzungen, Frankfurt a. M./New York 2013, 11.

Ansätze in der Frauen- und Geschlechtergeschichte.[2] Das Thema „Frauenräume"
wurde daher auch schon früh zum konzeptionellen Rahmen, um über Geschlechter-
ordnungen und -grenzen in der Vergangenheit epochenübergreifend nachzudenken.[3]
Schon hier wurde deutlich, dass Räume eine (mindestens) zweifache Bedeutungsdi-
mension haben: Einmal definieren sie konkrete materielle, abgeschlossene Räume, die
durch Fenster oder Türen durchlässig gemacht werden können. Zum zweiten aber
interessieren vor allem die sozialen Normen und Bewertungen, die mit räumlichen
Grenzziehungen materieller oder immaterieller Natur einhergehen (können). Dabei
hat die geschlechtergeschichtliche Forschung überzeugend dargelegt, dass etwa die
Abtrennung der familiären/privaten Räume von politischen Räumen in die Irre führt,
weil Beziehungsgeflechte diese Abgrenzungen überwinden oder durchbrechen. In
diesem Zusammenhang ist besonders auf die kultur- und epochenübergreifende Bedeutung von Verwandtschaftsbeziehungen und damit insbesondere auch auf die
Möglichkeiten der politischen Einflussnahme durch weibliche Familienmitglieder der
Eliten zu verweisen.[4]

   Schließlich beeinflusst in der Regel auch die Position im (materiellen oder sozialen)
Raum die Handlungsmöglichkeiten (Agency) von Personen, gleich welchen Geschlechts. Wie grundlegend die räumliche Positionierung von Akteur*innen für die
geschlechtergeschichtliche Analyse ist, hat Andrea Griesebner verdeutlicht, deren
Konzept von Geschlecht als „mehrfach relationaler Kategorie"[5] sich direkt auf die
Raumsoziologie Pierre Bourdieus bezieht, der seinerseits die (komplexe) Positionierung
von Akteur*innen im „sozialen Raum" zum Ausgangspunkt seiner Studie über die
„feinen Unterschiede" machte. Das Aufbrechen dieser vermeintlich ahistorischen
Raumkonzeptionen ermöglicht daher nicht nur, den Konstruktionscharakter der geschlechterbezogenen Verortung herauszuarbeiten, sondern auch zu zeigen, dass diese
Geschlechterhierarchien keinesfalls immer und überall in derselben Weise vorhanden
waren und verhandelt wurden. Es sind also die kulturell und gesellschaftlich-politisch
vermittelten Codierungen von Räumen, mit denen „Innen" und „Außen", Zugehörigkeiten und damit Handlungsmöglichkeiten definiert und zugewiesen werden. Die

---

2 Vgl. Karin Hausen, Öffentlichkeit und Privatheit. Gesellschaftspolitische Konstruktionen und die
  Geschichte der Geschlechterbeziehungen, in: dies. u. Heide Wunder (Hg.), Frauengeschichte –
  Geschlechtergeschichte, Frankfurt a. M./New York 1992, 81–88; Claudia Opitz-Belakhal, Geschlechtergeschichte, 2., aktualisierte Aufl., Frankfurt a. M. 2018, 97–115.
3 Vgl. Karin Hausen, Frauenräume, in: Hausen/Wunder, Frauengeschichte – Geschlechtergeschichte,
  wie Anm. 2, 21–25.
4 Vgl. dazu etwa die Ausführungen von Michelle Perrot, Einleitung, in: Philippe Ariès u. Georges Duby
  (Hg.), Geschichte des Privaten Lebens, Bd. 4: Von der Revolution zum Großen Krieg, hg. von
  Michelle Perrot, Frankfurt a. M./New York 1992, 7–11.
5 Vgl. Andrea Griesebner, Geschlecht als mehrfach relationale Kategorie. Methodologische Anmerkungen aus der Perspektive der Frühen Neuzeit, in: Veronika Aegerter u. a. (Hg.), Geschlecht hat
  Methode. Ansätze und Perspektiven in der Frauen- und Geschlechtergeschichte. Beiträge der 9.
  Schweizerischen Historikerinnentagung 1998, Zürich 1999, 129–137.

Fluidität, Volatilität und Partialität dieser Prozesse werden daher gerade in den Praktiken und Prozessen der Übergänge, im Umgang mit liminalen Zonen und in der
Inkongruenz materieller und sozialer Räume sichtbar.

Das Themenheft knüpft an diese Debatten an und präsentiert aktuelle Forschungen
zu Geschlechterbeziehungen und -formationen in Innen- und Außenräumen. Im
Mittelpunkt steht dabei die Machtfrage: Wie wird Macht innerhalb und zwischen den
Geschlechtern verteilt beziehungsweise (re)produziert, und welche Rolle spielt dabei
der Zugang zu oder die Kontrolle über Räume?

Inken Schmidt-Voges nimmt in ihrem Beitrag die Forschungsdebatte über die
vermeintlich ,getrennten Sphären' von Männern und Frauen in der Renaissance auf der
Grundlage von Leon Battista Albertis Buch „Della famiglia" (1433/34) kritisch in den
Blick. Alberti, der sich vor allem als Kunst- und Architekturtheoretiker und -historiker
einen Namen gemacht hat, präsentiert, oberflächlich betrachtet, in seiner an antiken
Vorbildern geschulten Beschreibung familiärer Praktiken und Räume genau jene geschlechtsspezifische Trennung der Sphären, wie sie die frühe feministische Geschichtsforschung kritisiert und problematisiert hatte. Eine genauere (Re-)Lektüre
dieser umfangreichen Darstellung, die Inken Schmid-Voges vorgenommen hat, offenbart indes Zwischentöne und -räume, die einer solch klaren Trennung der Geschlechter im Alltag wie im Selbstverständnis der Oberschicht italienischer Stadtstaaten
der Renaissance deutlich widersprechen.

Auch Julia Gebke setzt sich in ihrem Beitrag über die „Spuren der *weiberhandlung*"
kritisch mit ambivalenten Ein- und Ausgrenzungen weiblicher Akteure in der frühneuzeitlichen höfischen Politik und Kultur auseinander. Ausgehend von weiter aus-
greifenden methodologischen Überlegungen zum Verhältnis von Raum, Geschlecht
und Agency zeichnet sie auf der Grundlage diplomatischer Korrespondenzen des
16. Jahrhunderts die Handlungsmöglichkeiten der Kaiserin Maria von Spanien
(1528–1603) nach. Trotz ihrer privilegierten Position in der Nähe des Kaisers wurde sie
mit geschlechtstypischen Einschränkungen ihrer Handlungsmacht konfrontiert und
musste auf diese adelig-höfischen ,Handlungserwartungen' entsprechend reagieren.

Einen radikalen Wechsel von Schauplätzen und Perspektiven präsentiert der Beitrag
von Björn Klein, der die Leser*innen in die New Yorker Unterwelt um 1900 und ihre
vor allem sexuell ,bunten' und von der gesellschaftlichen Norm abweichenden Be-
wohner*innen entführt. Im Zentrum des Beitrags steht der „Female Impersonator"
und Amateur-Sexualwissenschaftler Ralph Werther, der sowohl engagierter Beobachter
als auch Teil dieser Unterwelt-Gesellschaft war und seine Erfahrungen und Beobachtungen in medizinischen Fachzeitschriften veröffentlichte. Als Grenzgänger zwischen
wissenschaftlicher Beobachtung und Selbstentblößung ermöglichte er den Vertretern
der damals noch jungen amerikanischen Sexualwissenschaft einen Einblick in eine
Welt, die um 1900 als ebenso bedrohlich wie reizvoll und jedenfalls typisch für die
Großstadt New York erschien. In seinem Versuch, den Voyeur (der er auch selbst war)
und seine aus Sicht der Sexualwissenschaft von der Norm abweichenden sexuellen

Wünsche und Identitäten zu rehabilitieren, scheute Werther indes auch nicht vor anti-feministischen oder rassistischen Stereotypisierungen zurück. Kleins Untersuchung kann so deutlich machen, dass sowohl die New Yorker Unterwelt als auch die Sexu-alwissenschaft als Reflexionsraum zur Begründung von Körper- und Geschlechter-politiken der Moderne fungierten.

Der vierte Hauptbeitrag verschiebt den geografischen Fokus vom urbanen New York zum ländlichen Anatolien. Çiçek İlengiz thematisiert die kolonialistische – vor allem auch gewaltsame – Inbesitznahme und Integration kurdischer Lebensräume (hier insbesondere der Provinz Dersim, heute Tunceli) durch die junge kemalistisch-türki-sche Republik. Sie analysiert die auf doppelte Weise gewaltsame Aneignung dieses Raumes: einerseits die brutale Besetzung durch türkische Truppen in den 1930er-Jahren, andererseits die durch Umbenennung und Militarisierung des Ortes verbun-dene Auslöschung jeder Erinnerung an die Vertreibung und Ermordung der ansässigen Bevölkerung. Die Menschen leben seitdem unter dem kontrollierenden Blick des Militärs und des Denkmals von Kemal Atatürk. Erst 2011 wurde mit der Errichtung einer Statue für Seyyid Rıza, der den Kurd*innenaufstand in Dersim 1937 angeführt hatte, die Macht Atatürks gebrochen. Die neue Statue verweist auf konkurrierende geschlechtliche Markierungen des öffentlichen Raums und der in ihr eingeschriebenen (oder auch getilgten) Erinnerung an die Gewalttaten, die nicht zuletzt auch die weibliche Bevölkerung zu erleiden hatte. Im Gegensatz zu anderen Denkmälern konnte das aus Kunststoff gefertigte Bildnis des sitzenden Stammesführers dem politischen Säuberungsprozess standhalten, weil es nicht als Konkurrenz zur dominanten Männ-lichkeit verstanden wurde.

Eine durchaus verwandte Perspektive auf vor allem männliche Markierungen des öffentlichen Raums präsentiert Maria Fritsche in ihrem Beitrag in „Aus den Archiven", der Konflikte zwischen Besatzern und Besetzten in Norwegen während des Zweiten Weltkrieges in den Blick nimmt. Die in den Wehrmachtgerichtsakten dokumentierten Zusammenstöße auf öffentlichen Plätzen und Straßen spiegeln nicht nur nationale Konfliktlinien, sondern sind vor allem Ausdruck konkurrierender männlicher Machtansprüche. Dass die Präsenz von Frauen im öffentlichen Raum von den Ge-richtsinstanzen weitgehend ausgeblendet oder unsichtbar gemacht wird, illustriert die Strategie geschlechtlicher Einschreibung.

Im Gespräch, das Inken Schmidt-Voges mit der Kunsthistorikerin Sigrid Ruby führte, stehen ebenfalls Sichtführungen und Sichtblenden zur Debatte, wie sie etwa im Blick auf den weiblichen (nackten) Körper in der Kunst seit der Renaissance zu be-obachten sind. Solche geschlechtlich markierten und organisierten Perspektivierungen hat die feministische Kunstgeschichte schon seit den 1970er-Jahren problematisiert. Mit der provokanten Frage „Do women have to be naked to get into the Met. Mu-seum?" eröffneten zum Beispiel die Guerilla Girls die Debatte darüber, wieso Künst-lerinnen es bis heute viel schwerer haben als männliche Künstler, öffentlich Aner-kennung zu erhalten und ihre Werke zu präsentieren. Damit sind nicht nur Inhalt und

Formen, Produktionsweisen und geschlechtliche Markierung von Künstler*innen, sondern ist vor allem auch die Frage des Sammelns und Präsentierens von Kunst in Museen und anderen Kultureinrichtungen angesprochen, die als (immer noch vitale) Problematik in der Diskussion um Geschlecht, Kunst und (Un-)Sichtbarkeit im öffentlichen Raum mitberücksichtigt werden muss.

Die auf „Innenräume – Außenräume" ausgerichteten Beiträge dieses „L'Homme"-Heftes werden ergänzt durch eine Reihe von Texten zu aktuellen Themen. In Birgit Sauers Reflexionen über die #MeToo-Bewegung stehen die Ambivalenzen und Widersprüche bei der affektiven Mobilisierung gegen sexuelle Gewalt im Fokus. Kritiker*innen, welche in der Debatte möglicherweise vorschnelle Vorverurteilungen und Verstöße gegen die Unschuldsvermutung beklagen, entgegnet sie, dass der #MeToo-Affektivismus als politisches Handeln verstanden werden muss, das darauf zielt, die Affektstruktur sexueller Gewalt zu transformieren und gewaltförmige Geschlechterhierarchien und Heteronormativität zu kritisieren und aufzubrechen. Allerdings müssen dazu Ambivalenzen und Widersprüche thematisiert werden, also sowohl die Handlungsfähigkeit von Frauen und damit auch ihre affektiven Verstrickungen in Gewaltkulturen sichtbar gemacht, wie auch die Intersektionalität von Gewalt und Affektivität thematisiert werden, um die rassialisierenden Einschreibungen in Gewaltdiskurse bewusst zu machen und zu beseitigen.

Dass es gerade in den USA unter der höchst umstrittenen Präsidentschaft Donald Trumps derzeit eine solche Bewegung braucht, um die politische Handlungsfähigkeit von Frauen, LGBTQ-Angehörigen oder Migrant*innen zu verteidigen, zeigt Anthony Castet in seinem kritischen Blick auf die öffentliche Debatte über Trumps Präsidentschaft: Sollte nach Vorstellung der Trump-Wahlkampfstrateg*innen „America's Greatness" durch die Stärkung weißer, christlicher Identität wiederhergestellt werden, eine Strategie, die vor allem auf weiße, evangelikale Wähler*innenschichten zielte, so hat die durch Trumps Wahlsieg demonstrierte Verteidigung weißer, christlich-patriarchaler Macht die amerikanische Gesellschaft noch tiefer gespalten. Dies äußert sich nicht nur in einer Zunahme rassistisch und sexistisch begründeter Gewalt, sondern auch in der Bedrohung von erkämpften Frauen- und LGBTQ-Rechten. Dieser Entwicklung stellt Castet die Ergebnisse der letzten Midterm Elections gegenüber, die er als eine positive Zäsur in der Geschichte der USA beurteilt, denn erstmals wurden auch muslimische und lesbische afroamerikanische Abgeordnete in den US-Kongress gewählt. Castet meint, dass das Trump'sche Projekt weißer Identitätspolitik auf tönernen Füßen steht und keine nachhaltige Wirkung entfalten kann, weil es auf der Illusion basiert, dass Weiße nach wie vor die dominante Gruppe in den USA sind.

Auch am derzeit höchst nationalistischen und autoritären Kurs der ungarischen Regierung wird ersichtlich, dass rassistische und nationalistische Identitätspolitiken immer auch Auswirkungen auf feministische und Geschlechterfragen haben. Wie Erzsébet Barát in ihrem Beitrag über die Abschaffung der Studienprogramme Gender Studies im Oktober 2018 in Ungarn im Zuge der Vertreibung der Central European

University aus Budapest deutlich macht, gibt es im nationalistischen ungarischen Diskurs, der zur Regierungsdoktrin wurde, keinen Raum für offene Geschlechterdebatten und kritische feministische (Selbst-)Reflexion. In diesem Sinn ist Ungarn auch kein Einzelfall, sondern fügt sich nahtlos ein in jenen „Anti-Genderismus", den wir auch aus den Diskursen rechter Bewegungen und Parteien in West- und Mitteleuropa kennen, die in den letzten „L'Homme"-Heften in verschiedenen Beiträgen dokumentiert und kommentiert wurden.[6]

Wie immer schließt auch dieses Heft mit einer Reihe von Rezensionen, in denen es – neben Raum und Geschlecht – unter anderem um die Geschichte von Sexualität(en) und Körpern, von Säkularismus und Orientalismus, von Feminismus und Frauenrechten geht – bis hin zum Faschismus als Bewegung und (bewaffneter) Kampf, an denen auch Frauen konstitutiv (wie etwa in der kroatischen Ustaša-Bewegung) beteiligt waren.

Maria Fritsche, Claudia Opitz-Belakhal und Inken Schmidt-Voges

---

6 Vgl. u. a. Ulrike Krampl u. Xenia von Tippelskirch, Anti-Gender-Bewegungen in Europa. Erste kritische Bestandsaufnahmen, in: L'Homme. Z. F. G., 28, 2 (2017), 101–107.

Inken Schmidt-Voges

„Connecting spheres". Die Verortung der Geschlechter in „Haus" und Gesellschaft in Leon Battista Albertis „Libri della famiglia" (1433/34)

Die gesellschaftliche Verortung der Geschlechter wurde in der historischen Forschung sehr lange als klar entlang der Geschlechtergrenzen organisiert wahrgenommen: Den Männern war der öffentliche Raum der Gesellschaft mit politischer und ökonomischer Teilhabe zugewiesen, die Frauen waren exklusiv auf den privaten Raum des „Hauses" verwiesen, der durch Hauswirtschaft, Versorgung der Familienmitglieder und Kindererziehung charakterisiert ist. Es war die frühe feministische Forschung, die diese „Aufteilung der Welt" als Ergebnis eines patriarchalen Machtprozesses dekonstruiert hat.[1] Vor allem in der Analyse der Geschlechterbeziehungen der Viktorianischen Gesellschaft wurde das Modell der „separate spheres" eingeführt, das bald auch bis zurück in die Zeit des Humanismus und der Reformation oder gar bis in die Antike verlängert wurde.[2]

Inzwischen haben zahlreiche Studien zeigen können, dass sich zwar in der Tat mit der im 14. Jahrhundert einsetzenden Antikenrezeption und später befeuert durch die Konfessionalisierung europaweit ein Normierungsprozess beobachten lässt, der die gesellschaftliche Ein-Ordnung der Geschlechter über ihre Stellung im „Haus" definierte und diskursiv unauflöslich an ein patriarchales Herrschaftsverständnis knüpfte.[3] Allerdings war diese neue Geschlechterordnung auch umstritten, weil die aus der vermeintlichen Bildungsunfähigkeit von Frauen abgeleitete Unterordnung kritisiert

---

1 Vgl. Silke Törpsch, Mapping, Spacing, Placing? Orientierungen im Raum kulturwissenschaftlicher und feministischer Forschungen, in: Karin Gludovatz u. Anja Middelbeck-Varwick (Hg.), Gender im Blick. Geschlechterforschung in Geschichts- und Kulturwissenschaft, Frankfurt a. M. 2010, 165–176, 169; für eine kritische Reflexion der feministischen Historiografiegeschichte vgl. Claudia Opitz-Belakhal, Um-Ordnungen der Geschlechter. Einführung in die Geschlechtergeschichte, Tübingen 2005, 156–180.

2 Für eine frühe kritische Einordnung des Paradigmas in einer sehr umfangreichen und komplexen Debatte vgl. Linda K. Kerber, Separate Spheres, Female Worlds, Women's Place. The Rhetoric of Women's History, in: The Journal of American History, 75, 1 (1988), 9–39.

3 Vgl. Anna Becker, Der Haushalt in der politischen Theorie der Frühen Neuzeit, in: Joachim Eibach u. Inken Schmidt-Voges (Hg.), Das Haus in der Geschichte Europas. Ein Handbuch, Berlin 2016, 667–684.

wurde.[4] Zudem war sie eingebettet in ein gesellschaftliches Ordnungsverständnis, das nicht nach modernen staatsrechtlich-institutionellen Eindeutigkeiten funktionierte, sondern heterogen, praxisbezogen und akzeptanzorientiert organisiert war und erhebliche Spielräume des Aushandelns bot; und es betraf nicht nur die Frauen, sondern ebenso die Männer.[5]

Diese neueren Ergebnisse legen den Schluss nahe, dass die Frage nach der räumlichen Zuordnung der Geschlechter von einem anderen Verständnis des Verhältnisses zwischen „Haus" und Gesellschaft her gedacht werden muss. Da die vielfach in den analytischen Kategorien und raumtheoretischen Modellbildungen zentrale Gleichsetzung von privat – „Haus" und öffentlich – Politik/Gesellschaft implizit rechtlich-institutionelle Konzepte der Moderne auf die Vormoderne überträgt, ist vielmehr danach zu fragen, inwieweit die sozialen Räume des „Hauses" und der Gesellschaft in vormodernen Vorstellungen nicht eher als miteinander verflochtene räumliche Dimensionen verstanden werden müssen, durch deren komplementäre Ordnungsleistung dann auch eine Neubewertung der darin vorgenommenen geschlechterbezogenen Positionierung möglich wird. Dies wird gestützt durch die neueren raumtheoretischen Debatten und ihre methodischen Implikationen: Während dem Konzept der „separate spheres" noch ein wesentlich als „container" gedachtes Raummodell zugrunde lag, verstehen die jüngeren Studien die sozialen Räume im Kern als relationale Räume, die durch die soziale Praxis von AkteurInnen entstehen und somit nicht an materiell-topografische Gegebenheiten gebunden sind.[6] In diesem konzeptuellen Kontext ist im Weiteren die Verwendung des Begriffs „Raum" als eine relationale Dimension sozialer Praxis zu lesen, die in ihrer literarischen Konstruktion zwei distinkte, jedoch verflochtene und sich gegenseitig bedingende Bereiche („Haus" und Gesellschaft) definiert und diese dann als Räume sozialer Praktiken geschlechterbezogen konzipiert.

---

4 Einführend in die umfangreiche Literatur zur *Querelle des femmes* vgl. Friederike Hassauer, Heißer Streit und kalte Ordnung. Epochen der „Querelle des femmes" zwischen Mittelalter und Gegenwart, Göttingen 2008.

5 Vgl. Heinrich-Richard Schmidt, Hausväter vor Gericht. Der Patriarchalismus als zweischneidiges Schwert, in: Martin Dinges (Hg.), Hausväter, Priester, Kastraten. Zur Konstruktion von Männlichkeit in Spätmittelalter und Früher Neuzeit, Göttingen 1998, 213–236; Michael McKeon, The Secret History of Domesticity: Public, Private, and the Division of Knowledge, Baltimore 2005; Amanda Flather, Space, Place and Gender. The sexual and spatial division of labor in the early modern household, in: History and Theory, 52, 3 (2013), 344–360.

6 Vgl. hierzu grundlegend anschließend an frühe soziologische Konzepte Henri Lefebvres (Henri Lefebvre, Die Produktion des Raumes, in: Jörg Dünne u. Stephan Günzel (Hg.), Raumtheorie. Grundlagentexte aus Philosophie und Kulturwissenschaften, Frankfurt a. M. 2006, 330–343) etwa Martina Löw, Raumsoziologie, Frankfurt a. M. 2001; jüngst mit Fokus auf die Vielgestaltigkeit des sozialen Raumes des Haushalts Gabriele Jancke u. Daniel Schläppi (Hg.), Ökonomien sozialer Beziehungen. Ressourcenbewirtschaftung als Geben, Nehmen, Investieren, Verschwenden, Haushalten, Horten, Vererben, Schulden, Stuttgart 2015, insbes. 3–37.

Dieser These soll im Folgenden in den „Libri della famiglia"[7] des Leon Battista Alberti (1404–1472) nachgegangen werden. Albertis Schrift bietet sich hierzu in besonderer Weise an: Erstens hat er wie keiner vor oder nach ihm das „Haus" sowohl in seiner sozialen wie auch architektonischen Dimension thematisiert und reflektiert;[8] zweitens gehören die „Libri" mit zu den frühen Werken einer eben entstehenden „Hausliteratur", in denen die für die Frühe Neuzeit charakteristischen Elemente einer geschlechterbezogenen Gesellschaftsordnung zum Tragen kommen; und drittens schrieb Alberti die vier „Libri della famiglia" nicht als präskriptiv-normativen Text wie die vielen anderen Traktate theologischer, juristischer oder ökonomischer Diskurse, sondern als Dialog, in dem die unterschiedlichen Sichtweisen und alternativen Deutungsmuster seiner Zeitgenossen in produktive Spannung zueinander gesetzt werden und eine abschließende Bewertung dem Adressaten überlassen wird; viertens wurden die „Libri" intensiv in europäischen Gelehrtenkreisen rezipiert, auch wenn sie erst Mitte des 19. Jahrhunderts im Druck erschienen.[9]

Methodisch bietet der Begriff der „connecting spheres", den Marilyn Boxer und Jean Quataert 1987 prägten, einen Anknüpfungspunkt, um die Problematik der „separate spheres" aufzubrechen und die Verflechtung unterschiedlicher räumlicher Bezüge und dadurch weibliche Agency deutlich zu machen.[10] Auch wenn der Begriff nicht zu einem Analysemodell ausgearbeitet wurde, eröffnet er eine neue Perspektive auf die wechselseitige Entsprechung unterschiedlicher räumlicher Ensembles. Für die Analyse der „Libri" von Alberti heißt das, weder „Haus" noch Gesellschaft als klar definierte, homogene Räume zu denken, sondern sie als Überlagerungen sich unterschiedlich konstituierender Raumdimensionen zu lesen. Damit steht zugleich die bisher recht stereotype Verortung der Geschlechter in einer dieser Raumdimensionen zur Disposition, die ihrerseits auf Überlagerungen hin überprüft werden müssen.

Mit „Haus" bezeichnete man in der Frühen Neuzeit sowohl den sozialen Raum des Haushalts mit all seinen Mitgliedern und ihren Tätigkeiten als auch den umbauten Raum der bewohnten und bewirtschafteten Gebäude. Beide waren durch ein komplexes Geflecht impliziter und expliziter Normen gerahmt, sodass das „Haus" im

---

7 Die Textgrundlage dieses Beitrags ist die deutsche Übertragung von Walther Kraus: Leon Battista Alberti, Über das Hauswesen [Della famiglia], übersetzt von Walther Kraus, Zürich/Stuttgart 1962. Für den italienischen Originaltext steht die Edition von Ruggiero Romano, Alberto Tenenti und Francesco Furlan: Leon Battista Alberti, I libri della famiglia, Torino 1994.

8 Vgl. Ettore Janulardo, Tra pubblico e privato: l'architettura della famiglia nel Libri dell'Alberti, in: Luisa Secchi Tarugi (Hg.), Vita pubblica e vita privata nel Rinascimento, Firenze 2010, 525–532.

9 Vgl. Anthony Grafton, Leon Battista Alberti. Baumeister der Renaissance, Berlin 2002, 252 f.; Paola Massalin, Copistes et lecteurs du De familia dans l'entourage d'Alberti, in: Michel Paoli (Hg.), Les Livres de la famille d'Alberti. Sources, sens et influence, Paris 2013, 205–243; Francesco Sberlati, Un lecteur du De familia à la fin du XVIe siècle: Bernardino Baldi, in: ebd., 442–453; Stefano Pittaluga, Inquietudini editoriali di Leon Battista Alberti fra lettore private e diffusione publicca, in: Secchi Tarugi, Vita pubblica, wie Anm. 8, 515–524.

10 Vgl. Marilyn J. Boxer u. Jean H. Quataert (Hg.), Connecting Spheres. European Women in a Globalizing World, 1500 to the Present, New York ²2000 (Orig. 1987), 5 f.

umfassenden Sinne auch als rechtlicher Raum zu begreifen ist. Diese verschiedenen räumlichen Ausdehnungen des „Hauses" besaßen zwar große Überschneidungen, waren aber nicht deckungsgleich und wiesen auch je unterschiedliche Grenzregime auf: Zugehörigkeit und Zugänglichkeit waren unterschiedlich organisiert und interagierten daher auch unterschiedlich mit dem umgebenden gesellschaftlichen Raum.[11] Dieser besaß im vormodernen Verständnis seinerseits eine soziale Dimension, verstanden als die Summe aller Haushalte, die ein Gemeinwesen ausmachten und deren BewohnerInnen sich etwa als NachbarInnen, Berufskollegen oder KirchgängerInnen in ihren täglichen Verrichtungen begegneten. Der baulich gestaltete Raum war gekennzeichnet durch eine Vielzahl öffentlicher Gebäude, Straßen, Plätze, die an die Häuser angrenzten und damit liminale Zonen und Grenzräume markierten. Den rechtlichen Raum steckten die Institutionen politischer Vertretung und Verordnungen ab, die das Zusammenleben regulierten.

Diese Dimensionen sind in den „Libri della famiglia" begrifflich präsent. Während *casa* sowohl das gebaute Haus als auch den größeren Familienband im Sinne einer Dynastie bezeichnen kann, verweist *famiglia* auf den sozialen Raum des „Hauses" – sowohl auf den größeren Familienverband insgesamt wie auch auf die jeweilige erweiterte Kernfamilie eines Haushalts. Die Tätigkeit des Haushaltens wird als *masserizia* bezeichnet. Der gesellschaftliche Raum wiederum wird in seiner rechtlich-institutionellen Dimension als *republica* bezeichnet, während der soziale Raum der Gesellschaft mit *publica societa*, *amici*, *vicini* zugleich verschiedene Beziehungskonzepte reflektiert. Die topografische Dimension des gesellschaftlichen Raumes taucht als *fuori*, *piazze* oder *via* auf. Diese Mehrschichtigkeit lässt sich mit den Kategorien ‚innen' und ‚außen' greifen, um die Verflechtung einerseits und die jeweiligen Grenzen andererseits zu markieren.

In der reichen Forschung zu Albertis „Libri della famiglia" waren es vor allem LiteraturwissenschaftlerInnen, Kunst- und IdeenhistorikerInnen, die sich insbesondere mit der ökonomischen Ethik, mit dem Verhältnis von Öffentlichkeit und Privatheit beziehungsweise Ehekonzepten auseinandergesetzt haben.[12] Auch geschlechtergeschichtlich wurden sie analysiert: Während Carla Freccero und Gisela Ecker die

---

11 Vgl. hierzu Inken Schmidt-Voges, Das Haus in der Vormoderne, in: Eibach/Schmidt-Voges, Das Haus, wie Anm. 3, 1–19. Auch Joachim Eibach verweist auf diese unterschiedlichen räumlichen Qualitäten, zielt aber in der Konzeption stärker auf deren Zusammenwirken, nicht auf die analytische Trennung: Joachim Eibach, Das offene Haus. Kommunikative Praxis im sozialen Nahraum der europäischen Frühen Neuzeit, in: Zeitschrift für Historische Forschung, 38, 4 (2011), 621–664.

12 Vgl. z. B. Alberto Tenenti, La res uxoria tra Francesco Barbaro e Leon Battista Alberti, in: Michaela Marangoni (Hg.), Una famiglia veneziana nella storia: I Barbaro, Venezia 1996, 43–66; Manfred Lentzen, Frühhumanistische Auffassungen über Ehe und Familie. Francesco Barbaro – Matteo Palmieri – Leon Battista Alberti, in: Ute Ecker u. Clemens Zintzen (Hg.), Saeculum tamquam aureum. Internationales Symposion zur italienischen Renaissance des 14.–16. Jahrhunderts, Hildesheim 1997, 379–394.

„Libri" als Schlüsseltext patriarchaler Exklusion von Frauen aus der Gesellschaft lesen,[13] arbeiten Amyrose McCue Gill und Anthony Grafton sehr deutlich die Notwendigkeit einer präzisen historischen Kontextualisierung heraus und zeigen, dass die den Frauen zugeschriebenen Funktionsbereiche sehr ambivalent zwischen Herrschaftsposition und Unterordnung dargestellt werden und damit die Um- und Widersprüche der sozialen Transformationsprozesse aufgreifen.[14] Eine Verknüpfung dieser unterschiedlichen Forschungsstränge von ökonomischem Diskurs, Geschlechterkonzepten und Raumkonstruktionen steht für Alberti jedoch aus. Es gilt also zu fragen, inwieweit Männern und Frauen unterschiedliche Handlungsspielräume zugewiesen werden, wie diese über den Handlungszusammenhang des „Hauses" definiert und auf die Gesellschaft bezogen gedacht werden. Dies ermöglicht, die jeweils ‚männlich' und ‚weiblich' konnotierten Räume in „Haus" und Gesellschaft nicht als exklusiv voneinander getrennt, sondern komplementär als „connecting spheres" zu lesen.

Dazu wird nach einer kurzen quellenkritischen Einordnung der „Libri" (1.) zunächst das Verhältnis von „Haus" und Gesellschaft bei Alberti in den Blick genommen, um die unterschiedlichen Raumdimensionen beider Zusammenhänge vorzustellen (2.). Auf dieser Grundlage können dann die raumbezogenen Zuordnungen der Geschlechter herausgearbeitet werden (3.), bevor daraus abschließend grundsätzliche Überlegungen für die räumliche Verortung der Geschlechter in der Frühen Neuzeit angestellt werden können (4.).

1.   Text im Kontext: Albertis „Libri della famiglia" als Aushandlung familiärer Ordnung

Der Humanist, Mathematiker, Architekt und Kunsttheoretiker Leon Battista Alberti schrieb die ersten drei seiner Bücher über das Hauswesen 1433/34 in einer Zeit persönlicher Unsicherheit, in der er stark auf die Unterstützung seiner Familie hoffte, wiewohl seine Position in ihr mehr als unklar war: Er war 1404 in Genua als zweiter Sohn der unehelichen Beziehung des exilierten Florentiner Kaufmanns Lorenzo di Benedetto Alberti und der aus dem Genueser Patriziat stammenden Bianca di Carlo Fieschi geboren worden. Dadurch hatte Alberti den Status eines sozial zwar aner-

---

13 Vgl. Carla Freccero, Economy, Woman and Renaissance Discourse, in: Marilyn Migiel u. Juliana Schiesari (Hg.), Refiguring Woman. Perspectives on Gender and the Italian Renaissance, Ithaca/ London 1998, 192–210; Gisela Ecker, Leon Battista Alberti. Ordnungen des Hauses, des Sehens und der Geschlechter, in: Heide Wunder u. Gisela Engel (Hg.), Geschlechterperspektiven. Forschungen zur Frühen Neuzeit, Königstein i. T. 1998, 348–357.

14 Vgl. Amyrose J. McCue Gill, Rereading *I libri della famiglia*. Leon Battista Alberti on Marriage, *Amicizia* and Conjugal Friendship, in: California Italian Studies, 2, 2 (2011), [22 S.], [7], unter: https://escholarship.org/uc/item/9 t3049v8, Zugriff: 6.3.2019; Grafton, Alberti, wie Anm. 9, 238–241.

kannten, rechtlich aber nicht naturalisierten und daher illegitimen Sohnes. Es ist nicht geklärt, warum der Vater seine einzigen beiden Söhne nicht naturalisierte; gleichwohl hatte der Vater ihm und seinem älteren Bruder Carlo 1421 sein ganzes Vermögen vererbt, über das sie aufgrund ihres Status keine eigenen Verfügungsrechte besaßen und das daher treuhänderisch von ihrem Onkel Ricciardo Alberti verwaltet wurde.[15] Alberti hatte von 1414 bis 1418 eine vorbereitende Schule mit einem Schwerpunkt in Mathematik in Padua besucht und war von 1421 bis 1428 an der Universität in Bologna für das Studium der Rechte eingeschrieben. Die Finanzierung des Studiums gestaltete sich schwierig, da die Vermögensverwaltung nach dem Tode Ricciardos (1422) auf dessen Söhne übergegangen war. Diese kümmerten sich wenig um die Belange der Alberti-Brüder, verwendeten das Kapital für eigene Zwecke und verzögerten und verweigerten immer wieder die Auszahlungen. Nichtsdestotrotz schloss Alberti das Studium des Kirchenrechts 1428 ab, trat um 1430 in den Dienst Kardinal Niccolò Albergatis (1373–1443) und begann 1432 eine Karriere an der päpstlichen Kurie in Rom als *abbreviatore*, was ihm die finanziellen und zeitlichen Freiräume für gelehrte Studien und Textproduktionen schuf. Als er 1434 mit Papst Eugen IV. nach Florenz fliehen musste, besuchte er erstmals die Heimatstadt seines Vaters.[16]

Kurz zuvor, 1433/34, hatte er in wenigen Monaten die ersten drei Bücher der späteren vier „Libri della famiglia" verfasst. Eingebettet in umfangreiche humanistische Debatten, präsentierte er die zeitgenössisch zentralen Lehren der Haushaltskunst. Angelehnt an die gerade entdeckten und kommentierten antiken Lehren der pseudo-aristotelischen „Oikonomika"[17] und Xenophons „Oikonomikos",[18] komponiert als

---

15 Vgl. Thomas Kuehn, Law, Family and Women. Toward a Legal Anthropology of Renaissance Italy, Chicago 1991, 160–162.

16 Vgl. Anne-Marie Sorrenti, Public and Private in the Writings of Leon Battista Alberti, Toronto 2014, 8 f.; Grafton, Alberti, wie Anm. 9, 71; Christina Schäfer, Vom ‚anderen' Wert ökonomischen Wissens in der italienischen Renaissance. Leon Battista Alberti und die *Libri della famiglia*, in: Zeitsprünge, 21, 3/4 (2017), 285–303.

17 Leonardo Bruni hatte in den 1420er-Jahren zahlreiche antike Texte, darunter die pseudo-aristotelische Ökonomik wie auch Xenophon übersetzt und in einer Edition dem gelehrten Publikum zugänglich gemacht. Vgl. Grafton, Alberti, wie Anm. 9, 239–241; zum Einfluss auf die frühhumanistischen *oeconomia/familia*-Diskurse vgl. Prudence Allen, The Concept of Woman. Vol. II: The Early Humanist Reformation, 1250–1500, Michigan/Cambridge 2002, 683–711; zum Kommentar vgl. immer noch klassisch Josef Soudek, The Genesis and Tradition of Leonardo Bruni's Annotated Latin Version of the (pseudo-)Aristotelian Economics, in: Scriptorium, 12 (1958), 260–268; auch Hermann Goldbrunner, Leonardo Brunis Kommentar zu seiner Übersetzung der pseudo-aristotelischen Ökonomik. Ein humanistischer Kommentar, in: August Buck u. Otto Herding (Hg.), Der Kommentar in der Renaissance, Boppard 1975, 99–118.

18 Zur Xenophon-Rezeption in der Renaissance und insbesondere bei Alberti vgl. Manfred Landfester, Art. Wirtschaftskunde, in: Der Neue Pauly. Supplemente II, Bd. 9: Renaissance-Humanismus, Leiden 2015, 1033–1046, 1037 f. Zur Heterogenität der antiken Geschlechterkonzeptionen und ihrer sozialen Rollen vgl. grundlegend Sabine Föllinger, Differenz und Gleichheit. Das Geschlechterverhältnis in der Sicht griechischer Philosophen des 4. bis 1. Jahrhunderts v. Chr., Stuttgart 1996.

Dialog nach ciceronischem und xenophontischem Modell, gliederte er seinen Text entlang der antiken Definition eines Haushalts nach Beziehungskonstellationen. Das erste Buch („De officio senum et minorum et de educandis liberis") behandelt das generationelle Verhältnis und Fragen der Erziehung der Jugend, das zweite Buch („De re uxoria") diskutiert die Liebe als Kern der ehelichen Beziehung und schließlich das dritte Buch („Oeconomicus") die praktischen Aspekte der Hauswirtschaft, insbesondere der übergeordneten Leitungs- und Verwaltungsaufgaben. Das vierte Buch („De amicitia") entstand erst 1440 im Anschluss an einen von Alberti organisierten Dichterwettstreit und thematisiert einen weiteren für die vormoderne Hauswirtschaft zentralen, aber oftmals in der Herrschaftstrias nicht abgebildeten Aspekt, den der (Gast-)Freundschaft.[19]

Entsprechend der spätmittelalterlichen Vorstellung von ökonomischem Wissen als Praxis- und Erfahrungswissen[20] führen den Dialog nicht Gelehrte, sondern Angehörige der Familie. Damit betonte Alberti die besondere Bedeutung des Erfahrungswissens gegenüber dem gelehrten ‚Bücherwissen' sowie das die familiäre Autorität stärkende Band der mündlichen Weitergabe.[21] Gleichwohl spiegeln die im Text verhandelten, teilweise widerstreitenden Positionen die ganze Bandbreite antiker und mittelalterlicher Ökonomiken und Tugendlehren wider, die als alternative Handlungsoptionen mit ihren jeweiligen Vor- und Nachteilen diskutiert werden.[22] Die vorgestellten Akteure sind Mitglieder des in Verbannung lebenden Familienverbands der Alberti und repräsentieren die verschiedenen Generationen. Zeitlich situiert im Jahre 1421 in Padua, treffen sich am Bett des im Sterben liegenden Lorenzo seine beiden Söhne, der 17-jährige Battista (als Alter Ego des Verfassers) und der 19-jährige Carlo, der 29-jährige Großneffe Lionardo sowie ein weiterer Neffe, der 45-jährige Adovardo, und schließlich sein Cousin Gianozzo, 64 Jahre alt, und sein Bruder Ricciardo, wie Lorenzo selbst in seinen späten 60ern.[23]

Es handelt sich also vor allem um eine Situation männlicher Selbstvergewisserung. Während die formale Gestaltungsform des Dialogs auf die didaktische, belehrende, über den situativen Kontext hinausweisende Funktion des Textes als Beitrag zur

---

19 Vgl. Grafton, Alberti, wie Anm. 9, 245–250; zur Bedeutung der Gastfreundschaft als Ökonomie der sozialen Netzwerke für das Funktionieren eines Haushalts vgl. Gabriele Jancke, Gastfreundschaft in frühneuzeitlichen Hausgesellschaften. Ökonomie und soziale Beziehungen, in: Eibach/Schmidt-Voges, Das Haus, wie Anm. 3, 449–468.

20 Vgl. Davide Canfora, Sagessse et expérience. Les contradictions de l'humanisme dans les livres De familia d'Alberti, in: Paoli, Les Livres, wie Anm. 9, 107–120, 109f; Schäfer, Wert, wie Anm. 16, 285f.

21 Vgl. Alberti, Hauswesen, Drittes Buch, wie Anm. 7, 210f.

22 Vgl. Grafton, Alberti, wie Anm. 9, 241.

23 Zur Bedeutung und Zuordnung der Generationen vgl. Schäfer, Wert, wie Anm. 16, 286f.; Christian Kuhn, Von Wohl, Ehre und Größe der Familie zu Generation. Der Generationsdiskurs in Albertis Della Famiglia (1433/41) und in der Familiengeschichtsschreibung Christoph Scheurls (1542), in: Mark Häberlein, Christian Kuhn u. Lina Hörl (Hg.), Generationen in spätmittelalterlichen und frühneuzeitlichen Städten (ca. 1250–1750), Konstanz 2011, 93–116.

Ökonomik der Renaissance zielt, verweist die personelle Ausstattung, der starke Bezug zur *casa* Alberti den Text in den Kontext der frühhumanistischen *ricordanze*, jenen vielfach zu findenden Familiengeschichten, in denen oft über die konkreten geschäftlichen Zusammenhänge auch die verwandtschaftlichen Beziehungen dokumentiert waren.[24] Der implizite Appell an familiären Zusammenhalt wurde in der Forschung sowohl vor dem Hintergrund der in den 1430er-Jahren manifesten innerfamiliären Streitigkeiten über divergierende Geschäftspraktiken gelesen, als auch auf den unmittelbar persönlichen Interessenkonflikt Leon Battistas im Zugriff auf sein Erbe bezogen.[25]

Für die hier zur Debatte stehende Frage nach dem Zusammenhang von Geschlechter- und Raumordnung ist nicht von Bedeutung, ob überhaupt und falls ja, welcher dieser Ebenen für die Lektüre der Vorzug gegeben werden sollte; wichtig ist die Feststellung, dass sich der Text als Strategie familiärer Selbstversicherung an die männlichen Mitglieder des Familienverbandes richtet und – gerade mit Blick auf die präsentierte Geschlechterordnung – verschiedene Männlichkeitskonzepte verhandelt und appellativ in den Mittelpunkt rückt. Frauen erscheinen damit als Hintergrundfolie beziehungsweise als Abgrenzung, vor der sich die männliche, patrilinear organisierte Verantwortung nicht nur für den jeweils eigenen Haushalt, sondern für den übergeordneten Familienverband ergibt. Dies hat entscheidende Auswirkungen auf die Perspektivität des Textes, denn sowohl das Verhältnis von „Haus" und Gesellschaft wie auch die Weiblichkeitskonzepte werden en passant verhandelt und dienen der Profilschärfung männlicher *gender identity*.

2.   „Haus" und Gesellschaft als komplementäre Räume sozialer Ordnungsleistung

„Haus" und Gesellschaft sind bei Alberti als komplementäre Räume sozialer Ordnungsleistung konzipiert, die sich gegenseitig bedingen und nicht ohne einander gedacht werden können. Dabei geht er über die in der politischen Theorie vielfach anzutreffende Analogiebildung hinaus,[26] indem er das Anliegen seines Textes ganz klar

---

24 Vgl. Grafton, Alberti, wie Anm. 9, 228–231; zur Textgattung vgl. neuerdings Giovanni Ciapelli, Memory, Family, and Self. Tuscan Family books and other European Egodocuments (14th–18th Century), Leiden 2014, insbes. 201 f.; Angelo Cichetti u. Raul Mordenti, La scrittura dei libri di famiglia, in: Letteratura italiana. Vol. III: Le forme del testo, p. II: La prosa, Torino 1984, 1117–1160.

25 Vgl. Schäfer, Wert, wie Anm. 16, 296–302; Kuehn, Law, wie Anm. 15, 167 ff.

26 Zur Rolle von Geschlechterordnung und Männlichkeitskonzepten in der aristotelisch inspirierten politischen Theoriebildung der Frühen Neuzeit vgl. jüngst Anna Becker, Gender in the history of early modern political thought, in: Historical Journal, 60, 4 (2017), 843–863. Zur Analogiebildung mit Blick auf die Institutionalisierung von Herrschaft vgl. Joel Harrington, *Hausvater* and *Landesvater*. Paternalism and Marriage Reform in Sixteenth-Century Germany, in: Central European History, 25, 1 (1992), 52–75; Steven Ozment, When Fathers Ruled. Family Life in Reformation

auf die Frage der Handlungsspielräume der männlichen Familienmitglieder und damit die praxeologische beziehungsweise, in ihrer normativen Wendung, die ethische Dimension anspricht.

Den Ausgangspunkt bildet dabei *fortuna*, die unkalkulierbaren Wechselschläge des Schicksals, gegen die es sich bestmöglich zu wappnen gilt. Am besten gelingt dies Alberti zufolge in jenen Bereichen, auf die das Selbst größtmöglichen Einfluss hat: die eigene Tugendbildung und „Selbstregierung"[27] sowie die Haushaltungskunst, die *masserizia*. Gerade die ist aber entscheidend von einer guten und stabilen Verankerung im sie umgebenden sozialen Umfeld abhängig: „zwei im Hause, Familie und Vermögen, und zwei außer Hause, Ehre und Freundschaft".[28] Beide Sphären sind unmittelbar aufeinander bezogen, denn neben der unleugbaren Bedeutung des materiellen Vermögens als Basis einer stabilen und guten Haushaltung ist es das soziale Kapital der „Ehre", ohne das gesellschaftliche Integration und damit wiederum der langfristige Aufbau von Vermögen unmöglich ist. So meint Lorenzo:

> „Es ist nicht die einzige Aufgabe des Hausvaters, wie man sagt, den Kornspeicher des Hauses und die Kufe zu füllen, vielmehr müssen die Häupter eines Geschlechtes auf alles achten, [...] alles, was innerhalb und außerhalb des Hauses Brauch ist, prüfen und jede Sitte, die nicht gut ist, es sei wessen immer aus dem Hause rügen und abstellen [...]. Stets muß er in allen seinen Gedanken das Wohl, die Ruhe und den Frieden seines gesamten Hauses vor Augen haben [...], um die ganze Familie tüchtig und löblich zu führen. Er muß verstehen, mit dem Wehen der Volksstimmung, mit den Wellen der Gunst seiner Mitbürger in den Hafen der Ehre, der Geltung und des Ansehens zu steuern, und sich dort zu halten wissen."[29]

Ehre entsteht aus der *virtù*,[30] der individuellen Tugendhaftigkeit des Hausvaters, aber auch seines Haushalts, der „Hausehre"[31], durch die Summe des tugendhaften Handelns aller Mitglieder generiert. Dementsprechend präsentiert Alberti diese Aufgabe der Tugendbildung und Persönlichkeitsbildung der heranwachsenden Generationen – hier der jungen Männer – als primäre Aufgabe der Männer als Hausväter, wie passenderweise Lionardo bemerkt:

> „Ich leugne dir indes nicht, daß die Väter vor allem mehr als die anderen mit Händen und Füßen, mit allen Kräften, allem Fleiß und aller Klugheit bemüht sein müssen, so sehr sie können, daß ihre Söhne gesittet und ehrenwert seien; ebensowohl zum Besten der Ihren, denn

---

Europe, Cambridge, MA/London 1983; Robert James Bast, Honor Your Fathers. Catechisms and the Emergence of Patriarchal Ideology in Germany 1400–1600, Leiden 1997; Margaret Leah King, Caldiera and the Barbaros on Marriage and the Family: Humanist Reflections of Venetian Realities, in: The Journal of Medieval and Renaissance Studies, 6 (1976), 19–50, 44–46.

27 Alberti, Hauswesen, Drittes Buch, wie Anm. 7, 238.

28 Alberti, Hauswesen, Drittes Buch, wie Anm. 7, 238.

29 Alberti, Hauswesen, Erstes Buch, wie Anm. 7, 20f.

30 Vgl. Heinrich Mettler, Leon Battista Albertis Verhältnis zur Antike als Ausgangspunkt für seine Konzeption der Virtù. Interpretation von *Della famiglia*, in: Arcadia, 8, 1–3 (1973), 1–17; Mark G. Henninger, Leon Battista Alberti on *virtù* and *fortuna*, in: Carte Italiane, 1, 2 (1981), 9–26.

31 „Onore di casa", „onore di me e miei": Alberti, Famiglia, wie Anm. 7, z. B. 14, 27, 180.

Sitte wird an einem jungen Mann nicht weniger geschätzt als Reichtum, als auch weil sie dadurch Ehre und Wertschätzung für ihr Haus, für ihr Vaterland und für sich selbst gewinnen […].“[32]

Ganz prominent tritt bei Alberti das „Haus" demnach als jener Raum in Erscheinung, der als Ort der Vergesellschaftung der Menschen elementare Ordnungsleistungen für die Gesellschaft übernimmt, die notwendigerweise nur im sozialen Zusammenhang möglich sind. Das gilt sowohl in Hinblick auf die Integration in Nachbarschaft, Netzwerke der Freundschaft und Handelsbeziehungen wie auch für den stärker rechtlich-institutionell gefassten Raum der Regierung und Verwaltung. Denn es sind nach Albertis Ansicht in erster Linie die in seiner Haushaltsführung ablesbaren Qualitäten und Eigenschaften eines guten Hausvaters, die ihn für die Übernahme öffentlicher Ämter qualifizieren – nicht Ruhmsucht, Habgier oder kriegerische Tapferkeit, wie er den lebenserfahrenen Gianozzo sagen lässt:

„Ich bin mit Euch einig darin, daß der gute Bürger die Ruhe lieben wird, aber nicht so sehr die eigene als die auch der anderen Redlichen, daß er sich der Muße des Privatlebens erfreuen wird, aber nicht minder sie seinen Mitbürgern gönnen, daß der Einigkeit und Sicherheit, Frieden und Ruhe für sein eigenes Haus wünschen wird, noch viel mehr aber für sein Vaterland, die Republik.“[33]

Daher ist es auch nicht überraschend, dass die Antwort auf die Frage, ob und in welchem Maße es dem „Haus" zur Ehre gereichen würde, öffentliche Ämter wahrzunehmen, eine höchst ambivalente ist. Es ist nicht das Amt selbst, sondern die Amts*führung*, die einer Familie, einem „Haus" Ehre einbringen kann. Aber selbst diese betrachtet Gianozzo kritisch und verweist darauf, dass es auf der einen Seite nahezu unmöglich sei, sich in solch einflussreichen und machtvollen Positionen nicht zu kompromittieren und seinen Grundsätzen treu zu bleiben; auf der anderen Seite aber sei es durchaus als Ehre zu betrachten, wenn die Mitbürger einen aufgrund der eigenen Tugendhaftigkeit auserwählten und zur Übernahme eines Amtes drängten.[34]

   Neben diesen Aspekten der sozialen Integration ist es die Bereitstellung einer übergeordneten Infrastruktur durch das Gemeinwesen, die für die Sicherheit der „Häuser" und Haushaltungen von existenzieller Bedeutung ist und die zu leisten kein „Haus" alleine imstande wäre:

---

32 Alberti, Hauswesen, Erstes Buch, wie Anm. 7, 52.
33 Alberti, Hauswesen, Drittes Buch, wie Anm. 7, 235.
34 Gianozzo: „Jedes andere Leben hat mir immer ungleich besser gefallen als das dieser – sagen wir – Politikaster. Und wem müßte dies nicht gänzlich zuwider sein? Ein höchst beschwerliches Dasein voller Argwohn, Plagen und vor allem voller Knechtsdienst. […] Aber wie verrückt sind die Menschen, die so großen Wert darauf legen, unter dem Vorantritt von Trompetern einherzuschreiten und mit dem Stab in den Händen, daß ihnen die häusliche Ruhe und der wahre Seelenfrieden nicht lieber ist? […] Ich werde dich nicht tadeln, wenn du von dir aus solche Fähigkeiten an den Tag legst, solchen Ruf erwirbst, daß das Vaterland dich willkommen heißt und dir einen Teil seiner Lasten auferlegt." Alberti, Hauswesen, Drittes Buch, wie Anm. 7, 230–233.

„Ich würde eine Stadt suchen, [...] wo ich recht gesund, ohne Beschwerden und in Ehren leben könnte. Dann [...] würde ich darauf achten, wie die Gegend, wie die Nachbarn beschaffen wären; ob die Gegend Raubzügen auswärtiger Feinde ausgesetzt oder gegen sie geschützt wäre, und ich würde feststellen, ob der Boden von sich aus fruchtbar wäre oder ob man nötig hätte, Lebensmittel von anderswo kommen zu lassen; ich würde sehen, in welcher Weise die Einfuhr vonstatten ginge, und wissen wollen, ob bei plötzlich eintretender Not schnell und leicht Abhilfe geschaffen werden könnte. Ich würde prüfen, ob die Nachbarn dort Nutzen oder Schaden brächten [...]. Vor allem aber würde ich mit Sorgfalt danach forschen, ob die Bürger dort reich und ehrenwert seien".[35]

Gianozzos komprimierte Aufzählung von Auswahlkriterien für einen idealen Wohnort verdeutlicht abermals die elementare Bedeutung der sozialen Umwelt als Rahmenbedingung für gutes Haushalten, wobei die Betonung der Nachbarschaft wie der Bürgerschaft insgesamt als Referenzobjekt für „Ehre" besonders ins Auge sticht – gleichwertig mit institutionellen Aspekten wie infrastrukturellen Sicherheitsleistungen und stabilen Regierungsstrukturen.

In Albertis Dialogen zu ganz unterschiedlichen Themen tritt deutlich eine Vorstellung sozialer Ordnung zutage, in der sich „Haus" und Gesellschaft wechselseitig ergänzen und bedingen. Sie stellen zwar distinkte Räume mit eigenen Ordnungsstrukturen und -leistungen dar, sind aber gerade keine „separate spheres", sondern in der Ermöglichung der jeweiligen spezifischen Leistungen aufeinander angewiesen.[36] In diesem Sinne sind „Haus" und Gesellschaft als komplementär zu verstehen, wobei jedoch die Frage offen bleibt, wo denn die Grenze zwischen beiden verläuft, wo das ,Innen' und das ,Außen' des „Hauses" anfangen beziehungsweise aufhören, wie Zugänglichkeit und Zugehörigkeit definiert werden, die sich als ebenso heterogen und fluide erweisen wie die räumlichen Dimensionen. Diese Heterogenität lässt sich mit einem Blick auf die geschlechterspezifische Ausformulierung der jeweiligen Aufgaben und Zuordnungen herausarbeiten, die Männer und Frauen in den jeweiligen Räumen angehalten sind zu erfüllen.

3. Die Verortung der Geschlechter als komplementäre Funktionalität sozialer Ordnungsleistung

In der Betrachtung des bei Alberti implizit verhandelten Verhältnisses von „Haus" und Gesellschaft ist bereits eine ausgeprägt geschlechtsbezogene Zuordnung erkennbar geworden. Vor allem die Tätigkeitsfelder der Männer waren es, in denen sich häusliche

---

35 Alberti, Hauswesen, Drittes Buch, wie Anm. 7, 242f.
36 Zur Unterscheidung von „distinkt" und „getrennt" mit Bezug auf die differenten Epistemologien zwischen Renaissance und Aufklärung und der damit verbundenen Konsequenzen für die unterschiedlichen Zuschreibungen zwischen „privat" und „öffentlich" vgl. McKeon, History, wie Anm. 5, 9f.

und gesellschaftliche Handlungsräume überlagerten, ergänzten oder widersprachen. Besonders deutlich ist dabei aber auch hervorgetreten, dass Ehre und soziales Ansehen als Kernressource des männlichen Aktionspotenzials ausschließlich in der sichtbaren Performanz des dem Mann zugewiesenen Rollenmodells Hausvater zu erreichen war. Gerade in dieser Debatte zwischen politischer Anthropologie und ökonomischer (im zeitgenössischen Sinne auf die Haushaltung bezogene) Ethik zeigt sich die Vergesellschaftungsleistung des „Hauses" besonders deutlich als ein Aushandeln unterschiedlicher Männlichkeitskonzepte und der damit verknüpften impliziten Normen. Sind körperliche Kraft, Mut und Tapferkeit durchaus wünschenswerte Eigenschaften eines Mannes, müssen sie doch durch das umsichtige, abwägende und planerische Handeln als Hausvater diszipliniert werden, um nicht zum Schaden von „Haus" und Gesellschaft zu wirken, worauf wiederum der erfahrene Gianozzo verweist:

> „Ich entsinne mich, als ich jung war […], wenn es in unserem Vaterlande Turniere oder irgendein anderes öffentliches Schauspiel gab, so war der Gegenstand heftigsten Streites zwischen den Älteren im Hause und mir immer derselbe: ich wollte durchaus mit den anderen ausziehen, um mich vor aller Augen auszuzeichnen. […] Verhaßt war mir ein jeder, der mich davon fernhielt, und jedes Wort unserer alten Herren erschien mir damals […] wie ein Steinwurf. Ich konnte ihnen nicht zuhören, wenn sie alle zusammen mich abzuschrecken suchten und sagten, das Turnier sei ein gefährliches Spiel, von keinem Nutzen aber großen Kosten, geeignet, mehr Neid als Freundschaft, mehr Tadel als Lob einzubringen, es gebe dabei zu viele Unglücksfälle, es entstünden Streitigkeiten […]. Dann erzählten sie noch viele Geschichten, wie viele in diesen Waffen teils den Tod gefunden, teils für den Rest ihres Lebens unbrauchbar und verstümmelt geblieben waren."[37]

Als entscheidender Teil männlicher Sozialisierung ist also die Überwindung oder Einhegung als ‚natürlich' angelegter, aber schädlich empfundener Verhaltensweisen zu sehen – die gleichwohl zum Männlichkeitsbild dazugehören – und die Förderung und Vertiefung von ebenfalls als ‚natürlich' angelegt verstandenen, aber gesellschaftlich nützlichen Verhaltensweisen. Diese sind ganz und gar auf das „Haus" als Referenzraum bezogen und Ausgangspunkt für alle weiteren Ansprüche auf Machtausübung durch Vorrang- und Herrschaftspositionen – sei es im „Hause" selbst oder in der Gesellschaft. Deutlich lässt sich an dieser Stelle auch die Verschränkung mehrerer Komponenten in diesem Männlichkeitsideal des Hausvaters erkennen: Es ist undenkbar ohne die ihm innewohnende Temporalität, die sich in der persönlichen Entwicklung manifestiert.

Neben der Geschlechtszugehörigkeit ist vor allem das Alter ein entscheidendes Kriterium. Einerseits sind die hausväterlichen Tugenden erworbene Eigenschaften, die das Verstreichen einer bestimmten Zeit – nämlich die der Kindheit und Adoleszenz – voraussetzen; andererseits ist die dem Hausvater zugewiesene Machtposition nicht nur an das Geschlecht, sondern vor allem an ein Lebensalter gebunden, das so auch innerhalb der männlichen Mitglieder eines „Hauses" Hierarchien konstituiert. So dif-

---

37 Alberti, Hauswesen, Drittes Buch, wie Anm. 7, 203 ff.

ferenziert Alberti sprachlich zwischen *giovani, uomo, signore, mariti* oder *padre di famiglia*. Erst die Kombination aus dem Erreichen eines bestimmten Lebensalters sowie einer erfolgreichen Herausbildung von Tugend ermöglicht die Heirat und das Erlangen des rechtlichen Status als Ehemann, Hausvater und Bürger – widergespiegelt in den unterschiedlichen Dialogpartnern Albertis: vom weisen, erfahrenen, die väterliche Autorität im Familienverband verkörpernden Gianozzo über den Mittvierziger und Familienvater Adovardo, den heiratsfähigen Junggesellen Lionardo bis hin zum juvenilen Battista selbst: Der *domination masculine* (Pierre Bourdieu) geht bei Alberti also eine *domestication masculine* voraus, deren Ziel es ist, möglicherweise einander widersprechende Männlichkeitskonzepte zu versöhnen und in Kongruenz zu bringen, wie Lorenzo quasi als Vermächtnis bemerkt: „Niemand wird höheren, festeren, dauerhafteren Ruhm genießen, als wer sich der Aufgabe geweiht hat, durch rühmliche und denkwürdige Taten das Vaterland, seine Mitbürger und sein Haus zu fördern."[38]

Die Betrachtung der Handlungsspielräume und Ethiken von Frauen bildet in diesem Zusammenhang die Hintergrund- oder Kontrastfolie, vor der sich die spezifisch männlichen Charakteristika besonders deutlich abzeichnen. Daher fällt bei Albertis Geschlechterkonzepten ein immenses Spannungsverhältnis zwischen zwei Diskurssträngen auf, in denen humanistische Gelehrte unter Rückgriff auf mittelalterliche und antike Traditionen Geschlecht verhandelten. Auf der einen Seite steht der Geschlechterdiskurs über Wesen und Charakter von Männern und Frauen, ihren als natürlich gedachten physischen und psychischen Voraussetzungen und Unterschieden und den daraus abgeleiteten Konsequenzen der Über- und Unterordnung. Auf der anderen Seite steht der ökonomische Diskurs, der das Zusammenwirken von Männern und Frauen im Kontext ihrer häuslichen Aufgabenfelder beschreibt. Amyrose McCue Gill hat bereits darauf aufmerksam gemacht, dass das, was Heide Wunder als „Ehe- und Arbeitspaar" in die Debatte eingebracht hat,[39] bei Alberti in genau dieser spezifischen Spannung vorhanden ist. Neben deutlich abwertenden Darstellungen von Frauen, die starke Anklänge an die misogynen Elemente des antiken und mittelalterlich-klerikalen Geschlechterdiskurses aufweisen,[40] finden sich ebenso viele Hinweise auf die Gefährtenschaft von Mann und Frau, insbesondere als Eheleute und Haushaltsvorstände.[41] Behält man dies im Blick und betrachtet die Verortung der Geschlechter im Kontext der oben herausgearbeiteten häuslichen Raumbezüge, zeigt sich ein Bild komplementärer Funktionalität im Geschlechterverhältnis, das insbesondere in Hin-

---

38 Alberti, Hauswesen, Erstes Buch, wie Anm. 7, 32.
39 Vgl. Heide Wunder, „Er ist die Sonn', sie ist der Mond". Frauen in der Frühen Neuzeit, München 1992, 38.
40 Es waren vielfach diese Passagen, die Alberti den Ruf eines „Frauenhassers" einbrachten. Vgl. z. B. Kornelia Imesch, Misogynie im literarischen und architekturtheoretischen Werk Leon Battista Albertis, in: Kurt W. Forster u. Hubert Locher (Hg), Theorie der Praxis. Leon Battista Alberti als Humanist und Theoretiker der bildenden Künste, Berlin 1999, 233–274.
41 Vgl. McCue Gill, Rereading, wie Anm. 14, [8–12].

blick auf Erwerb, Verwaltung und Bewahrung von Ehre und Vermögen den Frauen eine weitaus tragendere Rolle zuspricht, als dies bisher beachtet wurde.

Die Unterhaltung zwischen Gianozzo und Lionardo kommt im dritten Buch, dem „Oeconomicus", erst nach einem Rekurs auf die Selbstvervollkommnung durch Selbstregierung und die unterschiedlichen Praktiken des Haushaltens auf die Rolle der Frau im Haushalt zu sprechen; entsprechend ihrem jeweiligen Status spricht Alberti dabei von *donna, moglia* oder *madre di famiglia*. Im Rahmen des Aufgabenbereichs von Haushaltung, „Familie und Vermögen im Inneren, Ehre und Freundschaft im Außen"[42] kommt der Frau als Hausmutter *(madre di famiglia)* laut Gianozzo dabei zu, dass sie „die Kleinen leitet, den Hausrat bewahrt und für den ganzen Haushalt sorgt".[43] Damit sind die als weiblich konnotierten Handlungs- und Verantwortungsbereiche, wenn man das Gesamttableau des Werkes im Blick hat, die zentrale Säule der Haushaltung, von deren Leistung abhängt, ob und wie sich Vermögen, Ehre und Tugend im „Hause" entwickeln. Diese Tätigkeiten nennt Gianozzo zwar die „kleineren Angelegenheiten",[44] die er jedoch gänzlich der Verantwortung der Hausmutter überlassen kann. Was bei Gianozzo wie eine Geringschätzung der Arbeit von Frauen klingt, relativiert Lionardo in seiner Replik, wenn er auf die Komplementarität männlicher und weiblicher Wesensmerkmale verweist, die die Komplementarität der Ordnungsleistung innerhalb und außerhalb des „Hauses" widerspiegelt:

> „[D]ie Männer [haben] von Natur aus den höheren Mut [...], die größere Fähigkeit als die Frauen, mit Rat und Tat jeder Gefahr, die dem Vaterland, den Heiligtümern oder ihren Kindern droht, entgegenzutreten. [...] Im Gegensatz dazu sind die Frauen, wie man beobachtet, fast alle von Natur aus furchtsam, zart, langsam und darum mehr geeignet, zu Hause unseren Besitz zu hüten, als ob die Natur so für unser Leben vorgesorgt hätte und gewollt, daß der Mann nach Hause bringe, die Frau es bewahre. Die Frau, *eng an das Haus gebunden,* soll unsern Besitz und sich selbst mit Muße, Furcht und Argwohn verteidigen."[45]

Amyrose McCue Gill hat ausführlich nachgewiesen, dass die vermeintlich negativ besetzten Eigenschaften, die den Frauen hier zugewiesen werden, in der antiken Tradition sehr viel eher als komplementär gedacht wurden: Wer also weniger stark und mutig ist, riskiert weniger, wägt stärker ab und wird im Zweifelsfall umsichtigere Entscheidungen treffen. Zartheit und Langsamkeit sind zentrale Eigenschaften für die Erziehung der Kinder, für Sorgfalt und Genauigkeit im Umgang mit den zu bewahrenden Gütern.[46] Somit erscheinen Mann und Frau hier in komplementären Funk-

---

42 Alberti, Hauswesen, Drittes Buch, wie Anm. 7, 230.
43 Alberti, Hauswesen, Drittes Buch, wie Anm. 7, 239.
44 Alberti, Hauswesen, Drittes Buch, wie Anm. 7, 280.
45 Alberti, Hauswesen, Drittes Buch, wie Anm. 7, 281 (Hervorhebung durch die Autorin). Ich bin in der Übersetzung von der deutschen Vorlage abgewichen. Sie nutzt für „serrata in casa" „im Hause eingeschlossen", das aber eher eine physische Begrenzung als die intendierte Konzentration des Handlungsraumes meint.
46 Vgl. McCue Gill, Rereading, wie Anm. 14, [9].

tionen des Haushaltens; während es aufgrund der – aristotelisch begründeten – Natur des Mannes seine Aufgabe ist, vor allem für die äußere Sicherheit des „Hauses" zu sorgen, obliegt es der Frau, für das Funktionieren im Inneren zu sorgen.

Hält man sich vor Augen, welche immense Bedeutung dem materiellen Reichtum für eine gesicherte Haushaltsgrundlage im ersten Buch zugewiesen wird und wie sehr dieser Reichtum Gianozzo zufolge nicht so sehr im Erwerben, sondern vor allem im klugen und umsichtigen Verwalten und Bewahren liegt, dann wird deutlich, dass nicht die männliche Aufsicht und Anleitung – so sehr diese auch als „Spinne in ihrem Netz"[47] stilisiert wird –, sondern die weibliche Sorge um die Angelegenheiten des „Hauses" den Kern der Haushaltung ausmacht.[48]

Deutlicher zeigt sich die Komplementariät da, wo die Aufgaben der Frauen für die Mehrung der Ehre beschrieben werden. Wie für die Männer gilt auch für die Frauen, „die Ehrbarkeit der Frau *(donna)* ist allzeit die Zierde der Familie gewesen, […] und an jedem Weibe *(madre)* ist Ehrbarkeit immer höher geschätzt worden als alle Schönheit."[49] Wo Männer erst lernen müssten, nicht nach Reichtum und Ruhm um ihrer selbst willen zu streben, sind es bei Frauen Schönheit, Geschwätzigkeit und Leichtfertigkeit, die es im Laufe ihrer Sozialisation zu bändigen und durch positive Eigenschaften der Fürsorge, des Fleißes und der Umsicht zu ergänzen gilt. Auch für Frauen bildet der Aspekt des Lebensalters und der damit verbundenen Tugendbildung eine zentrale Differenzkategorie, die über weibliche Handlungsspielräume entscheidet.[50]

Diese Ehrbarkeit, die sich zunächst klar im Inneren des gebauten Raumes des „Hauses" entfaltet, interagiert aber intensiv mit dem Außen, denn auch die weibliche Ehrbarkeit ist wie die männliche auf Sichtbarkeit, Wahrnehmung und Akzeptanz angewiesen, um ihre Funktion als soziales Kapital zu erfüllen. Dafür haben Frauen ihre eigenen Netzwerke, die ausgesprochen wichtig für die Haushaltung sind. So führt Gianozzo hinsichtlich der Wahl eines geeigneten Wohnortes aus: „Ich würde mir ein Haus in guter Nachbarschaft aussuchen, in einer bekannten Straße, wo ehrenwerte Bürger wohnen, mit denen ich mich, ohne mir zu schaden, befreunden könnte; und so könnte auch meine Frau *(donna)* an ihren Frauen Gesellschaft finden ohne irgendeinen Argwohn."[51] Er verweist auf das Lob der Nachbarinnen, „wenn sie einmal dich zu besuchen kämen und fänden, daß du alles bis zu den Fußschemeln eingesperrt hast?"[52] Auch das Bild der „müßigen Frau am Fenster", das Alberti aufgreift, spielt also nicht nur

---

47 Alberti, Hauswesen, Drittes Buch, wie Anm. 7, 279.
48 Vgl. zur ethischen Rechtfertigung und theoretischen Begründung von Reichtum Michel Paoli, La question de la richesse et de l'enrichessement dans les livres *De familia* d'Alberti, in: ders., *Les Livres*, wie Anm. 9, 121–153.
49 Alberti, Hauswesen, Drittes Buch, wie Anm. 7, 290.
50 In diesem Sinne müssen auch die Ausführungen zum Schminken gelesen werden, die eben nicht grundsätzlich pauschal den Frauen Selbstdarstellung absprechen, sondern als Teil eines hausbezogenen Tugendbildungsprozesses gesehen werden müssen.
51 Alberti, Hauswesen, Drittes Buch, wie Anm. 7, 245.
52 Alberti, Hauswesen, Drittes Buch, wie Anm. 7, 304.

auf die unterstellte Neugier und Geschwätzigkeit als Vernachlässigung, als ehrmin-
derndes und damit das „Haus" schwächendes Verhalten an, sondern auf eine unan-
gemessene Selbsteinschließung im „Haus": Die Hausfrau ist müßig (und damit ta-
delnswert), gerade weil sie im „Haus" bleibt und sich nicht hinausbegibt, um Beziehungen zu pflegen, Nachbarinnen zu besuchen und ihre Ehrbarkeit zur Schau zu
stellen. Ein solchermaßen idealisiertes Agieren außerhalb der Wohn- und Wirt-
schaftsräume gilt nicht pauschal für die Hausfrau ‚an sich', sondern ist ständisch gebunden. Denn deutlich unterscheidet Alberti hier zwischen den von ihm adressierten
Frauen des städtischen Patriziats, die gerade nicht wie die Marktweiber oder die Bau-
ersfrauen auf den Märkten handeln und Geschäfte machen, sondern diesen Teil ihren
Männern überlassen müssen und sich der Pflege der familiären und sozialen Netzwerke
widmen. Neben Alter tritt mit der ständischen Zugehörigkeit ein weiteres Differenzkriterium hinzu, das für die Geschlechterkonzepte als ausschlaggebend angesehen wird.

Die Ausdifferenzierung männlicher und weiblicher Handlungsräume und -zu-
ständigkeiten spiegelt sich also gerade nicht in einer räumlichen Trennung entlang der
Hausmauern, sondern in der Zuschreibung unterschiedlicher räumlicher Praktiken,
die gleichwohl im gemeinsamen Referenzrahmen „Haus" aufeinander bezogen bleiben
und der gegenseitigen Ergänzung bedürfen. Dieses Zusammenwirken erläutert Gianozzo nicht nur hierarchisch im Sinne der männlichen Kontrolle, die er ja zuvor
vehement abgelehnt hat, sondern vor allem als ein System von „checks and balances"
zwischen Gleichrangigen, das er mit dem Bild des Nachtwächters visualisiert: So, wie
zwei Nachtwächter sich in ihrem Dienst um das Gemeinwesen gegenseitig stützen und
auf mögliche Fehler oder Versäumnisse hinweisen, sollten es auch Ehepaare in ihrer
gemeinsamen Haushaltsführung tun. Auffällig ist die Betonung des „Wir" in der anschließenden Passage:

> „Wie einer, der […] es nicht übel nimmt, wenn sein Kamerad ihn aufweckt, damit er seine
> Pflicht zum Vorteil des Vaterlandes tue, so werde auch ich, liebe Frau *[donna mia]*, es gar wohl
> aufnehmen, wenn du, solltest du je an mir irgendein Versagen wahrnehmen, mich darauf
> aufmerksam machst; denn auf diese Weise werde ich erkennen, wie sehr unsere Ehre, unser
> Vorteil und das Wohl unserer Kinder dir am Herzen liegen; […]. Dieser Besitz, dieses
> Hauswesen und die Kinder, die uns werden geboren werden, gehören uns, so dir wie mir, so
> mir wie dir: deshalb ist es unsere Pflicht, nicht zu erwägen, wieviel jeder von uns dazu
> beigetragen hat, sondern auf welche Weise wir das gut erhalten können, was dem einen und
> dem anderen gehört."[53]

Die hier angedeutete gemeinsame Vermögensverwaltung widerspricht auch nicht der
vielfach angeführten Exklusion der Frau aus dem *studiolo*, der Studier- und Schreib-
stube des Mannes; sie wurde als Ausschluss von Wissen und Teilhabe verstanden.[54] Oft
überlesen wird der in der Tat kurze Hinweis darauf, dass die Frau genauso ihre eigene

---

53 Alberti, Hauswesen, Drittes Buch, wie Anm. 7, 287.
54 Vgl. Freccero, Economy, wie Anm. 13, 201 f.; Ecker, Ordnungen, wie Anm. 13, 353 f.

(Aussteuer-)Truhe besitzt mit eigener Schlüsselgewalt, darin aufbewahrt sind ihre Eigentümer und Kostbarkeiten. Dementsprechend liest sich dann die vielfach als männlicher Subordinationsgestus interpretierte Darstellung Gianozzos,[55] wie er seine Frau in den Haushalt und dessen Organisationsstrukturen einwies, nicht nur als Demonstration der kognitiven Überlegenheit, sondern vor allem als Einführung in die von nun an „shared economy" und das Teilen von Herrschaftswissen.

4. „Connecting spheres": ‚Innen' und ‚Außen' in der Verortung der Geschlechter zwischen „Haus" und Gesellschaft

Der Blick auf die räumliche Verortung der Geschlechter in Albertis „Libri della famiglia" hat gezeigt, dass die dem Paradigma der „separate spheres" zugrundeliegende Annahme einer Kongruenz von „Gesellschaft"/„Mann"/„öffentlich" und „Haus"/ „Frau"/„privat" nicht problemlos auf die vormoderne Konzeptionen des Verhältnisses von Geschlecht, „Haus" und Gesellschaft übertragen werden kann. Ausgangspunkt der zeitgenössischen Problematisierungen mit Blick auf die gesellschaftliche Ordnung sind nämlich nicht die abstrakten Geschlechterdiskurse, sondern das Verhältnis von „Haus" und Gesellschaft. Im Gegensatz zum 19. Jahrhundert wurden beide gerade nicht als getrennte, sondern als distinkt organisierte, aber komplementäre Räume verstanden, da alles soziale, auf die gesellschaftliche Ordnung bezogene Handeln auf dem Kontext des „Hauses" basiert und sich im Medium der „Ehre" widerspiegelt. Dies galt nicht nur für Männer, auch Frauen hatten selbstverständlichen Anteil am öffentlichen Ansehen der Familie – durch ihre eigenen Netzwerke mit anderen Frauen, ihre Verantwortung für familiäres Vermögen und die Stabilisierung der sozialen Netzwerke, sodass sich beide Räume beziehungsweise Sphären auch immer wieder wechselseitig durchdrangen.

Diese Verflechtung lässt sich nicht nur an der vermeintlichen Binarität von geschlechtsbezogenen Zuordnungen nachzeichnen, sondern sie ist zugleich eng mit einer ständischen Komponente verbunden. Die feine Unterscheidung Albertis im Gebrauch von Begriffen wie *uomo, signore, padrone* oder *padre di famiglia* beziehungsweise *femmina, donna, moglia, madre de famiglia* unterstreicht die Bedeutung ständischer Zuordnung als wesentliches Differenzkriterium vormoderner Gesellschaftsordnung: Hierarchie und damit Herrschaftsfunktionen sind nicht nur geschlechtsbezogen organisiert, sondern auch nach Personenstand und sozialem Stand ausdifferenziert gedacht und praktiziert.

Entscheidend hierfür war die Sichtbarkeit des Handelns von Männern und Frauen, was besonders deutlich macht, dass mit „Haus" weit weniger der gebaute Raum gemeint ist, sondern der soziale Raum des hausbezogenen, ökonomischen *Handelns*.

---

55 Vgl. z. B. Ecker, Ordnungen, wie Anm. 13, 353.

Dieser geht über die Außengrenzen der bewohnten und bewirtschafteten Gebäude hinaus, muss ihn im Interesse des ökonomischen Funktionierens überschreiten.

Vor diesem Hintergrund muss auch die Frage nach den Grenzen, nach der Zuschreibung von ‚Innen‘ und ‚Außen‘ dieser beiden räumlichen Dimensionen von „Haus“ und Gesellschaft neu gestellt werden. Die für die soziale Ordnung offenkundige Prävalenz des sozialen Raumes „Haus“ ist durch eine streng reglementierte Zugehörigkeit markiert: Nur Geburt, Heirat oder Dienstvertrag stellen legitime Möglichkeiten dar, dem ‚Innen‘ zuzugehören und einen Platz in seiner hierarchischen Ordnung zu finden – welch problematische Rolle zum Beispiel Adoptionen oder uneheliche Kinder in diesem Zusammenhang spielen, darauf verweist der Subtext von Albertis eigenem prekären Status als illegitimer Sohn, der immer wieder durchscheint. Demgegenüber bot der gebaute Raum des Hauses sehr viel mehr liminale Zonen, die für das Ineinandergreifen der beiden Handlungsräume „Haus“ und Gesellschaft von zentraler Bedeutung waren: bei Besuchen, Gastmählern, Kirchgängen und Botengängen verbanden sich beide, schufen Zonen der Begegnung und des Austausches. Dieser Austausch war zwar selbst wiederum durch eine Vielzahl impliziter und expliziter Normen reguliert, aber entscheidend dafür, dass „Haus“ und Gesellschaft als „connecting spheres“ zusammenwirken konnten.[56]

Albertis Text fordert dazu auf, die komplexe und vielschichtige Verflechtung männlich und weiblich konnotierter Handlungsspielräume als „connecting spheres“ für die Analyse der geschlechterbezogenen Gesellschaftsordnung nicht nur für die soziale Praxis oder die Frage nach dem Verhältnis sozialer Praxis und präskriptiver Diskurse als Ausgangspunkt zu nehmen, sondern vor allem auch für die Analyse dieser Diskurse, seiner Texte und Elemente selbst.

---

56 Als neueste Gesamtstudie eines reichhaltigen und vitalen Forschungsfeldes zum Zusammenhang von sozialer Dynamik, Familienkonstellationen, ökonomischen und rechtlichen Transformationen und deren Bedeutung für Norm und Praxis der Geschlechterbeziehungen vgl. Thomas Kuehn, Family and Gender in Renaissance Italy, 1300–1600, Cambridge/New York 2017.

Julia Gebke

Auf den Spuren der *weiberhandlung*. Gender, Space und Agency in der Casa de Austria im 16. Jahrhundert[*]

Mit dem Begriff *„weiberhandlung"* umschreibt Adam von Dietrichstein (1527–1590), der kaiserliche Gesandte am spanischen Hof, in einem Brief[1] an Kaiser Maximilian II. (1527–1576) die von Frauen, vor allem von der Kaiserin, dominierten Verhandlungswege innerhalb der Casa de Austria.[2] Im konkreten Fall ging es um seine Aufnahme in den Ritterorden von Calatrava mit dazugehöriger Kommende, die der spanische König Philipp II. (1527–1598) dem Diplomaten in Aussicht gestellt hatte. Als Initiatorinnen dieses Gnadenerweises lassen sich die Schwestern des spanischen Königs, Kaiserin Maria von Spanien (1528–1603) und die portugiesische Kronprinzessin Johanna von Spanien (1535–1573), sowie die spanische Hofdame der Kaiserin und Ehefrau Dietrichsteins, Margarita de Cardona (um 1535–1609), ausmachen. Auch wenn Adam von Dietrichstein den Begriff *weiberhandlung* in seinem Brief eher despektierlich nutzt, weil er sich von diesen Verhandlungen distanzieren wollte, um nicht in einen Loyalitätskonflikt mit seinem Herrscher zu geraten, so zeigt sich anhand dieses Quellenbegriffs, dass die Zeitgenoss*innen ein klares Verständnis für die Komplexität höfischer Politik und die Teilhabe von Frauen an derselben hatten. Die *weiberhandlung* – ungeachtet der Frage nach ihrer Bewertung – wurde als ein Bestandteil höfischer Politik erlebt. Obwohl Dietrichstein sich im konkreten Fall von den Vorgängen abgrenzte, so spielte er nachweislich eine nicht unerhebliche Rolle im Rahmen dieser

---

[*] Den Teilnehmer*innen des Kolloquiums Frühe Neuzeit in Marburg und den Studierenden meines Proseminars „Verhandeln will gelernt sein" an der Universität Wien möchte ich für die anregenden Diskussionen und Denkanstöße danken. Dorothea Nolde, Julia Heinemann, Helga Gebke und Christof Muigg danke ich für die kritische Lektüre und das bereichernde Feedback.

[1] Eine genauere Datierung fehlt. Aufgrund der Briefthematik konnte Arno Strohmeyer den Zeitraum der Abfassung des Briefes auf die Periode zwischen dem 30. Juni und 18. August 1565 einschränken. Friedrich Edelmayer (Hg.) u. Arno Strohmeyer (Bearb.), Die Korrespondenz der Kaiser mit ihren Gesandten in Spanien. Bd. 1: Der Briefwechsel zwischen Ferdinand I., Maximilian II. und Adam von Dietrichstein 1563–1565, Wien/München 1997, 405: „Und obwol dises alles ain weiberhandlung und ich darauf khain gewishait setz, so hab ich doch solihes, in fal es beschah, nach euher ksl. Mt. genadigistem willen mih zu rihten […]."

[2] Unter dem Begriff Casa de Austria lässt sich das habsburgische Gesamthaus der österreichischen und spanischen Linie fassen. Vgl. Alfred Kohler, Die europäische Bedeutung des Begriffs ‚Casa de Austria', in: Richard G. Plaschka u. a. (Hg.), Was heißt Österreich?, Wien 1995, 135–147.

Verhandlungswege.[3] Davon zeugen unter anderem auch die Briefe,[4] die Dietrichstein an seine Frau schrieb und die aufzeigen, in welchem Umfang eine Zusammenarbeit und Absprache nicht nur zwischen Dietrichstein und der Kaiserin, sondern auch zwischen den Eheleuten Dietrichstein stattfand.

Am Beispiel der Kaiserin Maria von Spanien sollen Möglichkeiten und Wege der *weiberhandlung* dargestellt werden. Die Frage nach einer geschlechtlichen Markierung[5] ihrer politischen Teilhabe[6] steht dabei im Vordergrund. Hierzu nehme ich die höfischen (Ver-)Handlungsräume genauer in den Blick und überprüfe, wie sich Maria von Spanien während ihrer Ehe in ihrer Zeit als Kaiserin (1564–1576) jeweils sowohl im männlich als auch im weiblich dominierten politischen Raum bewegte und auf welche Weise sie in ihnen agierte. Um die Möglichkeiten und Grenzen des Handlungsspielraums der Kaiserin ausloten zu können, werden zunächst Gender, Space und Agency als Analysekategorien vorgestellt und zueinander in Beziehung gesetzt. Im zweiten Schritt liegt der Fokus auf dem männlich dominierten politischen Raum, und die Handlungsmöglichkeiten der Kaiserin am Hof, auf Reichstagen und auf Landpartien werden herausgearbeitet. Im dritten Schritt stehen die Handlungsoptionen der Kaiserin im Frauenzimmer als weiblich dominierter politischer Raum im Vordergrund. Abschließend wird das Zusammenspiel beider Räume in den Blick genommen.

---

3 Vgl. Rubén González Cuerva, From the Empress to the Ambassador. The ‚Spanish Faction‘ and the Labyrinths of the Imperial Court of Prague, 1575–1585, in: Librosdelacorte.es, Monográfico 2, 7 (2015), 11–25; Vanessa de Cruz Medina, ‚In Service to My Lady, the Empress, as I have done every other day of my Life‘. Margarita de Cardona, Baroness of Dietrichstein and Lady-in-waiting of Maria of Austria, in: Nadine Akkerman u. Birgit Houben (Hg.), The Politics of Female Households. Ladies-in-waiting across Early Modern Europe, Leiden/Boston 2014, 99–119.

4 Leider sind nur noch drei Briefe erhalten, was den Wert ihrer Aussagekraft allerdings keineswegs mindert. Moravský Zemský Archiv Brno (MZAB), Rodinný Archiv Dietrichštejnů (RAD), G140, Kart. 426, 1903.

5 Für den Begriff der geschlechtlichen Markierung orientiere ich mich an dem Vorschlag von Andrea Griesebner und Susanne Hehenberger: Andrea Griesebner u. Susanne Hehenberger, Intersektionalität. Ein brauchbares Konzept für die Geschichtswissenschaften?, in: Vera Kallenberg, Jennifer Meyer u. Johanna M. Müller (Hg.), Intersectionality und Kritik. Neue Perspektiven für alte Fragen, Wiesbaden 2013, 105–124, 112: „Geschlechtlich markiert werden individuelle Lebewesen, aber auch soziale Gruppen, Handlugen und Praktiken, Räume und materielle Dinge. Wie die geschlechtliche Markierung ‚Mann‘ bzw. ‚Frau‘ inhaltlich gefüllt wird und welcher Relevanz dieser Markierung zu unterschiedlichen Zeiten und an unterschiedlichen Orten beigemessen wird, ist damit ebenso eine offene Forschungsfrage wie die Markierung von Praktiken, Räumen oder Dingen als ‚männlich‘ bzw. ‚weiblich‘.“

6 Für die Frage nach politischer Teilhabe orientiere ich mich an der Kulturgeschichte des Politischen. Vgl. Barbara Stollberg-Rilinger, Was heißt Kulturgeschichte des Politischen? Eine Einleitung, in: dies. (Hg.), Was heißt Kulturgeschichte des Politischen?, Berlin 2005, 9–24, 10 f.

1. Das Begriffsfeld abstecken

Zur Erfassung der Dimensionen der *weiberhandlung* bietet sich eine Kombination der Kategorien Gender, Space und Agency als Zugang an. Zum einen haben die drei Analysekategorien einen wichtigen Punkt gemeinsam: Sie definieren sich vornehmlich über ihre Relationalität und Dynamik, wenn nicht sogar Fluidität. Zum anderen determinieren sie sich in hohem Maße gegenseitig. Gender kann – aber muss nicht – bestimmen, in welchen Räumen sich eine Person aufhalten darf und welche ihr verschlossen bleiben, und hat damit in diesen Fällen unmittelbar Auswirkungen auf ihre Agency. Schauen Historiker*innen also auf die Räume und auf die Handlungen, die innerhalb und in Auseinandersetzung mit diesen Räumen durchgeführt werden können, so gibt ihnen diese Perspektive Aufschluss darüber, welche Handlungsräume konkret mit geschlechterspezifischen Normen und Werten verbunden waren, aber auch, welche praktischen Möglichkeiten bestanden, sich in diesem vorgegebenen Rahmen zu bewegen: also Räume (mit) zu gestalten und Handlungsmacht zu erlangen. Analysekategorien wie Raum (Space) und Handlungsmacht (Agency) sollen in diesem Beitrag zur Orientierung dienen, um spezifische, in Zeit und Raum eingebundene Situationen auf eventuelle geschlechtliche Markierungen hin zu überprüfen.

Mit dem *spatial turn* haben die Geschichtswissenschaften verschiedene Raumkonzepte – unter anderem von Michel de Certeau[7], Pierre Bourdieu[8] oder die Raumsoziologie von Martina Löw[9] – aufgegriffen. Für das Raumkonzept erweist sich für meine Untersuchung das Kriterium seiner sozialen Konstruktion als aussichtsreicher als die Annahme einer konkreten Materialität[10] von Raum, auch wenn letztere ein gewisses Verführungspotenzial besitzt. Materialität, das vermeintlich handfest Greifbare, gaukelt uns zuweilen Sicherheit vor. Doch selbst in Hinblick auf etwas scheinbar so unmittelbar materiell Zugänglichem wie dem eigenen Körper musste Barbara Duden 1990 bei ihren körpergeschichtlichen Untersuchungen feststellen, dass die Körper von Patientinnen eines Stadtarztes aus dem 18. Jahrhundert weit weniger fassbar waren als zunächst angenommen und sich konstant einer Rückbindung an eigene leibliche Erfahrungswelten entzogen.[11] Analog scheint es sich mit den vermeintlich materiell zugänglichen Räumen zu verhalten. Das bedeutet im Umkehr-

---

7 Vgl. Michel de Certeau, Kunst des Handelns, Berlin 1980, 215–238.
8 Vgl. Pierre Bourdieu u. Loïc J. D. Wacquant, Reflexive Anthropologie, Frankfurt a. M. 1996, 124–147; Pierre Bourdieu, Praktische Vernunft. Zur Theorie des Handelns, Frankfurt a. M. 1998, 48–52.
9 Vgl. Martina Löw, Raumsoziologie, Frankfurt a. M. 2001.
10 Bei Martina Löw taucht die Idee einer Materialität in der Spezifizierung der sozialen Güter in ihrer Raumdefinition auf, die sie vornehmlich als materielle Güter begreift. Sie definiert Räume wie folgt: „Raum ist eine relationale (An)Ordnung sozialer Güter und Menschen (Lebewesen) an Orten." Löw, Raumsoziologie, wie Anm. 9, 224.
11 Vgl. Barbara Duden, Geschichte unter der Haut. Ein Eisenacher Arzt und seine Patientinnen, Stuttgart ²1991, 13.

schluss jedoch, dass eine Differenzierung zwischen physischen und virtuellen Räumen, zum Beispiel Kommunikationsräumen, kaum zielführend ist. Konkrete Räume machen die Forschung an ihnen nicht greifbarer, sondern schaffen höchstens die Illusion von Natürlichkeit. Vor einer solchen „Verräumlichung der Kultur"[12] warnt uns die Kulturgeographin Julia Lossau zu Recht.

Eine sinnvolle Unterscheidung hingegen scheint diejenige zwischen Raum und Ort, wie sie Aleida Assmann vornimmt: „Wer über ‚Raum' nachdenkt, spricht von etwas, das es zu konstruieren, gestalten, nutzen, besetzen gilt. [...] ‚Orte' sind demgegenüber dadurch bestimmt, dass an ihnen bereits gehandelt beziehungsweise etwas erlebt und erlitten wurde."[13] Zum einen lässt sich an dieser Definition bereits die enge Verknüpfung von Raum und Handlungsmacht ablesen, zum anderen schwingt hier, wie Assmann betont, auch eine zeitliche Ausrichtung mit. Während Räume als etwas zu Gestaltendes in die Zukunft weisen, orientieren sich Orte als Schauplatz von Erlebtem an der Vergangenheit. Bei der Analyse von räumlichen Dimensionen entscheidet letztlich die/der Betrachter*in und sein/ihr Blickwinkel beziehungsweise genauer ihre/seine Blickrichtung, ob eher der Raum oder der Ort – so zum Beispiel in Form von Erinnerungsorten, Pierre Noras *lieux de mémoire* – in den Vordergrund zu rücken ist.[14] Es ließe sich vermuten, dass für Historiker*innen folglich die Vergangenheitsdimension und damit das Ortskonzept nahezu zwangsläufig als bevorzugte Perspektive den Vorrang erhalten würde. Durch die enge Verknüpfung mit der Handlungsmacht und damit der Frage nach Gestaltungspotenzialen entfaltet jedoch der Raum – und damit das Zukünftige im Vergangenen – eine erhebliche Anziehungskraft für die Geschichtswissenschaften; so auch in dieser Fallstudie.

Mit dem Fokus auf Handlungsmacht[15] und dem damit verbundenen Gestaltungspotenzial, das sich der Kaiserin Maria von Spanien in Interaktionen eröffnete oder das ihr verschlossen blieb, ist die Frage nach den ‚Handlungserwartungen' voranzustellen, mit denen sie in unterschiedlichen Situationen konfrontiert wurde. Vor dem Hintergrund solcher ‚Handlungserwartungen' und daran anknüpfender ‚normativer Handlungsskripte' gilt es zudem danach zu fragen, wie die Kaiserin diese handhabe

12 Julia Lossau, Räume von Bedeutung. *Spatial turn, cultural turn* und Kulturgeographie, in: Moritz Csáky u. Christoph Leitgeb (Hg.), Kommunikation – Gedächtnis – Raum. Kulturwissenschaften nach dem „Spatial Turn", Bielefeld 2009, 29–43, 32.
13 Aleida Assmann, Geschichte findet Stadt, in: Csáky/Leitgeb, Kommunikation, wie Anm. 12, 13–27, 15f.
14 Assmann, Geschichte findet Stadt, wie Anm. 13, 16f. u. 22. Zum Vergleich: Michel de Certeau unterscheidet ebenso zwischen Raum und Ort und verknüpft dabei den Raum eng mit dem Handeln, wobei er dem Ort jedoch weniger Zeitlichkeit zugesteht: „Ein Ort ist also eine momentane Konstellation von festen Punkten. Er enthält einen Hinweis auf eine mögliche Stabilität." Certeau, Kunst des Handelns, wie Anm. 7, 218.
15 Für eine Problematisierung und Historisierung des Agency-Begriffs, gerade auch mit Blick auf die Geschlechtergeschichte, vgl. Lynn M. Thomas, Historicising Agency, in: Gender & History, 28, 2 (2016), 324–339.

und wie sich ihr Umgang damit auf ihre Handlungsmacht auswirkte.[16] Erst nach
Absteckung des von Normen geprägten Erwartungshorizonts, der an die Akteurin
herangetragen wurde, lässt sich beurteilen, welcher konkrete Handlungsspielraum ihr
in einer Situation zur Verfügung stand. Was allerdings nicht zwangsläufig bedeuten
muss, dass sie zur Erlangung von Handlungsmacht den an sie herangetragenen Er-
wartungen entsprechen musste, wie sich noch zeigen wird.

Für die Frage nach der Agency ist somit in diesem Zusammenhang die Idee der
Relationalität und damit der Eingebundenheit[17] von Akteur*innen in Interaktionen im
Rahmen eines gewissen normativen Erwartungshorizonts zentral, der je nach Situation
unterschiedliche Ausprägungen annehmen konnte. Es geht also um die Befähigung
zum Handeln und die dieser zugrundeliegenden Voraussetzungen, die in der Auseinandersetzung mit der Umwelt entstehen, und darum, wie eine Person in einer konkreten, zeitlich und räumlich begrenzten Situation ihre in der Interaktion erworbene
Handlungsmacht in Worten und Taten umsetzt beziehungsweise umzusetzen versucht.[18]

Wie bereits eingangs erläutert, lassen sich mit Blick auf die (Ver-)Handlungsräume
zwei höfische Sphären unterscheiden: der männlich und der weiblich dominierte politische Raum. Ersterer eröffnete sich für die Kaiserin über das Zusammensein mit dem
Kaiser und letzterer – das Frauenzimmer als ein Verhandlungsraum – lässt sich über das
Getrenntsein des Kaiserpaars erfassen. Beide Räume sind hier bewusst, in Anlehnung
an Assmann und Lossau, nicht als konkrete Räumlichkeiten zu verstehen, sondern als
Orte, die in der Interaktion der Kaiserin – sei es mit dem Kaiser, sei es mit den
spanischen Gesandten – gemeinsam gestaltet und genutzt und damit erst zu Räumen
wurden.

---

16 Vgl. hierzu die Ausführungen von Mareike Böth, die sich diese Fragen allerdings mit Blick auf
   frühneuzeitliche Selbstbildungsprozesse und den Subjektstatus stellt. Mareike Böth, Verflochtene
   Positionierungen. Eine intersektionale Analyse frühneuzeitlicher Selbstbildungsprozesse, in:
   Mechthild Bereswill, Folkert Degenring u. Sabine Stange (Hg.), Intersektionalität und For-
   schungspraxis – wechselseitige Herausforderungen, Münster 2015, 78–95, 90.
17 Auf eine solche Eingebundenheit verweist bereits Scott, vgl. Joan W. Scott, The Evidence of
   Experience, in: Critical Inquiry, 17, 4 (1991), 773–797, 793.
18 Der Agency-Begriff ist dabei nicht auf diese Definition zu begrenzen, sondern lässt sich im Sinne
   einer „Handlungsträgerschaft" zudem für die Untersuchung von Tieren oder von Personen, deren
   „Stimmen" strukturell unterdrückt wurden, fruchtbar machen. Vgl. Juliane Schiel, Isabelle Schürch
   u. Aline Steinbrecher, Von Sklaven, Pferden und Hunden. Trialog über den Nutzen aktueller
   Agency-Debatten für die Sozialgeschichte, in: Schweizerisches Jahrbuch für Wirtschafts- und Sozialgeschichte, 32 (2017), 17–48, 21, 24.

2.   Der männlich dominierte politische Raum

2.1   Am Hof

1567 bis 1570 weilte Luis Venegas, der Obrist-Hofmarschall *(aposentador mayor)* König Philipps II., als Sondergesandter am Kaiserhof, um das große dreifache Heiratsprojekt zwischen Spanien, Österreich und Portugal beziehungsweise Frankreich endgültig in die Wege zu leiten. Ob nun mit Portugal oder mit Frankreich Heiratsverbindungen eingegangen werden sollten, darin waren sich der spanische König und der Kaiser uneinig. Der spanische König favorisierte Portugal und hatte Venegas ausgeschickt, um den Kaiser von diesem Eheprojekt zu überzeugen und entsprechend Druck auszuüben.

In seinem Brief vom 30. September 1567 berichtete Luis Venegas, der Anfang Juli am Kaiserhof eingetroffen war und in seinen ersten Briefen gewissenhaft die Situation vor Ort beschrieb, vom engen Zusammenleben des Kaiserpaars wie folgt:

> „Die Kaiserin ist wohlauf und nach meinem Dafürhalten in besserer Verfassung als bei meiner Ankunft, auch wenn nicht so dick *(gorda)*, wie Ihre Majestät sie in Brüssel sah. Sie verbringt die meiste Zeit mit dem Kaiser, und während er Verhandlungen führt, ist sie dort und beschäftigt sich mit Handarbeit oder liest oder unterhält sich mit anderen Dingen. Und sie sind so an dieses Leben gewöhnt und daran zusammen zu sein, dass, als es dem Kaiser dieser Tage schlecht ging, er tagsüber in seinem Gemach im Bett lag und die Nacht im Gemach der Kaiserin bis zum Morgen verbrachte. Und so hielt er es, bis die Krankheit und Schwäche ihn zwangen, in seinem Gemach zu bleiben. Und darauf kam die Kaiserin zum Schlafen ins Gemach des Kaisers und so hält sie es auch jetzt noch."[19]

Eine gewisse Verwunderung über dieses aus seiner Sicht eher ungewöhnliche Verhalten des Kaiserpaars lässt sich bei Luis Venegas durchaus herauslesen. Der Gesundheitszustand der Kaiserin und des Kaisers – wie auch der ihrer Kinder – wurden grundsätzlich regelmäßig in den Gesandtschaftsberichten erwähnt. Eine solch ausführliche Beschreibung des Alltags des Kaiserpaars war dennoch eher selten. Aus Sicht von Venegas scheint eine detaillierte Darstellung alltäglicher Routinen kaiserlichen Zusammenlebens an dieser Stelle vonnöten, weil er keine geeignete Codierung dafür kannte. Eine solche wurde bei Krankheits- und Gesundheitsbeschreibungen häufig genutzt, was sich an den teilweise stark formelhaften Formulierungen zeigen lässt. Offenbar konnte der

---

19 Brief von Venegas an Philipp II., Wien am 30. 9. 1567, AGS, EST, LEG 656–16: „La emperatriz esta buena y a mi pareçer en mejor disposiçion q quando yo aqui llegue aunque no tan gorda com V.M.ᵈ la vio en Bruselas passa todo lo mas del tiempo con el emperador y estando el negoçiando esta ella alli haziendo red o leyendo o entreteniendose en otras cosas y estan tan acostumbrados a esta vida y a estar juntos q estos dias q el emperador estuvo malo, etava el, de dia en su aposento echado en su cama y de noche se passava al de la emperatriz hasta la mañana, y esto hizo hasta que el mal y la flaqueza le forçaron a estar quedo en su aposento, y entonçes venia la emperatriz a dormir al del emperador y assi lo haze aun aora." Die Übersetzungen der Quellenzitate stammen im Folgenden von mir.

Sondergesandte nicht davon ausgehen, dass man sich auf spanischer Seite ein Bild von diesem Hofleben machen konnte, ohne dass er die Details darlegte und erklärte.

Venegas' Verwunderung mag zunächst daher rühren, dass am spanischen Hof eine stärkere räumliche Trennung der Geschlechter vorherrschte als am Kaiserhof. Die in Venegas' Wahrnehmung erfolgte Verschiebung räumlicher, aber auch normativer Grenzen durch die Kaiserin, die hier in den männlich dominierten öffentlichen politischen Raum vordrang, gelang dadurch, dass sie zugleich bestimmten Handlungserwartungen entsprach. Dies zeigt sich an der durch Luis Venegas so ausführlich beschriebenen geschlechtlichen Markierung. Die Kaiserin nahm nicht an den Verhandlungen teil, indem sie zum Beispiel mitdiskutierte und sich aktiv einbrachte, sondern indem sie ‚daneben' geschlechterspezifisch markierte Tätigkeiten (Handarbeit, Lektüre) ausführte und damit die vorgegebene Ordnung wahrte. Die Vorstellung, Frauen seien von der Teilnahme an politischen Verhandlungen fernzuhalten, findet sich in der politischen Traktatliteratur und gelegentlich in den Schriften der Gesandten. Hierfür wurde der Topos der von Natur aus geschwätzigen Frauen, die kein Geheimnis für sich behalten könnten, bemüht.[20] Ihre vermeintliche Geschwätzigkeit widersprach der Idee der *arcana imperii*, die es eben im Geheimen zu beratschlagen und auszuhandeln galt.[21] Die Anwesenheit der Kaiserin bei diesen Verhandlungen wird vor dem Hintergrund dieser Topoi – der Geschwätzigkeit der Frauen und der Notwendigkeit der geheimen Beratschlagung –, die in der frühneuzeitlichen politischen Theorie fest verankert waren, somit durchaus erklärungsbedürftig. Diesen Bedarf erkannte auch Venegas.

Zugleich zeigt sich, dass es mit Blick auf die Handlungsmacht nicht nur zwei Optionen gibt, also den Normen und damit den an die Kaiserin herangetragenen Handlungserwartungen entweder zu entsprechen oder zu widersprechen. Die bei Verhandlungen lesende Kaiserin belegt, dass sich die Normen innerhalb eines zu berücksichtigenden Rahmens (mit)gestalten lassen. Durch ihre Präsenz im Verhandlungsraum in Kombination mit der Ausübung geschlechterspezifisch markierter Tätigkeiten wird eine subtile Form der ‚Unterwanderung' des männlich dominierten politischen Raums deutlich, der sich den Kategorien von Anpassung oder Widerstand entzieht und den vorgegebenen Rahmen nutzt.[22] Hier zeigt sich zudem ein paradox

---

20 Vgl. Juan Antonio de Vera y Figueroa, El Enbaxador, Sevilla, Francisco de Lyra 1620, Discurso Segundo, 103 v° u. Discurso Tercero, 70 r°; Hans Khevenhüller, Geheimes Tagebuch 1548–1605, hg. von Georg Khevenhüller-Metsch, Graz 1971, 114.

21 Vgl. O.V., Princeps in Compendio, in: Notker Hammerstein (Hg.), Staatslehre der Frühen Neuzeit, Frankfurt a. M. 1995, 483–540, 490–491.

22 Vgl. Saba Mahmood, Politics of Piety. The Islamic Revival and the Feminist Subject, Princeton/Oxford 2005, 22f.; Ashley Pullman, Shifting Visions of Agency and Gender. The Ethical Turn of Butler and Mahmood, in: Allyson Jule (Hg.), Shifting Visions. Gender and Discourses, Cambridge 2015, 69–82, 78.

anmutender Zusammenhang von Agency und Space.[23] In gewisser Weise ist keine Handlungsmacht ohne einen räumlich vorgegebenen und begrenzenden Rahmen möglich. Zumindest wäre es uns nicht möglich, Handlungsmacht und Gestaltungspotenzial ohne einen entsprechenden Rahmen überhaupt wahrzunehmen. Um herauszufinden, welche Handlungsoptionen einer Person offenstehen, müssen wir die Grenzen ihrer Handlungsmacht kennen. In der Beschreibung von Luis Venegas werden die Handlungsmöglichkeiten und -grenzen der Kaiserin zugleich aufgezeigt. Zudem wäre eine solche ‚Unterwanderung' nicht möglich, wenn das Umfeld – hier in erster Linie der Kaiser und seine Berater – diese nicht zulassen und so in gewisser Weise stillschweigend mittragen würden. Die Teilhabe am männlich dominierten politischen Raum unter Wahrung geschlechterspezifischer Normen stellt sich nicht als ein Alleingang der Kaiserin dar, sondern wird erst durch die Interaktion mit ihrem Umfeld realisierbar.

Die ständige Nähe der Kaiserin zum Kaiser beziehungsweise seine ständige Nähe zu ihr erklärt Venegas durch eine spezifische Lebensart, an die sich das Paar offenbar gewöhnt habe. Damit ließ sich das Verhalten des Kaiserpaars im Rahmen ehelicher Partnerschaft diskutieren, ohne dass die Frage nach gemeinsamer Herrschaft aufgebracht werden musste. Indirekt schwingt diese aber mit, denn wie Anna Becker für die politische Theorie des 16. Jahrhunderts aufgezeigt hat, galt die Ehe in den neo-aristotelischen Schriften als eine Art Dreh- und Angelpunkt, der das Private mit dem Öffentlichen, das Häusliche mit dem Politischen, das Männliche mit dem Weiblichen verband:

> „A gendered relationship was the pivot that related the domestic to the political, insofar as marriage, and an analysis of the husband and wife relationship, was the most important relationship to explore both the origins and the best way to rule in the state. In that sense, ‚women' did not have to wait for their inclusion into the political; since the political sphere embraced the household, as ‚wives', some of them were already in it."[24]

Basierend auf der Idee der Ehe als zentrale, von Gesetzen und *ratio* geleitete Institution und damit Teil der politischen Sphäre wurde der Haushalt als weiblicher und männlicher Handlungsraum im frühneuzeitlichen Politikverständnis als Teil des Öffentlichen begriffen.[25] Philip Haas hat zudem am Beispiel Hessen-Kassels untersucht, welche Rolle der Fürstenehe in politischer Theorie und Praxis zukam. Spätestens für das 17. Jahrhundert lässt sich dabei ihm zufolge nachweisen, dass dem Heiratsverhalten des Fürsten (und damit unweigerlich auch der Fürstin) ein zentraler Stellenwert in der

---

23 Judith Butler spricht von diesem Paradox mit Blick auf die ethischen Dimensionen von Agency, aber dies lässt sich auch ganz generell für Agency festhalten. Vgl. Judith Butler, Giving an Account of Oneself, New York 2005, 15 f.; Pullman, Shifting Visions, wie Anm. 22, 78.

24 Anna Becker, Gender in the History of Early Modern Political Thought, in: The Historical Journal, 60, 4 (2017), 843–863, 863.

25 Vgl. Becker, Gender in the History, wie Anm. 24, 857–861.

Debatte um Gemeinwohl und Eigennutz zugesprochen wurde.[26] Die Fürstenehe wurde als eine wesentliche Einrichtung erachtet, die den „Bedürfnissen des Gemeinwesens [unterworfen war], insbesondere dessen Stabilisierung und somit den Erfordernissen der Staatsräson".[27] Das Gemeinwohl wurde dabei der Sphäre des Öffentlichen zugeordnet, während der Eigennutz in der Regel in negativer Konnotation auf das Private verwies, und Fürstinnen waren ebenso für das Gemeinwohl verantwortlich wie Fürsten.[28]

Das christliche Eheverständnis konnte aber in der Argumentation auch genutzt werden, um die Sorge um den Ehepartner/die Ehepartnerin über politische Belange zu stellen. So verfuhr das Kaiserpaar in einer Antwort auf die Bitte des spanischen Königs, dass Maria ihre Tochter Anna auf deren Brautreise nach Spanien begleiten sollte. Maximilian II. und Maria von Spanien lehnten dieses Ansinnen aus mehreren Gründen ab. Der Kaiser betonte aber vor allem, dass er in seinem Verständnis als liebevoller Ehemann *(coniugali pietate ducti)* seiner Ehefrau eine so gefahrvolle und körperlich belastende Reise nicht zumuten könne.[29] Geleitet von christlicher Frömmigkeit in seinem Verständnis als Ehemann konnte der Kaiser seine Sorge um seine Partnerin über die Wünsche seines Cousins und Schwagers stellen. Während Philipp II. als Argument die Geschwisterliebe[30] angeführt und an das mütterliche Pflichtgefühl der Kaiserin appelliert hatte, konterte das Kaiserpaar mit dem ehelichen Liebesverständnis. Salopp

---

26 Vgl. Philip Haas, Fürstenehe und Interessen. Die dynastische Ehe der Frühen Neuzeit in zeitgenössischer Traktatliteratur und politischer Praxis am Beispiel Hessen-Kassels, Darmstadt/Marburg 2017, 22. Vgl. auch ders., Die Verheiratung der Argenis. Die dynastische Ehe der Frühen Neuzeit als ‚alternativer' Weg des Staatsräsondiskurses, in: Archiv für Kulturgeschichte, 99, 2 (2017), 371–396.

27 Haas, Die Verheiratung der Argenis, wie Anm. 26, 388f.

28 Zu der verstärkten Asymmetrie der Begriffe im Mittelalter vgl. Peter von Moos, Das Öffentliche und das Private in der Vormoderne. Für einen kontrollierten Anachronismus, in: Gert Melville u. ders. (Hg.), Das Öffentliche und Private in der Vormoderne, Köln/Weimar/Wien 1998, 3–83, 26, 74. Zum Gemeinwohl als Aufgabenbereich der Fürstin vgl. Theresa Earenfight, Preface. Partners in Politics, in: dies. (Hg.), Queenship and Political Power in Medieval and Early Modern Spain, London 2016, xiii–xxviii, xiv [Hervorhebung im Original]: „Their elevated social status and their proximity to the center of power [bezogen auf Königinnen] meant that they could be, and often were, engaged in the public political sphere. Situated in a ‚public sphere in the political realm', monarchy was ‚coextensive with public authority', the royal court was an integral component, and queens were just as likely as kings to be concerned with the *res publica*."

29 Raisons proposees a l'Empereur Maximilian dela part du Roy Philippe II. par Monsieur de Chantonnay son ambassadeur, et Louys Venegas de Figueroa touchant la conclusion des trois mariages, s.a. [1564–1569], Haus-, Hof- und Staatsarchiv (HHStA) Wien, Habsburg-Lothringische Hausarchive, HausA, Familienakten 22–4.

30 Den Geschwisterbeziehungen zwischen Philipp II. und Maria von Spanien, aber auch der Schwester Johanna von Spanien kommt in der österreichisch-spanischen Politik der Zeit eine große Bedeutung zu. Zur Bedeutung von Geschwisterbeziehungen vgl. z. B. auch Michaela Hohkamp, Do Sisters have Brothers? The Search for the ‚rechte Schwester'. Brothers and Sisters in Aristocratic Society at the turn of the Sixteenth Century, in: Christopher H. Johnson u. David Warren Sabean (Hg.), Sibling Relations and the Transformations of European Kinship, 1300–1900, New York 2011, 57–70.

gesprochen: Der liebende Ehemann schlägt hier den liebenden Bruder in der Argumentation.

2.2   Auf dem Reichstag

An anderer Stelle zeigt sich, dass die spanischen Gesandten das enge Zusammenleben
von Kaiser und Kaiserin, wenn es sie zunächst auch verwundert haben mochte, schnell
für ihre eigenen Zwecke zu nutzen wussten. Im Oktober 1565 bat Thomas Perrenot de
Chantonet (1521–1571), Obersthofmeister (mayordomo mayor) Philipps II. und von
1565 bis 1570 spanischer Botschafter am Kaiserhof, den spanischen König um fi-
nanzielle Unterstützung für die Kaiserin, damit diese zusammen mit dem Kaiser auf
den 1566 in Augsburg stattfindenden Reichstag reisen könne. Hierbei betont Chantonet: „dass es [gemeint ist ein Fehlen der Kaiserin] für die öffentlichen und privaten
Verhandlungen von großem Nachteil wäre, da ihre Anwesenheit so wertvoll sei, um die
Verhandlungen geradezubiegen, sowohl die der Religion als auch die anderen."[31]
    Die Kaiserin galt also als Garantin für einen Verlauf der Verhandlungen gemäß den
Vorstellungen der spanischen Faktion, und zwar in erster Linie auf der Ebene der
Religionspolitik, aber auch darüber hinaus. Konzepte wie öffentlich und privat finden
als Dichotomie zwar Erwähnung und spielen damit im Denken und der politischen
Praxis der Zeitgenoss*innen durchaus eine Rolle, zugleich unterstreicht Chantonet,
dass die Kaiserin auf beide Bereiche – öffentliche wie private Verhandlungen – ein-
wirken könne. Mit privaten Verhandlungen verweist der Botschafter in diesem Kontext
vor allem auf die informelle Ebene.
    Diesen Erklärungen fügte Chantonet noch den Nachtrag hinzu, dass es auch für den
Gesundheitszustand des Kaisers, der unter diversen Anfällen leide, wichtig sei, die
Kaiserin in seiner Nähe zu wissen. Gemeint sind wohl vor allem seine Gichtanfälle.
Liest man die Gesandtschaftsberichte der spanischen Botschafter am Kaiserhof seit der
Ankunft Marias in Wien (1551), dann fällt auf, dass ihr Einfluss bis zum Tod Maximilians (1576) immer stärker zu werden scheint beziehungsweise dass die Gesandten
ihrem Einfluss immer stärkere Bedeutung zuschrieben und versuchten, ihre Vertrau-
ensstellung beim Kaiser für sich und für die spanischen Anliegen nutzbar zu machen. In
weiteren Briefen wird deutlich, dass nicht nur die Kaiserin, sondern oftmals auch ihre
Kinder, die Erzherzoginnen und Erzherzöge, den Kaiser auf den Reichstag begleiteten,

---

31 Zusammenfassung von sechs Briefen Chantonets an Philipp II., Oktober 1565, AGS, EST, LEG
   653–48: „que para los negocios publicos y particulares seria de grande inconveniente por lo mucho
   que valdra su presencia para endereçar los negocios assi de religion como los otros." Im Spanischen
   wird zwar mit der Dichotomie publico/particular operiert, dies entspricht aber im Deutschen
   durchaus dem Begriffspaar öffentlich/privat und verweist auf die ursprüngliche Bedeutung des
   Begriffs privat im Sinne von „partikulär, amtlos, inoffiziell". Vgl. von Moos, Das Öffentliche und das
   Private, wie Anm. 28, 9.

wie etwa auch im Fall des Reichstags zu Speyer 1570, von dem aus Anna von Österreich (1549–1580) und ihre Schwester Elisabeth (1554–1592) jeweils ihre Brautreisen nach Spanien respektive Frankreich antraten. Die älteste Tochter des Kaiserpaars Anna heiratete ihren Onkel Philipp II. und die zweitälteste Tochter Elisabeth den französischen König Karl IX. (1550–1574).

2.3   Auf Landpartien

Abseits der Reichstage und des Hofes dienten Orte der Erholung und des Vergnügens mit Vorliebe als politische (Ver-)Handlungsräume. Zwei Beispiele – eine Jagdpartie im Kontext des Speyrer Reichstags 1570 und eine Landpartie im Wiener Prater 1565 – sollen diesen Zusammenhang verdeutlichen. Der 1570 neu am Kaiserhof eingetroffene spanische Botschafter Francisco Hurtado de Mendoza (um 1530–1591), Graf von Monteagudo, der Thomas Perrenot de Chantonet ablöste und bis 1577 am Kaiserhof bleiben sollte, berichtete in diesem Zusammenhang ausführlich von einer Jagdgesellschaft kurz nach Eröffnung des Reichstags. Ausgerichtet wurde diese von Pfalzgraf Friedrich III. (1515–1576), der die kaiserliche Familie und den Botschafter am Samstag, den 15. Juli 1570, auf seinem Territorium („en un monte suyo") empfing.[32] Von kaiserlicher Seite nahmen an dieser Jagdpartie laut Auskunft Monteagudos das Kaiserpaar sowie ihre beiden ältesten Töchter Anna und Elisabeth teil. Von pfalzgräflicher Seite erwähnt Monteagudo den Pfalzgrafen, dessen zweite Ehefrau Amalia von Neuenahr-Alpen (1540–1602), zudem Friedrichs Sohn Johann Kasimir (1543–1592) und dessen frisch angetraute Ehefrau Elisabeth von Sachsen (1552–1590). Die Ehefrau des Pfalzgrafen betitelt er innerhalb der Chiffre als Frau von Brederode, womit er auf ihren ersten Ehemann Graf Heinrich von Brederode (1531–1568) anspielt. Darüber hinaus war der Kurfürst und Erzbischof von Mainz, Daniel Brendel von Homburg (1523–1582), mit von der Partie.

Dieses pfalzgräflich-kaiserliche und damit calvinistisch-katholische Zusammentreffen verlief nicht ohne Anspannung; insbesondere der spanische Botschafter schien sich auf dieser Jagdgesellschaft sichtlich unwohl zu fühlen. Um den Hintergrund etwas besser nachvollziehen zu können: Graf Heinrich von Brederode, der verstorbene Ehemann von Amalia von Neuenahr-Alpen, stand zunächst in Diensten des spanischen Königs Philipps II. Mit dem Aufstand der Spanischen Niederlande wurde er zum

---

32 Brief von Monteagudo an Philipp II., Speyer am 22.7.1570, AGS, EST, LEG 664–9. Zum zeitlichen Ablauf von Jagdpartie und Reichstag: Drei Tage vor der Zusammenkunft der Jagdgesellschaft am 15. Juli war der Pfalzgraf auf dem Reichstag eingetroffen. Zwei Tage vor der Jagd hatte der Reichshofratssekretär, in Anwesenheit des Pfalzgrafen, die kaiserliche Proposition verlesen und der Bischof von Speyer den Reichstag offiziell eröffnet. Vgl. Maximilian Lanzinner (Bearb.), Deutsche Reichstagsakten. Reichsversammlungen 1556–1662. Der Reichstag zu Speyer 1570, 1. Teilband, Göttingen 1988, 159, 161.

Anführer des Geusenbundes. Er musste fliehen und verstarb 1568 auf Schloss Horneburg bei Recklinghausen. Pfalzgraf Friedrich III. war am Hof Kaiser Karls V. katholisch erzogen worden. Als er 1537 seine erste Ehe mit Maria von Brandenburg einging, trat er zum Luthertum über. 1560 entschloss er sich, den Calvinismus in der Pfalz einzuführen. Der Pfalzgraf griff zudem auf protestantischer Seite in die französischen Religionskriege und den Aufstand der Spanischen Niederlande ein. Sein Sohn Johann Kasimir war Söldnerführer und leistete einen Beitrag zum Frieden von Longjumeau, der den zweiten Religionskrieg in Frankreich beendete. Dessen Hochzeitsfeier mit Elisabeth von Sachsen in Heidelberg am 4. Juni 1570 unmittelbar vor dem offiziellen Beginn des Speyrer Reichstags hatte sich schnell zu einer Art von protestantischem Gegenreichstag ausgeweitet. Ende Juni befürchtete man in Speyer sogar, dass die protestantischen Reichsfürsten sich auf den Hochzeitsfeierlichkeiten in Heidelberg abgesprochen hätten, die kaiserliche Einladung zum Reichstag geschlossen zu ignorieren. Letztlich hatten diese ihre jeweiligen Positionen in Heidelberg untereinander abgeglichen und sich für einen Besuch des Reichstags entschieden.[33] Meines Erachtens lassen sich die Hochzeitsfeierlichkeiten in gewisser Weise auch als Konkurrenzveranstaltung zu den Festivitäten lesen, mit denen die vereinbarten Eheschließungen der Erzherzoginnen Anna und Elisabeth auf dem Reichstag zu Speyer begangen wurden.

Die politische Brisanz des pfalzgräflich-kaiserlichen Treffens stand demnach allen Beteiligten klar vor Augen. Das Arrangement jenseits des Zeremoniells macht deutlich, wie Jagdgesellschaften bewusst zu diplomatischen Verhandlungsräumen umfunktioniert werden konnten. Landpartien, Jagdgesellschaften, Festivitäten oder auch Badereisen eröffneten Räume für Begegnungen und Gespräche, gerade wenn im formellen Rahmen keine Annäherung mehr möglich schien.[34] Die gemeinsame Jagd sollte zur Entspannung der verfahrenen Situation beitragen. Wenn man bedenkt, dass 1571 – also nur ein Jahr später – Friedrich III. mit dem Frankenthaler Religionsgespräch ein Bündnis der protestantischen Stände gegen das Haus Habsburg zu schmieden suchte, scheint die Annäherung auf der Jagdgesellschaft kaum geglückt zu sein.

Dass eine so detaillierte Beschreibung dieser Jagdpartie überliefert ist, die bereits aufgrund der politischen Konstellation einem Pulverfass zu gleichen scheint, verdanken wir dem spanischen Botschafter, der mit der Begegnung so überfordert war, dass er den spanischen König Philipp II. um Handlungsanweisungen bat. Vor allem ging es ihm um die Frage der Etikette und konkret, ob und inwieweit er die pfälzische Partei grüßen und wie er sich ihnen gegenüber in Zukunft verhalten solle. Auf der Jagdgesellschaft hatte der Pfalzgraf laut Auskunft Monteagudos seine Hand mit viel zu großer Vertraulichkeit geschüttelt, und auch dessen Ehefrau habe er die Hand geben müssen.

---

33 Vgl. Lanzinner, Der Reichstag zu Speyer 1570, wie Anm. 32, 156.
34 Vgl. Dorothea Nolde, Was ist Diplomatie und wenn ja, wie viele? Herausforderungen und Perspektiven einer Geschlechtergeschichte der frühneuzeitlichen Diplomatie, in: Historische Anthropologie, 21, 2 (2013), 179–198, 193.

Beides geschah gegen seinen Willen, wie er ausdrücklich betont.[35] Erst fünf Jahre später, unter anderen politischen Vorzeichen, sollte Philipp II. sich übrigens in einem Brief zum richtigen Umgang mit dem Pfalzgrafen äußern und in diesem Fall ein Händeschütteln ausdrücklich empfehlen.[36]

Vor dem Hintergrund der Instruktionen, die der Graf von Monteagudo für seine diplomatische Mission im Vorfeld von Philipp II. erhalten hatte,[37] erscheint die Bitte um Handlungsanweisung riskant. In den Instruktionen bringt der spanische König klar zum Ausdruck, dass die Kaiserin dem Botschafter als Orientierung dienen und er diese in strittigen Punkten um ihre Meinung und ihren Rat bitten soll. Dass Monteagudo gleich zu Beginn von dieser Vorgehensweise Abstand nahm, erklärt sich, wenn man sich die Begrüßungsszene ansieht, die der Botschafter in seinem Brief in Chiffre schildert: „Sie [die zuvor genannten Anwesenden] gingen sehr gut miteinander um und die Kaiserin mit mehr Güte, als ich glaube, dass ihre Majestät [die Kaiserin] dies möchte, aber ihre einzigartige Klugheit lässt sie alles wunderbar ertragen."[38] Statt in dem gütigen Verhalten der Kaiserin gegenüber der pfalzgräflichen Seite einen Ausdruck von Größe und diplomatischem Geschick zu vermuten, beschreibt der Botschafter sie in eine Situation hineingezwungen, in der ihr nur ihre Klugheit hilft, diese mit Fassung zu erdulden.

Die Klugheit *(prudentia)* galt als eine der christlichen Kardinaltugenden und auch als eine Herrschertugend. Zudem war sie eine der Tugenden, die in besonderem Maße von Diplomaten – in ihrer Funktion als Repräsentanten ihrer Herrscher*innen – gefordert wurden.[39] Diese Herrschertugend wurde der Kaiserin auch innerhalb ihrer Familie immer wieder zugeschrieben, so bereits während ihrer alleinigen Regentschaft in Spanien (1550–1551) vonseiten ihres Vaters Karl V. oder auch in späteren Jahren vonseiten ihres Bruders Philipp II.[40]

Landpartien konnten auch direkt mit Arbeitssitzungen kombiniert werden und wurden, wie auch die pfalzgräflich-kaiserliche Jagdgesellschaft abseits des Reichstags-

---

35 Brief von Monteagudo an Philipp II., Speyer am 22. 7. 1570, wie Anm. 32.
36 Brief von Philipp II. an Monteagudo, Madrid am 7. 9. 1575, AGS, EST, LEG 674–180. Zu diesem Zeitpunkt ging es um die Wahl Erzherzog Rudolfs zum römisch-deutschen König und Philipp II. hoffte, den Pfalzgrafen für die habsburgische Seite zu gewinnen.
37 Instruktionen Philipps II. für Monteagudo, Madrid am 12. 1. 1570, AGS, EST, LEG 664–1.
38 Brief von Monteagudo an Philipp II., Speyer am 22. 7. 1570, wie Anm. 32: „tractaronse muy bien y la emperatriz con mas benignidad q creo su Mag.ᵈ quisiera, pero su singular prudençia lo lleva todo maravillosamente".
39 Vgl. Dorothea Nolde, Der diplomatische Körper – Überlegungen zu einer Körpergeschichte der frühneuzeitlichen Diplomatie, in: Frühneuzeit-Info, 29 (2018): Der diplomatische Körper. Frühneuzeitliche Diplomatie als Körperpolitik, hg. von Dorothea Nolde u. Julia Gebke, 5–17, 8.
40 Vgl. Brief von Karl V. an Maria von Spanien, Augsburg am 12. 3. 1551, AGS, EST, LEG,646–4; Brief von Philipp II. an Monteagudo, El Pardo am 13. 9. 1573, AGS, EST, LEG 674–102; vgl. auch Julia Gebke, Frühneuzeitliche Politik und weibliche Melancholie. Kaiserin Maria von Spanien (1528–1603) im Spiegel diplomatischer Korrespondenz, in: Frühneuzeit-Info, 29 (2018), wie Anm. 39, 98–115, 111.

geschehens, oftmals nicht in erster Linie zur Erholung genutzt. Ähnlich berichtete Chantonet bereits am 2. Juni 1565[41], dass er die Kaiserin zu einem nahe Wien gelegenen Landhaus[42] begleitet habe, wo sich der Kaiser mit seinen Beratern traf. Die Teilhabe an diesem Treffen wurde dem Botschafter durch die Kaiserin ermöglicht, in deren Kutsche er mitreisen durfte. Im Landhaus fanden Verhandlungen statt, bis der Kaiser die Berater am späten Nachmittag entließ. Die Kaiserin erhielt indirekt Zutritt zu den Verhandlungen, da das Landhaus zugleich als Raum der Erholung vom Kaiserpaar genutzt wurde. Botschafter und Kaiserin trafen beim Landhaus ein, als die Beratungen bereits im Gang waren. Dass wir so viele Details kennen, liegt vor allem an dem – für Vizekanzler Doktor Seld (1516–1565) tödlich endenden – Kutschenunfall, der sich bei der Rückkehr der Berater nach Wien zutrug. Für Marias Zeit als Kaiserin scheint sich ein Zugang über die Frage nach den Momenten des Zusammenseins im männlich dominierten politischen Raum zu bewähren, denn ihre Präsenz jenseits des Frauenzimmers lässt erste Rückschlüsse auf die Möglichkeiten ihrer politischen Einflussnahme zu.

3. Der weiblich dominierte politische Raum

3.1 Das Frauenzimmer als Raum eigener politischer Agency

Was aber geschah nun im Frauenzimmer? Wie eingangs erwähnt, verstehe ich in diesem Kontext unter Frauenzimmer den weiblich dominierten politischen Verhandlungsraum, der sich durch die fehlende Präsenz des Kaisers auszeichnet. Die Botschafter sprachen in der Regel davon, dass sie sich bei der Kaiserin aufgehalten haben, und erwähnen dabei gelegentlich ihre Gemächer. Wo sie sich genau befanden – auch Gärten, die Orangerie oder Kirchenräume sind hier zum Beispiel denkbar –, muss in den meisten Fällen allerdings offenbleiben. Mehrfach thematisierten die Botschafter auch, dass sich das Kaiserpaar gegenseitig in seinen jeweiligen Hofgemächern besuchte, das heißt, die Botschafter waren bei der Kaiserin und der Kaiser stieß hinzu, zum Beispiel für den gemeinsamen Messbesuch,[43] oder die Kaiserin betrat die Gemächer des Kaisers für ein gemeinsames Abendessen.[44] Besuche in den Gemächern der/des An-

---

41 Brief von Chantonet an Philipp II., Wien am 2.6.1565, AGS, EST, LEG 653–32.
42 Das Landhaus befand sich im Wiener Prater, wie wir aus einem Brief Kaiser Maximilians II. an seinen Schwager, den Herzog von Bayern Albrecht V. (1528–1579), erfahren. Auch Maximilian beschrieb, wie Chantonet, ausführlich den tragischen Kutschenunfall und nutzte zugleich die Gelegenheit, seinen Schwager nach einem geeigneten Kandidaten für die Nachfolge des verstorbenen Doktor Seld zu fragen. Vgl. Max Freiherr von Freyberg (Hg.), Sammlung historischer Schriften und Urkunden, Bd. 4, Stuttgart/Tübingen 1834, 136.
43 Vgl. Brief von Venegas an Philipp II., Bratislava am 19.7.1567, AGS, EST, LEG 656–11.
44 Vgl. Brief von Monteagudo an Philipp II., Speyer am 22.7.1570, wie Anm. 32.

deren zählten zum Alltag des Kaiserpaars. Blieb der Kaiser jedoch fern, konnten die Kaiserin und die spanischen Gesandten die Zeit zur politischen Beratung, Entscheidungsfindung und Strategieplanung nutzen.

Die Instruktionen Philipps II. an seinen Botschafter Monteagudo unterstrichen die Wichtigkeit, die den Gesprächen mit der Kaiserin unter Ausschluss des Kaisers von spanischer Seite beigemessen wurden:

> „Und in allen Verhandlungen, die stattfinden, habt Ihr stets ihre Gunst und Mittel [bezogen auf die Kaiserin] zu nützen und ihren Befehl und Ratschlag zu befolgen, bevor Ihr mit dem Kaiser sprecht, denn sie wird Euch sagen, in welcher Weise und zu welchem Zeitpunkt Ihr die Verhandlungen führen sollt, damit sie gelingen. Letztlich solltet Ihr es Euch zum Ziel setzen, Euch im Vorgehen und Verhalten nach dem Weg zu richten, den meine Schwester Euch befiehlt zu beschreiten.“[45]

Philipp II. benennt seine Schwester deutlich als die erste Anlaufstelle für seinen Botschafter. Zum einen zeugt dies von der Bedeutung der Geschwisterbeziehung und von dem großen Vertrauen, das er in ihre Fähigkeiten setzte, zum anderen lässt sich an diesen Anweisungen ablesen, dass die Kaiserin über alle politischen Belange am Kaiserhof bestens informiert war. Vor dem Hintergrund der zuvor skizzierten Teilhabe der Kaiserin am männlich dominierten politischen Raum verwundert ihr Einblick in nahezu alle Verhandlungen, die am Kaiserhof geführt wurden, kaum. Neben ihrer Kenntnis der politischen Vorgänge sticht vor allem eine weitere Ebene hervor, in der Philipp II. sie als Expertin ausweist: die Person des Kaisers selbst. Den Kaiser zu verstehen und zu wissen, zu welchem Zeitpunkt und auf welche Art eine Unterredung mit ihm das gewünschte Ergebnis in den Verhandlungen erzielen konnte, war für den spanischen Botschafter von zentraler Bedeutung für seine Arbeit. Die Kaiserin verfügte über dieses Wissen und konnte dem Botschafter damit wichtige Hinweise liefern, die über Erfolg oder Misserfolg seiner Mission mitentschieden. Das Frauenzimmer der Kaiserin war somit der Raum, in dem politische Verhandlungen mit dem Kaiser in seiner Abwesenheit vorbereitet werden konnten. Die Aspekte des Gestaltens und des Zukünftigen, die Aleida Assmanns Raumdefinition kennzeichnen, treten mit Blick auf das Frauenzimmer als Gestaltungsraum anstehender politischer Aktionen besonders hervor.

---

45 Instruktionen Philipps II. für Monteagudo, Madrid am 12. 1. 1570, wie Anm. 37: „Y en todos los negoçios que occurieren, os haveis de valer siempre de su favor y medio, y tomar su orden y consejo, antes de hablarlos al emperador porque ella os dira de la manera y a los tiempos que los haveis de tractar, para q se açierten / y en fin haveis de tener la mira a proçeder y governaros en todo por el camino que mi hermana os mandara que llevais.“

3.2　Beispiel: *Sub una specie*

Die Möglichkeiten, die sich im Frauenzimmer eröffneten, nutzte die Kaiserin etwa in der Frage, ob ihre Söhne, die Erzherzöge Matthias (1557–1619) und Maximilian (1558–1618), die Eucharistiefeier *sub utraque specie* oder *sub una specie* feiern sollten. In diesem Punkt waren sich die Kaiserin und der Kaiser uneins. Maximilian II. hatte sich – in seiner Auseinandersetzung mit den Ideen der Reformation – für *sub utraque specie* entschieden, also dafür, die Kommunionsfeier unter beiderlei Gestalt, Brot und Wein, zu begehen. Maria von Spanien hingegen blieb der katholischen Tradition treu und feierte die Kommunion unter einerlei Gestalt. Zu Ostern des Jahres 1575 forderte der Kaiser jedoch, dass Matthias und Maximilian (zu diesem Zeitpunkt 18 und 16 Jahre alt) sich ihm anschlossen und wollte ihnen daher die Erlaubnis zur Feier *sub una specie* nicht erteilen. Dieses Verhalten beunruhigte Monteagudo zutiefst. Im Frauenzimmer beratschlagten die Kaiserin und der Botschafter daher das weitere Vorgehen. Sie kamen überein, dass es unklug wäre, wenn die Kaiserin sich direkt einmische. Letztlich wurden Argumente gegen die Kommunion *sub utraque specie* gesammelt, die die Erzherzöge selbst ihrem Vater entgegenhalten sollten. Der Graf von Monteagudo instruierte zusätzlich den Ayo, den Erzieher der Erzherzöge. Mit dieser Strategie hatten sie Erfolg, da der Kaiser seinen Söhnen nicht die Freiheit verwehren wollte, nach ihrem Willen die Kommunionsfeier zu begehen. Der Plan, auf die *prudentia* des Kaisers zu setzen, ging dem Bericht des spanischen Botschafters zufolge auf: „Ich hoffte auf die Klugheit des Kaisers, damit er ihnen [den Erzherzögen] die nötige Freiheit in diesem wichtigen Fall gewähre, der nicht nur für geistige Themen, sondern auch für den Staat von Belang ist."[46]

An dieser Stelle wird deutlich, dass gerade in Zeiten steter konfessioneller Wechsel die Frage nach der Gestalt der Eucharistiefeier der Erzherzöge politische Brisanz erlangen konnte. Vor diesem Hintergrund erscheint die zentrale Rolle, die der Kaiserin in diesem Geschehen zukam, umso interessanter. Mit Blick auf den weiblich dominierten politischen Raum des Frauenzimmers zeigt sich einerseits, dass das Frauenzimmer der Kaiserin für die Vorbereitung und Beratschlagung von Verhandlungsstrategien genutzt wurde, und andererseits, dass eine wesentliche Strategie darin liegen konnte, die Kaiserin als eigentliche Urheberin politischer Aktionen im männlich dominierten politischen Raum nicht sichtbar werden zu lassen.

---

46 Brief von Monteagudo an Philipp II., Prag am 8. 4. 1575, AGS, EST, LEG 674–168: „Yo esperava de la prudencia del emperador, les dexaria la libertad necessaria en este caso tan importante, en que no solo se offrescia materia spiritual mas tambien lo era de estado."

3.3 Beispiel: Das „größte Königreich" für Königinnen

In der Heiratspolitik tritt das Bestreben der Kaiserin, in bestimmten politischen Verhandlungen unsichtbar zu bleiben und nicht als Urheberin enttarnt zu werden, besonders deutlich zutage. Auch in diesem Kontext wandte sie sich bewusst gegen die Wünsche und Bemühungen ihres Ehemannes. Während Maximilian II. in dem bereits erwähnten, jahrelang geplanten, dreifachen Heiratsprojekt eine Verbindung seines Hauses mit Frankreich bevorzugte, war Maria von Spanien an einer Verbindung mit Portugal gelegen. Letztere kam nicht zustande, stattdessen heiratete im Jahr 1570 Erzherzogin Anna den spanischen König Philipp II. und Erzherzogin Elisabeth den französischen König Karl IX. Über einen Mittelsmann, Luis de Zúñiga y Requesens (1528–1576), den spanischen Botschafter in Rom, hatte sich die Kaiserin im Jahr 1567 an Papst Pius V. (1504–1572) gewandt, um diesen zu beschwören, das Heiratsprojekt mit Frankreich zu verhindern. Mit Ausnahme des Papstes sollte dabei niemand erfahren, dass diese Bitte von der Kaiserin selbst kam. Ein noch erhaltener Briefabschnitt von Luis de Zúñiga, der vermutlich an Philipp II. gerichtet war, offenbart zudem, dass mit dem Wunsch der Kaiserin, ihre Tochter lieber mit dem portugiesischen als mit dem französischen König verheiratet zu sehen, auch Überlegungen verbunden waren, an welchem Hof eine Königin mehr Handlungsspielraum habe.

> „Und gewiss hat die durchlauchtigste Kaiserin guten Grund, ihre Tochter in Portugal verheiratet zu wissen, ohne sich mit der Würde und Nachbarschaft Frankreichs aufzuhalten, denn auch wenn es für Könige größere Königreiche als Portugal gibt, für Königinnen, so glaube ich, ist es [das Königreich Portugal] das größte von allen, denn nirgendwo anders haben sie so viel [Mitspracherecht] in der Regierung, noch sind sie so geachtet und wird ihnen so viel Gehorsam entgegengebracht wie dort. Und in Frankreich sind sie weniger als in irgendeinem anderen Königreich [...].“[47]

An dieser Stelle zeigt sich noch einmal deutlich, dass trotz aller Topoi über die Geschwätzigkeit der Frauen oder kritische Äußerungen über die *weiberhandlung*, die man nicht so ernst nehmen dürfe, Frauen in der Praxis durchaus als selbstverständlicher Teil von Herrschaft begriffen wurden und ihre Handlungsmacht in der Politik anerkannt und erwünscht war. Die kulturspezifischen Unterschiede, die hier thematisiert werden, zeugen zugleich von einem Bewusstsein der Zeitgenoss*innen, dass die Rahmenbedingungen für den jeweiligen Handlungsspielraum von Herrscherinnen an den verschiedenen Höfen durchaus variieren konnten.

---

47 El pedaço de la carta del Comendador Mayor sobre lo del casamiento de Portugal [Auszug aus einem Brief vom Großkomtur [Luis de Zúñiga y Requesens] betreffend die portugiesische Heirat], s.l. [1567], AGS, EST, LEG 657–90: „Y cierto la serenisima enperatriz tiene gran rrazon de desear casar su hija en Portugal sin parar en la grandeza y vezindad de Francia // porque aunque para rreyes ay otros mayores rreynos que el de Portugal / para rreynas / yo creo que es el mayor de todos pues en ninguna parte tienen ellas tanta en el govierno ni son tan acatadas y obedeçidas como alli y en França lo son menos que en ningun otro rreyno."

4.   Fazit

Mit Blick auf den männlich dominierten politischen Raum zeigt sich, dass die Analyse dieser Orte als Verhandlungsräume – seien es Hofgemächer, Reichstage oder Landhäuser – aufschlussreiche Hinweise auf politische Teilhabe und Handlungsoptionen der Kaiserin liefern kann. Dass dieser politische Raum, in dem der Kaiser formelle wie informelle Verhandlungen mit seinen Beratern führte, ausgehend von den Handlungsnormen und -erwartungen als männlich dominiert wahrgenommen und konzipiert werden konnte, zeigt sich daran, dass obwohl die Kaiserin in diesen Räumen physisch präsent war, sie nicht direkt an den Verhandlungen partizipierte. Auf den ersten Blick erweist sich die Teilhabe der Kaiserin, ihr Handlungsspielraum, als beschränkt.

Ihr wird eine begleitende Funktion in ihrer Rolle als Ehefrau zugeschrieben. Die lesende, Handarbeiten ausführende und jagende Kaiserin scheint – oberflächlich betrachtet – wenig bis gar nicht am männlich dominierten politischen Raum teilzuhaben. Als normatives Konzept spielte die Dichotomie zwischen ‚privat/häuslich/weiblich‘ versus ‚öffentlich/politisch/männlich‘ im fürstlichen Alltag durchaus eine Rolle. Dem christlich geprägten Ideal der treusorgenden Ehefrau entsprechend, kann Maria von Spanien sich an der Seite ihres Ehemannes in der in diesem Fall als männlich konzipierten politischen Sphäre bewegen. Zugleich verweisen ihre Präsenz und die von ihr ausgeübten Tätigkeiten durch die geschlechterspezifische Markierung, wie sie Venegas vornimmt, auf den normativ als weiblich konzipierten Teil der häuslichen Sphäre dynastischer Herrschaft.

In dem Aufeinandertreffen dieser beiden als dichotomisch konzipierten und doch eng ineinandergreifenden Sphären liegt das Potenzial politischer Teilhabe für die Kaiserin. Die Briefe der spanischen Gesandten am Kaiserhof zeugen davon, dass sowohl sie als auch die Kaiserin selbst sich dieses Potenzials bewusst waren und es für ihre jeweiligen Zwecke zu nutzen wussten. Die Ehe war durch ihre spezifische neo-aristotelische Konzeption in der Sphäre des Politischen verortet[48] und brach damit diese Dichotomie auf. Es stellt sich die Frage, ob dieser Mechanismus in der Praxis – sich an der Theorie orientierend – zum Tragen kam, wenn Maria von Spanien über ihre Rolle als Ehefrau politische Teilhabe erlangte.

Besonders auffällig erscheint die subtile ‚Unterwanderung‘ des männlich konzipierten politischen Raums durch die lesende Kaiserin während der Verhandlungen am Kaiserhof. Diese lässt sich zudem anhand ihrer steten Präsenz auf den Reichstagen und den Landpartien verdeutlichen. Die häusliche und die politische Sphäre in einer auf Dynastie basierenden Herrschaft wurden zwar als voneinander getrennt entworfen, eine solche Separierung der Sphären erwies sich jedoch weder als praktikabel noch als erwünscht. So konnte die Kaiserin die sich ihr über ihre Definition als liebende und

---

48 Vgl. Becker, Gender in the History, wie Anm. 24, 857–861.

unterstützende Ehefrau eröffnenden Räume nutzen und auf diese Weise politische Teilhabe erlangen. Ermöglicher dieser politischen Teilhabe innerhalb der männlich konzipierten politischen Sphäre war in erster Linie Maximilian II.

Die weiblich dominierte politische Sphäre des Frauenzimmers, die – ebenso wie bereits das neo-aristotelische Eheverständnis in der Theorie – die Dichotomie ‚privat/ häuslich/weiblich‘ versus ‚öffentlich/politisch/männlich‘ nun in der gelebten politischen Praxis als normatives Konzept enttarnt, wurde von den spanischen Gesandten, der Kaiserin und ihrem Umfeld für die politische Beratung, Entscheidungsfindung sowie Planung und Entwicklung von Verhandlungsstrategien genutzt. Hier tritt die Kaiserin als politische Strategin deutlich zutage. Zugleich fällt auf, dass Maria von Spanien häufig darum bemüht war, dass sowohl ihre Beteiligung als auch ihre Urheberschaft an politischen Aktionen außerhalb des Frauenzimmers als Verhandlungsraum nicht offen sichtbar wurde. Dies galt vor allem, wenn sie direkt gegen ihren Ehemann agierte, sei es in der Frage der Eucharistiefeier oder dem geplanten Großheiratsprojekt. Je nach Situation konnten allerdings ausgewählte Mitstreiter – wie ihr Bruder, der spanische Botschafter in Rom oder der Papst – in die Vorgänge eingeweiht werden.

Nur wenn man jedoch beide höfische Sphären – sowohl den männlich als auch den weiblich dominierten politischen Raum des Frauenzimmers – gemeinsam in den Blick nimmt, zeigt sich, wie durch ihre Kombination und ihr Ineinandergreifen ein spezifischer Handlungsspielraum (die *weiberhandlung*) entsteht.

Björn Klein

Voyeurismus und die Macht des Blicks in den Sexualwissenschaften und der New Yorker Unterwelt um 1900

Ralph Werther[1] zog 1891 im Alter von neunzehn Jahren für ein Studium nach New York City, um ein methodistischer Missionar zu werden.[2] Stattdessen wurde er „Female Impersonator", „Fairie", „Ultra-Androgyner", Mitarbeiter eines rechts- und medizinwissenschaftlichen Verlags und Autoethnograf der sogenannten New Yorker Unterwelt.[3] Der *Female Impersonator* war eine Figur, die insbesondere im Vaudeville-Theater durch die Auftritte des Schauspielers Julian Eltinge in den USA populär wurde.[4] Werther war ebenfalls ein *Female Impersonator*, allerdings jenseits der großen Bühnen New Yorks und nur für ungefähr zwölf Jahre, von 1894 bis 1905.[5] Bis heute ist nicht

---

1 Ralph Werther ist ein Pseudonym. Sein Geburtsname ist bislang unbekannt. Weitere Pseudonyme, die er benutzte, waren Raphael Werther (eine Zusammensetzung der Namen des Malers Raphael und von Goethes Figur Werther), Earl Lind, Jennie June und Pussie. Er benutzte vornehmlich Ralph Werther als auktoriale Person. Deswegen verwende ich im weiteren Verlauf das männliche Pronomen. Neueste Ergebnisse einer Forschungsgruppe lassen vermuten, dass es sich bei Werther um William Hawken gehandelt haben könnte. Vgl. www.outhistory.org/exhibits/show/katz-writing-work/wer theresearch, Zugriff: 1.4.2019.

2 Vgl. Ralph Werther, Autobiography of an Androgyne, hg. von Scott Herring, New Brunswick 2008, 41 (Orig. New York 1918).

3 Werthers Selbstidentifikationen wechseln in seinen Büchern von Seite zu Seite. „Fairie" war ein selbst- und fremdbestimmter Begriff für und von Homosexuellen, der insbesondere im Alltagsgebrauch genutzt wurde. „Ultra-Androgyne" bezeichnet eine von Werther konzipierte sexualwissenschaftliche Kategorie. Sie liegt am äußersten Ende einer siebenteiligen Männlichkeits-Skala und beinhaltet ein bestimmtes, von ihm so bezeichnetes effeminiertes Verhalten, darüber hinaus aber auch Frauen zugeschriebene körperliche Merkmale. Heute würde Werther als „Transgender"-Person bezeichnet werden. In einem weit gefassten Verständnis von Transgender ist das möglich, so wird Werther z. B. in Susan Stryker, Transgender History. The Roots of Today's Revolution, New York 2017, charakterisiert. In diesem Aufsatz verwende ich die historischen sexualwissenschaftlichen Terminologien und Selbstbezeichnungen.

4 Julian Eltinge (1881–1941) war der bekannteste *Female Impersonator* Anfang des 20. Jahrhunderts in den USA. *Female Impersonation* bezeichnet eine dezidiert westliche Form des Cross-Dressing: das Tragen der Kleidung eines anderen und gegenüberliegend gedachten und komplementär verstandenen Geschlechts. Eltinges *Female Impersonations* fanden – im Gegensatz zu Werther – ausschließlich auf der Bühne statt. Vgl. Kathleen B. Casey, The Prettiest Girl on Stage is a Man. Race and Gender Benders in American Vaudeville, Knoxville 2015.

5 Vgl. Werther, Autobiography, wie Anm. 2, 77, 112.

bekannt, wer die Person hinter dem Pseudonym Werther war. Bekannt ist allerdings, dass Werther Zugang hatte zu Bars, Clubs, Gruppen und Treffpunkten in der New Yorker Unterwelt. In seinem autobiografischen Aufsatz „The Riddle of the Under-world", den er 1921 für die US-amerikanische medizinhistorische Fachzeitschrift „Medical Life" geschrieben hatte, der aber nie veröffentlicht wurde, erörterte er das Phänomen des Voyeurismus.[6] Dieser unveröffentlichte Aufsatz soll hier als Aus-gangspunkt dienen, um den sexualwissenschaftlich-medizinischen Zugriff auf die Fi-guration des Voyeurs um 1900 und die Entstehung des Begriffs Voyeurismus in den euro-amerikanischen Sexualwissenschaften zu untersuchen. In der Hinwendung der Medizin- und vor allem der Sexualwissenschaften zum Voyeurismus wird, so meine These, eine sich verändernde Kategorisierung des Sehsinns in der Stadt New York um 1900 sichtbar, die unmittelbar mit der in ihr befindlichen Unterwelt und den in ihr lebenden Einwohner_innen in Verbindung steht. Die Unterwelt war Fiktion und realer Ort zugleich, beschrieben und durchdacht von Journalist_innen, Predigern,[7] Sozio-log_innen, Kriminolog_innen und Mediziner_innen. Die Verbindung zwischen die-sem realen und fiktiven Ort und den Sexualwissenschaften lässt sich insbesondere an den unveröffentlichten Überlegungen Werthers zum Voyeurismus ausmachen.

New York City verwandelte sich gegen Ende des 19. Jahrhunderts zu einer verti-kalen Stadt. Neue Formen von Gebäuden wie das Park Row Building, dem mit einer Höhe von 119 Metern für fast zehn Jahre höchsten Gebäude der Welt, entstanden. Zugleich erhellte seit den 1880er-Jahren das elektrische Licht zuerst den Broadway und später große Teile der damaligen Stadt New York, die bis 1898 nur aus Manhattan und Teilen der heutigen Bronx bestand. Ab 1897 beförderten die Postämter innerhalb von vier Minuten mit der pneumatischen Rohrpost Briefpakete zwischen den Städten Brooklyn und New York City. Diese Erfindungen beeinflussten die Sinneswahrneh-mungen der Einwohner_innen zutiefst, führten zu einer Restrukturierung des Raums und einem veränderten Verständnis von Zeit. Das Auftauchen einer Figur wie der des Voyeurs in der Sexualwissenschaft, dessen genuine Eigenschaft darin besteht, etwas zu sehen, kann helfen, Blick- und Aufmerksamkeitsregime zu verstehen, die sich um 1900 nicht nur in architektonischer und technischer Hinsicht veränderten, sondern auch auf der Ebene des Subjekts. Die Sexualwissenschaftler erschufen den Voyeur gegen Ende des 19. Jahrhunderts als eine von vielen devianten Figuren in den europäischen Me-dizin- und Sexualwissenschaften. Die Körpererfahrungen der Menschen rückten zu-sehends in den Mittelpunkt einer Machtapparatur, die zu reglementieren und ver-

---

6 Ralph Werther, The Riddle of the Underworld, unveröffentlichtes Manuskript, New York 1921. U.S. National Library of Medicine, Bethesda, MD Papers 18, Victor Robinson 98–1947, MS C 28. Randall Sell entdeckte 2010 39 Seiten des Manuskripts (15 Seiten beschäftigen sich mit dem Phä-nomen des Voyeurismus) im Nachlass von Dr. Victor Robinson (1886–1947), Medizinhistoriker und Begründer von „Medical Life" (1920–1938), der ersten englischsprachigen Zeitschrift zur Geschichte der Medizin.
7 An den Stellen, wo ich nicht „_innen" verwende, sind explizit nur Männer gemeint.

walten suchte.[8] In den USA fand der Voyeur vermehrt ab den 1910er-Jahren Eingang in den sexualwissenschaftlichen Kanon. Dieser sexualwissenschaftlichen Kategorisierung der Voyeursfigur in einer der größten Metropolen der Welt um 1900 werde ich mich in den nachfolgenden drei Abschnitten annähern. Zunächst werde ich die medizinische Kategorisierung des Voyeurs in den euro-amerikanischen Sexualwissenschaften analysieren. Im zweiten Teil wird der dem Voyeur zugeschriebene Herkunftsort, die Unterwelt, näher beleuchtet. Der dritte Abschnitt wendet sich schließlich der Macht des Sehens zu.

1. Die Kategorisierung des Voyeurismus in den euro-amerikanischen Sexualwissenschaften

Die euro-amerikanischen Sexualwissenschaften haben den Voyeur nicht erfunden, aber sie haben ihn neu erfunden. Als biblischen Ursprungs des Voyeurismus, eines sündhaften Sehens, werden oft die beiden Geschichten „Susanna im Bade" und „David und Batseba" genannt.[9] In beiden Geschichten sind es männliche Protagonisten, die eine beobachtete Frau begehren und mit ihr schlafen wollen. Insbesondere in der Literatur und in den bildenden Künsten war die sogenannte Schaulust seitdem ein beliebtes Sujet. In den überlieferten Werken beider Künste waren es zumeist Männer, die Frauen betrachteten.[10] Der Literaturwissenschaftler Ulrich Stadler führt an, dass in der feministischen Forschung die Thematisierung des Moments der Gewalt eine entscheidende Rolle für die Definierung eines voyeuristischen Aktes spielt. Indem sich die voyeuristische Person eine Vorrangstellung, mit einem Recht auf Anonymität, anmaßt, übt sie Gewalt aus.[11] Stadler nimmt daher ferner an, „nicht die männliche Gewalt konstituiert vorgängig den voyeuristischen Blick, sondern dieser bestätigt, ja erzeugt erst eine Machtposition, die in aller Regel von Männern beansprucht wird".[12] Zumindest in der Malerei zeigen die wenigen überlieferten Darstellungen voyeuristisch blickender Frauen oft gesellschaftlich relativ machtlose Frauen, zum Beispiel weibliches Dienstpersonal.[13] In den euro-amerikanischen Sexualwissenschaften um 1900 wird ein weiblicher Voyeurismus hingegen gar nicht mehr thematisiert.

---

8 Vgl. Michel Foucault, Sexualität und Wahrheit, Bd. 1: Der Wille zum Wissen, Frankfurt a. M. 1991.

9 Vgl. Ulrich Stadler, Schaulust und Voyeurismus. Ein Abgrenzungsversuch. Mit einer Skizze zur Geschichte des verpönten Blicks in Literatur und Kunst, in: ders. u. Karl Wagner (Hg.), Schaulust. Heimliche und verpönte Blicke in Literatur und Kunst, München 2005, 9–37, 15.

10 Vgl. Stadler, Schaulust, wie Anm. 9, 17.

11 Vgl. Stadler, Schaulust, wie Anm. 9, 23.

12 Stadler, Schaulust, wie Anm. 9, 23.

13 Vgl. Stadler, Schaulust, wie Anm. 9, 24.

Gegen Ende des 19. Jahrhunderts entwickelten sich die Sexualwissenschaften in den USA zu einer wichtigen medizinwissenschaftlichen Subdisziplin.[14] Ihr bestimmendes Thema waren Perversionen, die als pathologische Störungen definiert wurden, zu denen zum Beispiel Homosexualität, Inversion und Hermaphroditismus, aber auch Heterosexualität, die nicht der Reproduktion diente, gezählt wurden.[15] Die sexuellen Perversionen wurden als pathologische Störungen definiert. Aus Fallstudien von einzelnen, oftmals hospitalisierten Patient_innen leiteten die Sexualwissenschaftler Gefahren für den gesamten sozialen Körper ab.[16] Es waren die Sexualwissenschaften, die als erste den Voyeurismus als medizinische Kategorie etablierten. Albert Moll und später Sigmund Freud mit seinen „Drei Abhandlungen zur Sexualtheorie" waren in den euro-amerikanischen Sexualwissenschaften die Koryphäen, auf die sich die Sexualwissenschaftler beriefen.[17] Freud definierte den Voyeur als einen Neurotiker und beschrieb Voyeurismus als passive Perversion in Abgrenzung zur aktiven Perversion des Exhibitionisten. Er räumte ein, dass die Schaulust „in gewissem Grade den meisten Normalen"[18] zukomme, aber zur Perversion werde, wenn sie sich ausschließlich auf die Genitalien einschränkt, sich mit der Überwindung des Ekels verbindet oder wenn sie das normale Sexualziel verdrängt, anstatt es vorzubereiten.[19]

Als voyeuristisch bezeichnete Menschen werden auch heute noch in die Nähe eines Perversionsverdachts gerückt, sei es im allgemeinen Sprachgebrauch oder im gegenwärtigen psychoanalytischen Grundverständnis. So beschreibt das „International Dictionary of Psychoanalysis", das als Standardnachschlagewerk der Psychoanalyse gilt, Voyeurismus als „deviant manifestation of sexuality that involves looking without being seen in order to obtain sexual pleasure"[20] und folgt damit im Kern den von Freud

---

14 Vgl. Susan Stryker, (De)Subjugated Knowledges, in: Susan Stryker u. David Whittle (Hg.), The Transgender Studies Reader, New York/London 2006, 1–17, 13.

15 Vgl. Jonathan Ned Katz, The Invention of Heterosexuality, in: Michael S. Kimmel u. Abby L. Ferber (Hg.), Privilege: A Reader, Boulder 2003, 83–98. Katz hat den Zeitraum von 1892 bis 1900 als die ersten Jahre der heterosexuellen Periode in den USA analysiert. James G. Kiernan hat das Wort „Heterosexualität" zum ersten Mal in den USA am 7. März 1892 in einem Vortrag an der Chicago Medical Society verwendet: Heterosexualität ist nach Kiernan eine Form des „psychischen Hermaphroditismus" (nach heutigem Verständnis: Bisexualität). „Pure Homosexuelle" sind – im selben Vortragstext – Personen, deren „mental state is that of the opposite sex" und daher deviant qua der Gendernorm. Kiernan diagnostiziert heterosexuelle Devianz zusätzlich zur abweichenden Gendernorm noch als abweichend von der natürlichen Reproduktion. Diese „heterodox sexuals" (Katz) nutzen nach Kiernan „abnormal methods of gratification": Techniken der Lust, die nicht der Reproduktion dienen.

16 Vgl. G. Frank Lydston, The Diseases of Society. The Vice and the Crime Problem, Philadelphia/London 1904, 13: „Morbid phenomena affecting the social body exists analogues to those affecting the individual integers".

17 Sigmund Freud, Gesammelte Werke, Bd. 5: Werke aus den Jahren 1904–1905, Frankfurt a. M. 1942, 27–145, 55ff.

18 Freud, Werke, Bd. 5, wie Anm. 17, 54ff.

19 Vgl. Freud, Werke, Bd. 5, wie Anm. 17, 54ff.

20 Alain de Mijolla, International Dictionary of Psychoanalysis, Detroit/New York 2005, 1842f.

ziemlich exakt vor hundert Jahren angestellten Überlegungen. Nach Volker Roloff führten die nach wie vor wirkmächtigen Freud'schen psychoanalytischen Diskurse aber zu einer problematische Einengung.[21] Aus diesem Grund bevorzugt Roloff den Begriff der Schaulust, um auch über Ästhetik, Sinnlichkeit und Kreativität des Sehens nachdenken zu können. Dies war durchaus auch als ein historisches Argument zu verstehen, da „hinter dem psychologischen und psychoanalytischen Interesse an der Pathologie des Voyeur […] eine viel ältere Tradition verborgen ist, nämlich die christliche Abwertung der Sinne und Sinnlichkeit, die als Werkzeuge der Sünde verdächtigt werden".[22] Diese Tradition der christlichen (Selbst-)Abwertung findet sich auch in den euro-amerikanischen Sexualwissenschaften wieder.

Noch vor Freud hatte sich der deutsche Psychiater Albert Moll mit dem Thema des Voyeurismus auseinandergesetzt. Nach dem Tod der Pioniere der Sexualwissenschaft, dem italienischen Arzt und Anthropologen Paolo Mantegazza und dem deutsch-österreichischen Psychiater Richard von Krafft-Ebing, war Moll neben Freud und Magnus Hirschfeld auch im englischsprachigen Raum der einflussreichste Sexualwissenschaftler um 1900.[23] Moll sah im Voyeurismus eine „besondere Perversion des Geschlechtstriebs, die sich bei hetero- und homosexuellen Triebe (sic) findet"[24] und die er in seinem zweiten, 1891 veröffentlichten Buch „Die konträre Sexualempfindung" als „Mixoskopie" bezeichnete. Mixoskopie ist ein Kompositum aus „Mixo" für „geschlechtliche Vereinigung" und „skopie" für „zuschauen".[25] Die Auseinandersetzung in den euro-amerikanischen Sexualwissenschaften mit dem Phänomen des Voyeurismus um 1900 war dennoch insgesamt wenig stringent und kaum ausdifferenziert, weder bei Moll noch bei Freud und auch nicht bei Samuel A. Tannenbaum und William J.

21 Vgl. Volker Roloff, Anmerkungen zum Begriff der Schaulust, in: Lydia Hartl, Yasmin Hoffmann, Walburga Hülk u. Volker Roloff (Hg.), Die Ästhetik des Voyeur, Heidelberg 2003, 26–31, 27.

22 Roloff, Begriff der Schaulust, wie Anm. 21, 27. Ziel dieses Aufsatzes ist es nicht, eine begriffliche Erweiterung des Voyeurismus vorzunehmen, sondern zu untersuchen, inwieweit die Figuration des Voyeurs und die „vergleichsweise stabilen Verhärtungen grundsätzlich fluider, historisch kontingenter, immer unterschiedlicher Körper, welche die Subjektivierungen von Menschen sichtbar werden ließen und lassen", sich in der sexualwissenschaftlichen Begrifflichkeit Voyeurismus niederschlugen. Vgl. Netzwerk Körper in den Kulturwissenschaften, What Can a Body Do? Praktiken und Figurationen des Körpers in den Kulturwissenschaften, Frankfurt a. M./New York 2012, 13.

23 Vgl. Volkmar Sigusch, The Sexologist Albert Moll – between Sigmund Freud and Magnus Hirschfeld, in: Medical History, 56, 2 (2012), 184–200, 185.

24 Albert Moll, Die Konträre Sexualempfindung: Mit Benutzung amtlichen Materials, Berlin 1891 [1893], 185 f.

25 Moll, Die Konträre Sexualempfindung, wie Anm. 24. Moll wurde in den euro-amerikanischen Medizinwissenschaften bekannt mit seinem zwei Jahre zuvor erschienenen Buch „Der Hypnotismus", in dem er sich als Vorreiter der Hypnose und psychotherapeutischer Ideen in Deutschland positionierte. Albert Moll, Der Hypnotismus, Berlin 1889.

Robinson,[26] zwei US-amerikanischen Sexualwissenschaftlern, deren Namen immer wieder im Zusammenhang mit dem Stichwort Voyeurismus vorkommen.[27]

In den 1910er- und 1920er-Jahren tauchten vermehrt Referenzen zum Voyeurismus in US-amerikanischen medizinischen Fachzeitschriften auf. In einem von Tannenbaum ins Englische übersetzen Text, einer Abhandlung des österreichischen Psychologen Wilhelm Stekel über die Freud'sche Psychoanalyse, der in der medizinischen Fachzeitschrift „The Medical Critic and Guide" erschien, findet sich eine der wenigen medizinischen Fallstudien eines jungen Voyeurs.[28] Stekel diagnostizierte seinen 22-jährigen Patienten, der als Angestellter in einem Fachgeschäft für Korsagen arbeitete, als Voyeur. Der Blick des Patienten richtete sich allerdings nicht auf einen Sexualakt, sondern er beobachtete Kundinnen, wie diese im Geschäft Korsette über ihrer Kleidung anprobierten. Laut Stekel nutzte der Angestellte des Öfteren auch Katalogbilder von korsetttragenden Frauen um zu fantasieren, wie diese Frauen „pictured in the corsets coming to life and entering relations with him".[29] Die Leser_innen der Fachzeitschrift erfuhren ferner, dass der Patient aufgrund seiner Religiosität in einen ernsthaften Konflikt geraten war und eine Neurose entwickelt hatte, die ihn letztlich seinen Job kostete. Der Aufsatz endete mit der Feststellung, dass die Psychoanalyse den Patienten von seiner Neurose und seinem neurotischen Voyeurismus geheilt hätte und er nun glücklich verheiratet sei und zugleich seinem alten Job als Korsettverkäufer in absolut gesunder Weise wieder nachkommen könne.[30] Die Fallstudie illustriert einen sexualwissenschaftlichen Blick, der von Michel Foucault als die institutionelle „Einpflanzung von Perversionen" beschrieben wurde.[31] Der sexualwissenschaftliche Gegenstand war hier weniger der männliche Patient als vielmehr der begehrte weibliche Körper. Dieser war das bestimmende „Moment der Differenz […], das *Andere,* welches jedoch zugleich verdrängt werden muss" und so „die Suche und Sehnsucht nach eindeutiger Repräsentierbarkeit anreizt".[32]

Neben Moll, Tannenbaum, Freud, Stekel und William J. Robinson definierte auch der US-amerikanische Neurologe, Psychiater und Experte für Neurasthenie James

---

26 Vater von Victor Robinson (vgl. Anm. 6) und Herausgeber von „The American Journal of Urology and Sexology". Er veröffentlichte mehrere Aufsätze von Ralph Werther, vgl. www.outhistory.org/ex hibits/show/katz-writing-work/wertheresearch, Zugriff: 1.4.2019.

27 Samuel Tannenbaum erwähnte Voyeurismus mehrmals im Rahmen von Aufzählungen von Perversionen, vgl. z. B. Samuel A. Tannenbaum, Sexual Abstinence and Nervousness, in: The American Journal of Urology, 12 (March 1916); ders., Pollutions, in: ebd., 12 (June 1916); ders., Psychoneuroses and the Unconscious, in: ebd., 12 (November 1916).

28 Wilhelm Stekel, Chosing One's Profession or Trade, in: The Medical Critic and Guide, 21 (1918), 211–223, 222.

29 Stekel, Chosing, wie Anm. 28, 222.

30 Stekel, Chosing, wie Anm. 28, 222.

31 Foucault, Sexualität, wie Anm. 8, 41.

32 Claudia Öhlschläger, Unsägliche Lust des Schauens. Die Konstruktion der Geschlechter im voyeuristischen Text, Freiburg im Breisgau 1996, 24.

George Kiernan den „Voyeur Complex".[33] Er verstand diesen Komplex, ganz im Freud'schen Sinne, als eine Ausweichbewegung sexueller Unterdrückung und als krankhafte Fixierung und identifizierte ihn darüber hinaus als Ursache für Wahnsinn oder Genialität.[34] Eine differenziertere und tiefer gehende Auseinandersetzung mit Voyeurismus gab es auch bei dem von euro-amerikanischen Sexualwissenschaftlern so oft rezipierten und zitierten Richard von Krafft-Ebing nicht. Krafft-Ebing hatte knapp zwanzig Jahre vor Kiernan den „Voyeurs" (sic) einen kurzen Exkurs gewidmet und sie zwischen den etwas längeren Fallbeschreibungen eines „Frotteurs" und eines „Statuenschänders" angesiedelt. Wie sie, so Krafft-Ebing, hätten die „Voyeurs" eine abnorm starke Libido und seien sittlich verirrt und „so cynisch […], dass sie sich den Anblick eines Coitus zu verschaffen suchen, um ihrer eigenen Potenz auszuhelfen oder beim Anblick eines erregten Weibes Orgasmus und Ejaculation zu bekommen!"[35] All diesen Sexualwissenschaftlern ist gemein, dass sie in ihren Studien zum Voyeurismus ihre Patient_innen als Untersuchungsobjekte nutzten und ihre Diagnosen oftmals deutlich moralisierend waren.

Wie Ulrich Stadler in seinem Aufsatz „Schaulust und Voyeurismus" zu Recht anmerkt, „beruht er [der Voyeurismus] auf einem Geflecht höchst unterschiedlicher Voraussetzungen, die bislang noch ungenügend erforscht sind".[36] Auch wenn der Befund zehn Jahre nach Erscheinen von Stadlers Sammelband immer noch zutrifft, so gab es, gerade aus feministischer Perspektive, auch schon zuvor Aufsätze, die der Analyse des Voyeurismus weitere Blickwinkel hinzufügten. Susan Hawthorne zum Beispiel erinnerte 1990 unter dem Stichwort des „kulturellen Voyeurismus" an die Schriftstellerin Gloria Anzaldúa, die in „Borderlands" (1987) die Übernahme und Kopie der Kunst der Stammeskulturen durch moderne westliche Maler_innen beschrieb und aufzeigte, wie diese Enteignungen in Stilrichtungen des Kubismus, Surrealismus und Symbolismus mündeten.[37] Der voyeuristische Akt wird hier verstanden als ein gewalttätiger, zumeist weißer und männlicher Akt des Sehens, der jedoch nicht in erster Linie ein Sexualziel im Freud'schen Sinne verfolgte. Claudia Öhlschläger analysierte das intime Geschlechtersehen ab 1800 und die Frage, wie sich die Konstruktion der Geschlechter im voyeuristischen Text bis zum Ende des 20. Jahrhunderts fortschrieben.[38] Öhlschläger verstand die Praktik des Voyeurismus – ähnlich wie Hawthorne – als eine gewaltsame Kolonialisierung, diesmal allerdings des weiblichen Körpers. Diese wechselseitig sich

---

33   James G. Kiernan, Sexology, Sex Repression as a Cause of Insanity and Genius, in: The Urologic and Cutaneous Review, 23, 10 (1919), 600.

34   Kiernan, Sexology, wie Anm. 33, 600.

35   Richard von Krafft-Ebing, Psychopathia Sexualis. Mit besonderer Berücksichtigung der Conträren Sexualempfindung. Klinisch-Forensische Studie, Stuttgart 1898 (10. Aufl.), 321.

36   Stadler, Schaulust, wie Anm. 9, 27.

37   Vgl. Susan Hawthorne, Die Politik des Exotischen: Das Paradoxon des kulturellen Voyeurismus, in: Beiträge zur feministischen Praxis, 13, 27 (1990): Geteilter Feminismus: Rassismus, Antisemitismus und Fremdenhaß, 109–119.

38   Vgl. Öhlschläger, Unsägliche Lust, wie Anm. 32.

durchdringenden Konzeptionen von Geschlechtlichkeit und Rassifizierung in ihren Widersprüchen und argumentativen Verstrickungen, die in Anlehnung an Kimberle Crenshaw und C. Riley Snorton transsektional genannt werden können, werden in spezifischer Weise in der historischen Figur Werther deutlich.[39]

2.   Der Voyeur als Augenzeuge der New Yorker Unterwelt

Ralph Werther wurde auf eigentümliche Art und Weise einerseits ein aktiver, also beobachtender Teil und andererseits ein passiver, beobachteter Teil des internationalen sexualwissenschaftlichen Forschernetzwerks. Nach seinem Umzug nach New York City um 1891 machte sich Werther in der Bibliothek der New York Academy of Medicine mit den sexualwissenschaftlichen Theorien seiner Zeit vertraut.[40] Er schreibt in seiner Autobiografie, dass er aufgrund seiner selbst- und fremddiagnostizierten psychosomatischen „Effeminierung" gelitten habe und deshalb anfing, sich mit sexualwissenschaftlicher Forschung auseinanderzusetzen. In den späten 1890er-Jahren wurde er Rechtsanwaltsgehilfe bei Clark Bell, dem Herausgeber des „Medico-Legal Journal" und damit dem Vorgänger von Alfred W. Herzog, dem späteren Herausgeber von Werthers „Autobiography".[41] Im gleichen Zeitraum stellte er schon den ersten Entwurf seiner Autobiografie fertig. Er hielt seine Geschichten für wichtig, weil ihm ein Arzt in New York City 1892 mitgeteilt hatte, dass „sein Fall" bemerkenswert sei: „This pronouncement incited me still further to keep a record of what life brought me with a view to writing an autobiography some day."[42] Es dauerte aber noch fast zwei Jahrzehnte, ehe er im rechts- und medizinwissenschaftlichen Fachverlag Medico-Legal Journal zwei seiner Bücher publizieren konnte: „The Autobiography of an Androgyne" (1918) und „The Female Impersonators" (1922).[43]

Die Exegese sexualwissenschaftlicher Studien nutzte Werther in den 1890er- und 1900er-Jahren als Alternative zu seinen „religious exercises", welche er als „faith cure" betrieb, die ihn aber entgegen seiner Hoffnung nicht von seiner „Effeminierung" ‚heilten'.[44] Seine sexualwissenschaftlichen Studien und das experimentelle Schreiben

39 Vgl. Björn Klein u. Felix Krämer, Transsektionalität, in: Aenne Gottschalk, Susanne Kersten u. Felix Krämer (Hg.), Doing Space while Doing Gender. Vernetzungen von Raum und Geschlecht in Forschung und Politik, Bielefeld 2018, 147–178.
40 Vgl. Werther, Autobiography, wie Anm. 2, 69.
41 Vgl. Werther, Riddle of the Underworld, wie Anm. 6, 12.
42 Werther, Autobiography, wie Anm. 2, 17.
43 Werther, Autobiography, wie Anm. 2; Ralph Werther, The Female Impersonators, New York 1922.
44 Werther, Autobiography, wie Anm. 2, 64. Effeminierung war ein medizinisch und sexualwissenschaftlich geläufiger Begriff, der aus einem vergeschlechtlichten Leib-Seele-Dualismus heraus entstand. So konnten Männer die Seelen von Frauen in sich tragen und dementsprechend effeminiert erscheinen. Vgl. Heiko Stoff, Heterosexualität, in: Florian Mildenberger u. a. (Hg.), Was ist Ho-

wurden für Werther zu einer Alternative zu den Praktiken der Mediziner, die ihn Anfang der 1890er-Jahre mit Elektroschocks und Hypnosen behandelten und schließlich, mit seiner Zustimmung, 1902 mit Ende 20 einer Orchiektomie – einer Entfernung der Hoden – unterzogen.[45] Werthers Bücher und Aufsätze waren experimentelle nicht-fiktionale Texte, bestehend aus einem Konglomerat an expliziten und detaillierten sexuellen Darstellungen, kurzen Liedtexten, Interviews mit befreundeten *Female Impersonators*, Charakterskizzen, Liebesbriefen und Auszügen aus seinen Tagebüchern.[46] Aus dem über zwei Jahrzehnte andauernden Selbststudium generierte er nachfolgend geradezu bricolage-artig eigene Theorien.[47] Er entwickelte eine männliche Geschlechter-Skala, die sieben Kategorien umfasste und von ultra-virilen bis hin zu ultra-androgynen Männern reichte.[48] Zu letzterer Gruppe zählte er sich selbst. Ultra-Andgroynismus[49] sah er ähnlich oft verbreitet wie Voyeurismus: „I estimate that the incidence of congenital ultra-voyeurism is about the same as ultra-androgynism. That is: one in about three hundred adult physical males. The phenomenon is far more common than generally supposed by sexologists."[50] Zu diesem Ergebnis kam er nicht wie die Sexualwissenschaftler über Fallstudien von hospitalisierten oder psychoanalysierten Patient_innen, sondern durch seine eigenen langjährigen Erfahrungen und Beobachtungen in der New Yorker Unterwelt, die ihn wiederum für die New Yorker Sexualwissenschaftler sowohl als Fall wie auch als Augenzeuge äußerst interessant machten.

Die Tatsache, dass sich Werther nach zwei Büchern, in denen er sich und seine Erfahrung als *Female Impersonator* ins Zentrum gestellt hatte, dem Voyeurismus zu-

---

mosexualität? Forschungsgeschichte, gesellschaftliche Entwicklungen und Perspektiven, Hamburg 2014, 73–112.

45 Werther schreibt in „Autobiography", dass er zu seiner Studienzeit in New York (Anfang/Mitte der 1890er-Jahre) in einem medizinischen Journal von der Möglichkeit der Orchiektomie gelesen habe. Sie sollte – dem Artikel nach – der Möglichkeit der Wiederherstellung des „procreative instincts" dienen.

46 Neben den beiden Büchern „Autobiography" und „Female Impersonators" veröffentlichte Werther 1918 und 1919 insgesamt sechs Aufsätze im „American Journal of Urology and Sexology". Zwei Aufsätze („Studies in Androgynism I & II") wurden 1920 in „Medical Life" publiziert. Ein Leserbrief von Werther findet sich in der „Medical Review of Reviews" im November 1921. Das sind alle bislang bekannten Aufsätze und Bücher von Werther. Der Name Ralph Werther taucht zum letzten Mal 1924, im Rahmen einer späten Rezension von „Autobiography", im „British Journal of Psychiatry" auf.

47 Bricolage ist eine Art der Wissensaneignung, die in der und durch die Auseinandersetzung mit bereits existierendem Material etwas erschafft, das durch die Neuzusammensetzung mehr als eine Kopie der einzelnen Bestandteile ergibt. Vgl. dazu Claude Lévi-Strauss, Das wilde Denken, Chicago 1966.

48 Vgl. Björn Klein, „Things are not what they seem": Female Impersonation in New York um 1900, in: Gottschalk/Kersten/Krämer, Doing Space, wie Anm. 39, 147–178, 153.

49 Ultra-Androgynismus, nach Werther: „[A]lthough he has the male primary physical attributes, never feels himself to be a real male, but a female incarnated in a male body." Werther, Female Impersonators, wie Anm. 43, ix.

50 Werther, Riddle of the Underworld, wie Anm. 6, 17.

wandte, mag durchaus mit einer von ihm entdeckten Forschungslücke verbunden
gewesen sein. Vielleicht hoffte er auch, sich durch die Auseinandersetzung mit dem
Voyeurismus als Sexualwissenschaftler profilieren zu können. Werthers nicht veröffentlichte Studien zum Voyeurismus, die er 1921 unter dem Titel „The Riddle of the
Underworld" schrieb, basierten in erster Linie auf den Beschreibungen seines „most
intimate friend from [his] everyday world"[51], einem langjährigen Freund und Ar-
beitskollegen. Es war dieser Freund, der ihm eine Charakterskizze im Anhang seiner
Autobiografie widmete.[52] Darüber hinaus nutzte er auch einen weiteren Freund, den er
als „mild-voyeur" bezeichnete, sowie ein Dutzend anderer Voyeure, die er während
seiner aktiven Zeit in der Unterwelt, die vermutlich bis 1905 andauerte,[53] kennenlernte, als Beobachtungsobjekte für seinen Versuch der Klassifizierung des Voyeurismus. Werthers Fallbeschreibungen und Herangehensweise mögen aus heutiger Sicht
unwissenschaftlich erscheinen. Letztlich beruhten aber auch die Arbeiten von re-
nommierten und kanonisierten Wissenschaftlern, wie zum Beispiel Sigmund Freud,
ebenfalls auf deren eigenen Erfahrungen, Beobachtungen und Einschätzungen.[54]
Werthers Ausführungen zum Voyeurismus hätten durchaus eine Lücke schließen
können, denn sie hätten den Leser_innen des „New Yorker Medico-Legal Journals"
und der „Medical Life", für die er „Riddle of the Underworld" ursprünglich verfasst
hatte, zumindest einen Zugang zu Orten und Praktiken verschaffen können, welche
Fallstudien von hospitalisierten Patient_innen üblicherweise nicht abbilden konnten.

Da Werthers „Riddle"-Aufsatz unveröffentlicht blieb, fanden seine Beobachtungen
und die von ihm beschriebenen Voyeure keinen Eingang in die Sexualwissenschaften.
Warum dies so war, lässt sich nicht vollständig rekonstruieren. Werther nahm jedoch
mit seiner Herangehensweise und seinen Texten für einen kurzen Zeitraum eine besondere Position in der US-amerikanischen Sexualwissenschaft ein. Er war ein Vermittler unterschiedlicher Wissenssysteme und stand an einer Schnittstelle, an der sich
unterschiedliche Formen des Sehens kreuzten. Anhand der Überlegungen Michel de
Certeaus zum Voyeurismus lässt sich dies verdeutlichen. De Certeau entwirft den
Voyeur in „Kunst des Handelns" (Orig. 1980) in Abgrenzung zum Fußgänger. Der
Fußgänger legt Wegstrecken zurück und verwandelt die Straße in einen Raum, so de
Certeau. Die Schritte der Fußgänger folgen „mikrobenhaften, einzigartigen und viel-
fältigen Praktiken [...], die ein urbanistisches System regeln oder unterdrücken muss

---

51 Werther, Riddle of the Underworld, wie Anm. 6, 1.
52 Das Buch wurde im Medico-Legal Verlag herausgegeben. Neben dem Vorwort des Herausgebers
    Alfred W. Herzog kann diese Skizze als eine Art Nachwort verstanden werden. Sie sollte vermutlich
    zur weiteren Einordnung und Authentifizierung der Person Werthers für die medizinwissen-
    schaftlichen Leser_innen dienen.
53 Vgl. Werther, Autobiography, wie Anm. 2, 77, 153, 164.
54 In Freuds „Drei Abhandlungen zur Sexualtheorie" beruhen z. B. seine Einsichten zu den soge-
    nannten sexuellen Abirrungen, worunter auch die Inversion zählte, auf „Mitteilungen von I. Sadger
    und auf eigener Erfahrung". Freud, Werke, Bd. 5, wie Anm. 17, 33.

[…]".[55] Die Figur des Voyeurs hingegen verkörpert de Certeau zufolge die Kontroll-fantasie des Städteplaners. Dieser steht auf dem World Trade Center, schaut über die Stadt und kartografiert und kontrolliert sie zugleich mit seinem Blick. Der Voyeur wie der Städteplaner sieht alles, er übersteigt alles und wähnt sich wie ein Ikarus in Si-cherheit und kann dadurch, so de Certeau, (s)eine Omnipotenz realisieren.[56] In dieser Hinsicht also schien der Voyeur de Certeaus aus den 1980er-Jahren nicht allzu weit entfernt zu sein von dem von Werther um 1900 beschriebenen Voyeur: „[M]ale voyeurs spend hours concealed under bushes or in the crevices of rocks on a pleasant moonlight evening in the portions of the park they have ascertained to be frequented by their quarry."[57] Der von Werther beschriebene Voyeur kontrolliert, bewahrt Distanz, wähnt sich in Sicherheit und gewinnt daraus ebenfalls ein Gefühl von Allmacht.[58]

Die Frage, die sich im Anschluss an diesen Vergleich stellen ließe: Kann der von Werther so beschriebene Voyeur – und damit auch Werther selbst – in Analogie zum Städteplaner de Certeaus verstanden werden? Immerhin befand Werther sich ja ebenfalls an einer Schnittstelle, nämlich zwischen Unterwelt und Sexualwissenschaf-ten. Er war zugleich ein Flaneur, der durch die Unterwelt spazierte, wie auch wissen-schaftlicher Beobachter für eine medizinische Fachzeitschrift.[59] Diese von ihm einge-nommene Schnittstelle wurde in „Riddle of the Underworld" folgendermaßen prä-sentiert: „I enjoyed entree (sic) to the hearts of both male and female denizens of the Underworld, my stamping-ground (sic) when I surrendered my bisexual body to the feminine side of my dual psyche. They would whisper into my ears their innermost secrets."[60] Aus diesem Grund funktionierte bei Werther die Beschreibung des Voyeurs anders als bei den euro-amerikanischen Sexualwissenschaftlern. Er hatte einen anderen Zugang zu den Bewohner_innen der Unterwelt, da er selbst sich dieser zugehörig fühlte, deren Codes, Verhaltens- und Umgangsweisen kannte und es letztlich auch sein „stamping-ground", seine Gegend war.

Werther war – auch wenn er das bestritt – letztlich selbst Voyeur und konnte deswegen anders als die Sexualwissenschaftler seiner Zeit über Voyeurismus nach-denken und berichten. Was ihn für eben diese Sexualwissenschaftler zwar interessant, aber vermutlich auf Dauer untragbar machte. Er war Vermittler zwischen zwei un-terschiedlichen Wissenssystemen, einer sexualwissenschaftlich-akademisch geprägten Welt einerseits und einem urbanen Alltagswissen andererseits, das an einer Stelle als

55 Michel de Certeau, Kunst des Handelns, Berlin 1988, 186.
56 Vgl. Certeau, Kunst des Handelns, wie Anm. 55, 180.
57 Werther, Riddle of the Underworld, wie Anm. 6, 9.
58 Vgl. Werther, Riddle of the Underworld, wie Anm. 6, 9.
59 Vgl. Aaron Shaheen, Strolling through the Slums of the Past: Ralph Werther's Love Affair with Victorian Womanhood in *Autobiography of an Androgyne*, in: PMLA, 128, 4 (2013), 923–937.
60 Werther, Female Impersonators, wie Anm. 43, 5.

„street knowledge"[61] bezeichnet wurde. Er war selbst Teil der New Yorker Unterwelt qua seiner Erfahrungen als *Female Impersonator*, die er im Alltag seinen Freund_innen und seiner Familie verschwieg beziehungsweise verschweigen musste. Dazu war es aber nötig, so Werther, sich seinem „bisexual body", was zeitgenössisch mit ‚zweige-schlechtlicher Körper' übersetzt werden muss, seiner ‚weiblichen Seite' hinzugeben, um die Geheimnisse der Unterweltbewohner_innen zu erfahren und schließlich deren Lebensweisen als Mitarbeiter eines medizinwissenschaftlichen Verlags zu beschrei-ben.[62] Was heißt das? Vermutlich, dass die binäre Geschlechtertrennung um 1900 so rigide war, dass er einen Teil seines Leib-Seele-Körpers aufgeben musste: „I surrendered my bisexual body to the feminine side of my dual psyche", um so die Geheimnisse der Unterweltbewohner_innen erfahren zu können. Werther vereinte demnach beide Fi-guren de Certeaus in sich, den Fußgänger wie auch den Voyeur, das heißt, er durch-wanderte die Viertel der Unterwelt und beschrieb sie zugleich in voyeuristischer Weise als Sexualwissenschaftler.

Die New Yorker Unterwelt, das war nicht nur ein Topos, das waren konkrete Orte, die in den Beschreibungen von Stadtplaner_innen, Journalist_innen, Politiker_innen und Schriftsteller_innen zu Orten der Devianz und Kriminalität erklärt wurden. Als Unterwelt wurden die zumeist von Immigrant_innen geprägten und bewohnten Stadtteile wie Little Italy, die Bowery, die Lower East Side und Chinatown bezeichnet, aber auch die von schwarzen Amerikaner_innen besiedelten Gebiete um die Sullivan, Thompson und MacDougal Street. Es waren Orte interethnischer Sozialität und Nachbarschaft, die mitunter zu Orten der Sensationslust vornehmlich reicher, weißer New Yorker_innen wurden. Wer die Unterwelt authentisch, und das heißt im Falle Werthers, in einer auktorialen Art beschreiben konnte, der knüpfte an eine literarische Tradition an, die von Dantes „Divina Commedia" bis zu James Joyces „Ulysses" reichte. Werther wollte Teil dieses literarischen Universums werden und nutzte seine Erfahrungen als *Female Impersonator* in der Unterwelt auch, um seine literarischen Ambitionen zu verwirklichen. Verweise auf Autor_innen wie Oliver Wendell Holmes, James Fennimore Cooper, Georges Eekhoud, Oscar Wilde, William Shakespeare, Je-remy Bentham, Sappho und Johann Wolfgang von Goethe durchziehen seine Arbeiten. Ohne Zweifel positionierte sich Werther mit seinen Beobachtungen der Unterwelt innerhalb einer anerkannten literarischen Tradition.[63] In „Riddle of the Underworld" schrieb er im Prolog:

---

61 Michael Keith, Identity and the Spaces of Authenticity, in: Les Back u. John Solomons (Hg.), Theories of Race and Racism. A Reader, London/New York 2000, 521–538, 528.

62 Der von ihm beobachtete Voyeur war hier nur eine von mehreren Figuren der Unter- und Oberwelt, die in sein Blickfeld gerieten. Ich gehe hier von einem weiten Begriff des Voyeurismus aus, der nicht zwangsläufig sexuell konnotiert sein muss. Die Liste der von Werther beobachteten Figuren ist lang: Cross-Dresser, Female Impersonators, Fairies, Tramps, Sexarbeiter_innen, Polizisten, Soldaten, Drogenabhängige, Revolutionäre und andere.

63 Vgl. Scott Herring, Introduction, in: Werther, Autobiography, wie Anm. 2, ix–xxxiv, xxix.

„My unique life experience has given me material for a dozen books and I actually have a fourth work on the third typing. With the exception of Jack London and half-a-dozen widely traveled men I have had the most adventurous life of any writer of the twentieth century. Providence [Vorsehung, Anm. des Autors] has determined as my peculiar literary field the ‚Underworld‘."[64]

Auch wenn er zumeist in autobiografischer Weise in der ersten Person schreibt, kann sein Stil als auktorial bezeichnet werden, da er über sich mit einer zeitlichen und räumlichen Distanzierung berichtet. Seine Erlebnisse lagen zum Veröffentlichungszeitpunkt weit über eine Dekade zurück und er war nicht mehr – so viel wir wissen – Teil der Unterwelt New York Citys. Er benutzte seine Erfahrungen, um sich so zum wiederholten Male eine neue Identität anzueignen, die eines sexualwissenschaftlichen Experten und Schriftstellers. Auktorial war Werthers Schreibstil also auch dadurch, dass seine Beschreibungen vordergründig auf seinen gelebten Erfahrungen basierten und er gegenüber den Leser_innen, also hauptsächlich Mediziner_innen und Sexualwissenschaftler_innen, als allwissender Erzähler auftrat.[65] Wenn er etwa erklärte, wie Voyeure sich geschickt an die schwierigen Sichtbedingungen in der Nacht anpassten,[66] dann unterstrich er diese Aussage mit einem Verweis auf seinen (intimen) Umgang mit Voyeuren: „I know because I have had experience with voyeurs in New York's large parks."[67] Werther gewährte Einblick in die Handlungen und Praktiken des Voyeurs, allerdings nicht ohne klarzustellen: „I am in no wise myself inclined to voyeurism."[68] Diese nachträgliche Distanzierung war wohl notwendig, um überhaupt in sexualwissenschaftlichen Zeitschriften publizieren zu können.

3. Der Voyeur als Effekt und als Figur des Widerstands

Die Unterwelt ist mit den Worten Rolf Lindners „das Imaginäre der Stadt", ein von „Geschichte und Geschichten durchtränkter […] Vorstellungsraum, […] der uns ergreift, eine Ergänzung, die uns in der Stadt nicht nur leben, sondern auch von ihr

---

64 Werther, Riddle of the Underworld, wie Anm. 6, 6.

65 Besonders deutlich wird das in Werthers Aufsätzen „The Fairie Boy", „The Girl-Boy's Suicide" und „Boy – But Never Man", die alle auf Auszügen aus seinen Büchern basieren und in der dritten Person geschrieben wurden. Vgl. Klein, „Things are not what they seem", wie Anm. 48; Björn Klein, Self-Writing around 1900 – Fractured Identities in New York City, unveröffentlichte Dissertation, Universität Göttingen 2017, 45.

66 Werther, Riddle of the Underworld, wie Anm. 6, 3 f.: „Which rough piece of ground he had discovered to be a favorite retreat on a Sunday afternoon for given the voyeurs incredible skill in approaching noiselessly even over precipitous rocks, near enough to get a good view without themselves being discovered. Practice also makes vision by moonlight or even by starlight rather keen."

67 Werther, Riddle of the Underworld, wie Anm. 6, 10.

68 Werther, Riddle of the Underworld, wie Anm. 6, 10.

träumen lässt".[69] Für einen Großteil der Sexualwissenschaftler um 1900 war die Unterwelt ein alptraumhafter Vorstellungsraum, der es ermöglichte, vergeschlechtlichte und rassifizierte Figuren in dieser Unterwelt zu ‚ersinnen'. Viele weiße Wissenschaftler rassifizierten Kategorien, das heißt, sie ersannen Differenzierungen und Hierarchien von Menschen, in denen ‚niedrigere Rassen' abwichen von weißen, normativen Geschlechterrollen, reproduktiver Anatomie *und* sexuellem Verhalten. Die ideologischen und institutionellen Verbindungen und Konvergenzen zwischen ‚Rassenstudien' und sexualwissenschaftlichen Studien um 1900 in den USA zeigten sich insbesondere in den virulenten Ängsten, die sich in Begriffen und Konzepten wie „Effeminierung" oder „Rassenselbstmord" ausdrückten.[70] Die Unterwelt ist demnach ein Forschungsbiotop für die Sexualwissenschaftler, in das sie all „jene kleinen Perversen" hineinprojizieren und sie „wie Insekten aufreihen und auf seltsame Namen taufen".[71] Werthers Voyeur war da keine Ausnahme. In „Riddle of the Underworld" schrieb er zum Beispiel von einem Interesse an einer „emotional African race", die der von ihm beobachtete Voyeur ihm gegenüber offenbarte.[72] Dies zeigt eindeutig, dass Werther Schwarze Personen als minderwertige Menschen konstruierte. Die vergeschlechtlichten und rassifizierten Figuren, wie der Voyeur, verweisen also nicht zuletzt auch auf eine „unsichtbare Universalität weißer Männlichkeit", wie Gabriele Dietze und Dorothea Dornhof es formuliert haben.[73] Anfang des 20. Jahrhunderts findet sich diese Verknüpfung zwischen vergeschlechtlichten und rassifizierten Figuren mit dem Ziel der Aufrechterhaltung weißer Suprematie vielleicht am prominentesten in der Person des US-amerikanischen Arztes und Rassisten Robert W. Shufeldt wieder.[74] Shufeldt und Werther haben zusammengearbeitet. Shufeldt fertigte für das Buch „Female Impersonators" Nacktaufnahmen von Werther an. Werther wiederum zitierte Shufeldt ausgiebig an selbiger Stelle und nannte ihn „one of America's foremost medical writers".[75]

Der Vorstellungsraum Unterwelt korrespondierte somit in der Figur des Voyeurs mit einem medizinischen und weißen Blick, der wiederum einem anderen „Vorstellungs-

---

69 Rolf Lindner, Textur, *imaginaire*, Habitus. Schlüsselbegriffe der kulturanalytischen Stadtforschung, in: Helmuth Berking u. Martina Löw (Hg.), Die Eigenlogik der Städte. Neue Wege für die Stadtforschung, Frankfurt a. M./New York 2008, 82–94, 86.

70 Vgl. Barbara E. Fields u. Karen J. Fields, Racecraft. The Soul of Inequality in American Life, London/New York 2015.

71 Foucault, Sexualität, wie Anm. 8, 59.

72 Werther, Riddle of the Underworld, wie Anm. 6, 3.

73 Gabriele Dietze u. Dorothea Dornhof, Metropolenzauber. Sexuelle Moderne und urbaner Wahn, Wien/Köln/Weimar 2014, 18.

74 In Shufeldts Buch „The Negro: A Menace to American Civilization" werden sexuelle Perversionen als das größte Problem unter allen Säugetieren der Erde ausgemacht, was ihn zur Schlussfolgerung führt, dass „He [der sexuell perverse Schwarze Mensch] actually out-animals, – yes, out-beasts the beastiality of the very beasts themselves." Robert W. Shufeldt, The Negro: A Menace to American Civilization, Boston 1907, 21.

75 Werther, Female Impersonators, wie Anm. 43, 266. Vgl. Melissa N. Stein, Measuring Manhood: Race and the Science of Masculinity, 1830–1934, Minneapolis/London 2015.

raum" zugehörte: dem Geschlecht. Werther unterschied in „Riddle" zwischen „genuine voyeurs", ‚echten' Voyeuren, und „sexual depraved", das heißt amoralisch agierenden voyeuristischen Männern. Ein ‚echter Voyeur' war für Werther ein „extreme type of voyeur"; als Beispiel beschrieb er in „Riddle" einen Freund: „[W]hile not in the least effeminate [he] was ultra-intellectual, an ultra-bookworm, muscularly clumsy and of weak physique."[76] Im Gegensatz zu den „sexually normal men who sometimes stoop to be ‚Peeping Toms'", seien sie echte Voyeure.[77] Dieser, so Werther weiter, verhalte sich nicht unmoralisch, denn die Natur habe ihn so geschaffen: „Mother Nature is alone to blame."[78] Mit dieser Kategorisierung stellte sich Werther gegen die damals dominante Sicht auf den Voyeur, der in allen US-amerikanischen Quellen als männlich, amoralisch und pervers charakterisiert wurde. Ein Lexikoneintrag im 1911 zum ersten Mal erschienenen „Stedman's Medical Dictionary" lautete: „Voyeurism (vwah-yër'izm) [Fr. *voire*, to see.] A morbid desire to look at the sexual organs or other usually clothed parts of the body of one of the opposite sex."[79] Dies war, wie schon weiter oben gezeigt, eine gängige sexualwissenschaftliche Diagnose: Voyeurismus als der krankhafte Wunsch, Sexualorgane zu sehen. Werther hingegen wendete sich als einer der ersten in den Sexualwissenschaften gegen diese Pathologisierung. Werther unterschied dementsprechend zwischen marginalisierten Männlichkeiten, wie zum Beispiel Voyeuren, Homosexuellen, Androgynen oder *Female Impersonators* auf der einen Seite, und Spielarten von hegemonialen Männlichkeiten auf der anderen Seite. Als *Female Impersonator* stand er, nach R. W. Connell, zwar in einem Spannungsverhältnis zur hegemonialen Männlichkeit, aber er griff diese nicht an, im Gegenteil, er beobachtete die Praktiken der Voyeure, berichtete offenherzig von diesen und stützte somit eine hegemoniale Männlichkeit, indem er die Praktiken ‚unmännlicher, nicht-echter Voyeure' preisgab.[80] Er stellte sich so in den Dienst der beobachtenden Sexualwissenschaften. Als Erscheinungsform selbst marginalisierter Männlichkeit sicherte der *Female Impersonator* Werther somit Vertretern hegemonialer Männlichkeit, in diesem Fall Sexualwissenschaftlern, Zugang zu einem spezifischen Wissensraum, den Akteur_innen und Praktiken der Unterwelt. Werther wurde innerhalb der Sexualwissenschaften der frühen 1920er-Jahre zu einem Komplizen hegemonialer Männlichkeit.[81] Dass dies funktionieren konnte, war auch der Beliebtheit des Topos Unterwelt geschuldet beziehungsweise Werthers Zeugenschaft dieser Unterwelt. Er war schließlich in der New Yorker Unterwelt ungefähr eine Dekade lang – von 1892 bis ca. 1905 – als *Female Impersonator* unterwegs gewesen und besaß dementsprechend jene Autorität

---

76 Werther, Riddle of the Underworld, wie Anm. 6, 2.
77 Werther, Riddle of the Underworld, wie Anm. 6, 1.
78 Werther, Riddle of the Underworld, wie Anm. 6, 1.
79 Thomas Lathrop Stedman, Stedman's Medical Dictionary, New York 1916 [1911], 1066.
80 Vgl. R. W. Connell u. James W. Messerschmidt, Hegemonic Masculinity. Rethinking the Concept, in: Gender & Society, 19, 6 (2005), 829–859, 844.
81 Vgl. Connell/Messerschmidt, Masculinity, wie Anm. 80, 844.

und Authentizität, mit der er den Experten der Sexualwissenschaft gegenübertreten und ihnen so eine Welt sichtbar machen konnte, die diese mit hoher Wahrscheinlichkeit nicht kannten.

Gleichzeitig war sein Bild von Frauen höchst negativ, verbunden mit Vorstellungen von Infantilität („cry-baby"), Abhängigkeit und Unterwürfigkeit.[82] In ähnlicher Weise wie der eingangs erwähnte Julian Eltinge war auch der *Female Impersonator* Werther ein glühender Antifeminist.[83] Frauen wurden von Werther als Sklavinnen ihrer Ehemänner und als Tiere beschrieben. Auf dem Höhepunkt der Suffragetten-Bewegung in den USA hielt Werther fest: „I have always felt […] that a woman should adore her husband so much as to delight in being treated as a slave, and to suffer gladly any abuse by her lord."[84] An anderer Stelle heißt es: „Naturally as timid as the cry-baby species of woman, I always promenaded the dimly lighted side streets of these foreign quarters like a cat crossing a road […]".[85] Dies legt nahe, dass es in seinen Texten auch um Geschlechterängste ging, in diesem konkreten Fall also auch um die Angst vor einer Redefinition von Männlichkeit zu einem Zeitpunkt, als Frauen für das Wahlrecht und Gleichberechtigung auf die Straße gingen und somit öffentlich sichtbarer wurden. Die Verabschiedung des Nineteenth Amendment 1920, wodurch Frauen das Wahlrecht erhielten, war ein *turning point* in der US-amerikanischen Politik. Es beendete die rechtliche Bevorzugung von Männern und beförderte zugleich Ängste von weißen, christlichen und heterosexuellen Männern. Werthers voyeuristischer Blick auf den Voyeur zeigt, dass hegemoniale und marginalisierte Männlichkeiten sich durchaus in einer Person wiederfinden können.

Die Figuration des Voyeurs in den Sexualwissenschaften um 1900 und vor allem bei Werther erscheint somit sowohl als Effekt der Industrialisierung und Urbanisierung als auch als eine Widerstandsbewegung dagegen. Ein Effekt war sie, da sie einer biopolitischen Regulierung entstammte, einer erweiterten Kontrolle und Beeinflussung des Geschlechtslebens durch die Sexualwissenschaft. Es ging nicht mehr nur um die sexuellen Akte und Praktiken an sich, sondern verstärkt auch um den beobachteten und fantasierten Akt. Eine Widerstandsbewegung fand im gleichen Sinne statt, wie der Voyeur Grenzen überschritt, die eigentlich nur der Sexualwissenschaftler überschreiten durfte. Dabei resultierte das grenzüberschreitende Sehen des Voyeurs in einer Umkehrung des panoptischen Raums, wie ihn Foucault beschrieben hat,[86] von Innen nach Außen. Der Voyeur Werther war nicht nur Objekt der Beobachtung, sondern eignete

---

82 Vgl. Shaheen, Strolling, wie Anm. 59.
83 Vgl. Joanne Meyerowitz, Thinking Sex with an Androgyne, in: GLQ: A Journal of Lesbian and Gay Studies, 17, 1 (2011), 97–105, 100. Mehr zur komplexen Figur Werthers, insbesondere in Hinblick auf seine Identitätsaneignungsprozesse als Schriftsteller, in: Klein, Self-Writing around 1900, wie Anm. 66.
84 Werther, Autobiography, wie Anm. 2, 87.
85 Werther, Autobiography, wie Anm. 2, 122.
86 Michel Foucault, Überwachen und Strafen. Die Geburt des Gefängnisses, Frankfurt a. M. 1994.

sich einen kontrollierenden Blick an, mit dem er durch die Unterwelt zog. Das kontrollierende Sehen wurde so aus den Fabriken, Anstalten, Krankenhäusern und Psychiatrien in die Figuration des Voyeurs aufgenommen, der dieses kontrollierende Sehen in die Weite der Stadt, in die Unterwelt mitnahm. Der Voyeur war kein Aufseher, kein Arzt, kein Vorarbeiter, kein General, niemand, der nach Bentham in der Mitte eines panoptischen (Gedanken-)Gebäudes stand und dessen Maschinerie in Gang hielt.[87] Aber diese räumlichen und disziplinarischen Arrangements wirkten in der sexualwissenschaftlichen Figuration des Voyeurs um 1900 fort. In „Riddle of the Underworld" wurde zum Beispiel der nächtliche New Yorker Central Park bevölkert von Liebespaaren, Dieb_innen und Polizisten, die alle ins Blickfeld des Voyeurs gerieten. Hier wird das Prinzip einer Macht deutlich, welches in einer konzentrierten Anordnung von Körpern, Oberflächen, Lichtern und Blicken zu finden ist und temporäre disziplinäre Ordnung(en) vorantrieb: „Park policemen are charitable toward the lovesick couples sprawling at night on the park lawns. But in their ignorance that voyeurism is not a whit more willful than a normal sexual attraction they usually have no sympathy for the voyeurs."[88] Der sexualwissenschaftliche Voyeurismus des 19. Jahrhunderts erscheint so als eine Wucherung der lückenlosen Überwachung des Panoptismus.

4. Schluss

Die Neuerfindung der Voyeursfigur in den Sexualwissenschaften hängt auch damit zusammen, dass diese akademische Subdisziplin in ihrer fast hundertjährigen Geschichte stark durch die Praktiken Sehen, Beobachten und Messen geprägt war.[89] Dementsprechend veränderte sich die Kategorisierung des Sehsinns um 1900 stark von einer künstlerischen Voyeursfigur hin zu einer medizinisch-pathologisierten Kategorie, die eben auf diesen Praktiken beruhte. Schon vor Werthers bruchstückhaft gebliebener autoethnografischen Untersuchung zum Voyeurismus machte er den Sexualwissenschaftlern klar, dass er ihrem elaborierten System der Überwachung von Körpern etwas hinzufügen könne, nämlich seine visuellen Beobachtungen: „Because of my innate appetencies and avocation of a female impersonator, I was fated to be a Nature-appointed amateur detective."[90] Werther hatte Sprachen an einer Universität in New York City studiert, er war kein ausgebildeter Mediziner, aber in seinem Verständnis ein sexualwissenschaftlicher Experte qua seiner Natur und Begierden, die ihn zum Detektiv-Sein befähigten und ihn ermächtigten, in einem Expert_innenumfeld sprechen und schreiben zu dürfen, über das, was er sah (und tat).

---

87 Vgl. Foucault, Überwachen, wie Anm. 88, 258.
88 Werther, Riddle of the Underworld, wie Anm. 6, 10.
89 Vgl. Dan Bouk, How Our Days Became Numbered, Chicago 2015.
90 Werther, Female Impersonators, wie Anm. 43, 5.

Bei Werther kann man alle Strukturmerkmale eines sexualisierten Blicks entdecken, der überwiegend männlich, weiß und zutiefst ambivalent war: „Er [der männliche, weiße Blick] kündigt Besitzanspruch und Herrschaft an, ist aber so angstbesetzt, dass er zwar Ersatz für fleischliche Lust sein kann, zugleich jedoch wieder abgewehrt werden muss."[91] Folglich existieren in der Figuration des Voyeurs bei Werther und anderen euro-amerikanischen Sexualwissenschaftlern Frauen immer nur als Abbild männlicher Fantasien. Die Sexualwissenschaftler sehen in Frauen keine handelnden Subjekte. Ein weiblicher Voyeurismus, wie noch in der Literatur und in den bildenden Künsten im 19. Jahrhundert vorhanden, wird in den Sexualwissenschaften gar nicht mehr thematisiert. Ein transgressiver weiblicher Blick existiert in der Vorstellungswelt der Sexualwissenschaftler nicht. Im 19. und beginnenden 20. Jahrhundert war die Geschlechtermatrix durch eine Ideologie der getrennten Sphären gekennzeichnet. Mit der zunehmenden Präsenz von Frauen im öffentlichen Raum, in der Politik und am Arbeitsplatz begann diese Ideologie, die zuvor noch eindeutiger weibliche Häuslichkeit von männlicher aushäusiger Ernährerrolle unterschied, ins Wanken zu geraten. Es war genau dieser Zeitraum, in dem Werther sich tageweise als devote und servile Frau identifizierte und als solche den öffentlichen Raum durchschritt und somit zum voyeuristischen Sexualwissenschaftler par excellence wurde.[92] Werthers Voyeurismus während seiner Laufbahn als *Female Impersonator* war zweifellos geprägt durch einen weißen männlichen Blick, den er als Angestellter in einem medizinischen Fachverlag noch zusätzlich schärfen musste. Ohne seine Erfahrungen als *Female Impersonator* in der Unterwelt hätte er in den 1920er-Jahren nicht temporär zu einem (männlichen) Sexualwissenschaftler werden und zur Inszenierung männlicher Fantasien in den Sexualwissenschaften beitragen können.

---

91 Thomas Kleinspehn, Der flüchtige Blick. Sehen und Identität in der Kultur der Neuzeit, Hamburg 1989, 281.
92 Vgl. Sheila Rowbotham, Dreamers of a New Day. Women Who Invented the Twentieth Century, London/New York 2010.

Çiçek İlengiz

Erecting a Statue in the Land of the Fallen: Gendered Dynamics of the Making of Tunceli and Commemorating Seyyid Rıza in Dersim[*]

Upon entering the city of Dersim[1] (officially Tunceli), which is set spectacularly on steep hillsides above the river Munzur, one is greeted – as in any other city in Turkey – by the statue of Mustafa Kemal Atatürk (1881–1938), the "founding father" of the Republic of Turkey. Proceeding from the Republic Square and passing by the abandoned military barracks built after the Dersim Genocide[2] (1937/38), one reaches the statue of Seyyid Rıza (1863–1937, inaugurated 2010), on which this article focuses. Continuing further on from the statue of Seyyid Rıza, who was executed in 1937, we arrive at the second memorial commemorating the Dersim Genocide at the city centre, the "Wall of Dersim 1938". This memorial exhibits photos documenting the violent events of 1937/38, when the Turkish state sought to forcefully incorporate Dersim into the central state. The genocidal massacres targeting the Alevi-Kurdish minority cost the lives of over ten thousand people and forced thousands more into exile, destroying the local life.

Those two memorials at Dersim city centre form only a small part of a memorial landscape that expanded considerably in the early 2000s. While the statue of the

* Research for this paper was conducted within the framework of the dissertation project supported by the Research Centre for History of Emotions at the Max Planck Institute for Human Development and by the Heinrich Böll Stiftung. I am greatly indebted to Banu Karaca for her inspirational and thought provoking comments and grateful to Maria Fritsche for her critical engagement. I owe special thanks to Yaara Benger Alaluf, Marlene Schäfers, Derya Özkaya and Armanc Yıldız for insightful and challenging comments. Without our conversations this article would not be the same.

1 In 1935, the Turkish parliament issued the 'Tunceli Law' changing the name of Dersim into Tunceli. Although the name Dersim is unofficially in use and despite several campaigns aiming at renaming Dersim, Tunceli still remains the official name of the city.
2 Although newly emerging literature based on oral history accounts suggests that the massacres of 1937/38 in Dersim were the implementation of a preplanned annihilation, there is still no consensus among scholars on how to name the state-sponsored violence. For the different framings of the 1937/38 military campaign cf. İsmail Beşikçi, Tunceli Kanunu (1935) ve Dersim jenosidi [Tunceli Law (1935) and Dersim Genocide], İstanbul 2013; Hans-Lukas Kieser, Dersim Massacre, 1937–1938, in: Online Encyclopedia of Mass Violence, [online], published on: 27 July 2011, at: https://www.sciencespo.fr/mass-violence-war-massacre-resistance/en/document/dersim-massacre-1937-1938, access: 9 April 2019.

Dersimi poet Cemal Süreya[3] (1931–1990, inaugurated 2013) and the photo exhibition documenting the genocidal violence in Hozat are still in their place, the setting up of the Dersim Massacre Memorial[4] in Mazgirt was prohibited whilst in progress by the district governor in 2012 and left to ruin ever since. In October 2014, the Dr. Baran and Ü.Ş. Beşe Martyrdom Cemetery near Alacaköy was opened as a part of a larger politics of collecting the Kurdish guerrilla dead bodies of the Kurdistan Worker's Party[5] (PKK) in the Kurdish provinces of Turkey. A section of the cemetery in Dersim was dedicated to those who lost their lives during the Dersim Genocide. In October 2015, the cemetery was destroyed by the Turkish Armed Forces. When considering Dersim as one of the least populated province centres of Turkey with a total population of 82,498,[6] it appears more like an open air-museum commemorating a contested past than a place to dwell. This proliferation of memorials also attests to the profound shifts in memory regimes that Dersim and Turkey as a whole have experienced over the last decade. While memories of state violence have been systematically silenced throughout most of Turkey's republican history, the early 2000s witnessed a temporary shift in how lost lives and futures are publicly remembered and mourned.

By focusing on the memory regime of the statue of Seyyid Rıza that was erected in 2010, the article brings us back to a political atmosphere when public grief was temporarily allowed in Turkey. Based on ethnographic and historical material collected between May 2014 and July 2018 in Germany and Turkey, I will discuss the emotional, spatial and gendered dimensions of genocidal violence and commemoration attempts. In unpacking the spatial politics of grieving initiated by the pro-Kurdish municipalities,[7] this article examines the potentials and limitations of commemorating state

---

3 Cemal Süreya was a famous poet from Dersim. His statue was inaugurated at Pülümür district centre in 2013. His poem "Sürgün" (Exile) that reflects his experience of the Dersim Genocide is inscribed on the pedestal of the statue. Cf. Bilgin Ayata, "Dersim 1938 – From Communal Knowledge to Common Knowledge" presented at the conference "Governmentalizing minorities in the Middle East: from the late Ottoman period to the present day", 13 September 2013, Newnham College, Cambridge; Ozan Doğan, Caz'a Kaval'dan Gökyüzü Taşıyan Pülümürlü Sürgün Şair: Cemal Süreya [The Poet from Pülümür who Carried the Sky from Kaval to Jazz], in: Şükrü Aslan (ed.), Pülümür, Ankara 2016, 266–282, 268.

4 Cf. Annika Törne, "On the grounds where they will walk in a hundred years' time". Struggling with the heritage of violent past in post-genocidal Tunceli, in: European Journal of Turkish Studies. Social Sciences on Contemporary Turkey, 20 (2015), [online].

5 Partiya Karkerên Kurdistanê was officially founded in Turkey in 1978 and has been involved in armed struggle against the Turkish Armed Forces since 1984. Cf. Martin van Bruinessen, Between Guerrilla War and Political Murder: The Workers' Party of Kurdistan, in: Middle East Report, 153 (1988), 40–46.

6 Cf. Tunceli Nüfusu 2017–2018 [The Demographics of Tunceli], at: https://www.nufusu.com/il/tunceli-nufusu#aldigi-verdigi-goc, access: 8 September 2018.

7 Partiya Civaka Demokratîk (Democratic Society Party, DTP), founded in 2005, won municipal elections in ten cities in 2009 and came to govern most municipalities in the Kurdish region. After its prohibition in 2009, it was succeeded by the Partiya Aşitî û Demokrasiyê (The Peace and Democracy Party, BDP) which existed from 2008 to 2014. In 2012, the Partiya Demokratîk a Gelan (Peoples'

violence beyond the existing aesthetic frames of masculinist modernity. By deciphering the "dialogue" between the statues of Atatürk and Seyyid Rıza, it demonstrates the gendered formation of Tunceli out of the landscape of Dersim in the 1930s, and the transition from the spatial politics of denial to spatial politics of mourning, which took place in the 2000s. My focus lies on drawing out how hegemonic regimes of memory and historical discourse find material expression in the formation of landscapes and cities. My emphasis is on exemplary nodes of materiality and space, which condense broader relations of domination and resistance in their materiality. I argue that while the statue of Seyyid Rıza challenged the Turkish denial regime[8] by turning a previously ungrievable dead body into an object of pride, it remained within the 'limits of sayable' by not offering a future prospect that competes with the military masculinist aesthetic regime of the Atatürk statues.

1.   Memorialising Seyyid Rıza: The Gendered Memory Regime of 1937/38

When the statute of Seyyid Rıza was inaugurated in 2010, the speaker shouted: "Seyyid Rıza, welcome to your homeland!" Then, assuming the voice of Seyyid Rıza, he continued: "I can deal with your lies and tricks now. I came back, and stand upright, in the Barrack Square where the decision of my execution was taken."[9]

The popular story with which the inauguration ceremony started plays an important role in the collective memory of Dersimis. In 1937 Seyyid Rıza, who was the 'spiritual guide' *(raywer)*[10] of the Şixhesenu tribe, laid his arms down and accepted to meet the Turkish state officers. When leaving the meeting place, he allegedly uttered to Mustafa Kemal Atatürk the legendary words: "I could not deal with your lies and your tricks. Let that be my problem. But I did not kneel in front of you, let that be your problem."[11] This sentence became a widely used reference point in the narratives promoting Seyyid Rıza as an idol of resistance against the genocidal violence of the Turkish state. Despite

---

Democratic Party, HDP) emerged from a pluralist platform composed of leftist, feminist, ecologist groups on the basis of participatory democracy and human rights.

8 Cf. Talin Suciyan, The Armenians in Modern Turkey: Post-Genocide Society, Politics and History, London/New York 2015.

9 For the video of the opening ceremony cf. Dersim info, Dêrsim de Heykelyê Seyîd Rızayî / Dêrsim de Seyyid Rıza Heykeli [The Statue of Seyyid Rıza in Dersim], 2010, at: https://www.youtube.com/watch?v=BU0MtHKCdMM, access: 8 September 2018.

10 Raywer (rayber) describes a person coming from a holy lineage who serves as a spiritual guide showing the path. Cf. Dilşa Deniz, Yol/Rê: Dersim İnanç Sembolizmi: Antropolojik Bir Yaklaşım [The Symbolism of Belief in Dersim: An Anthropological Approach], İstanbul 2012.

11 Tanju Cılızoğlu, Kader Bizi Una Değil Üne Itti: Çağlayangil'in Anıları, Çağlayangil'le Anılar [The Faith Pushed Us to Fame, not to Flour: Çağlayangil's Memories, Memories with Çağlayangil], İstanbul 2000, 70.

the fact that he had respected the disarmament order aimed at establishing the state's monopoly of violence over the region, he was arrested during the meeting and executed afterwards.[12] What happened to his dead body is still a mystery, and the whereabouts of his grave are still unknown. The lawyer who filed a case against the Turkish government to reveal Rıza's grave concluded that the Turkish state also hid Seyyid Rıza from the archives.[13] I will return to Seyyid Rıza's story at the end of this section, but find it necessary to zoom out for a moment in order to contextualise it within the Dersim Genocide.

Figure 1: The statue of Seyyid Rıza holding the photo of Berkin Elvan.[14] © Çiçek İlengiz

In 1935, the Law of Tunceli manufactured the city of Tunceli using the landscape of Dersim, which until then described a loosely demarcated geographical region. Dersim, considered as the sacred centre for Kurmancki/Zazaki speaking Kurdish-Alevis,[15] is situated to the north of Elazığ and surrounded by the Taurus Mountains which reach up 3,000 metres. The Kurmanciye system, which is an amalgamation of kinship relationships into the belief system, used to be the primary socio-political form of

12 Cf. Muhammet Nuri Dersimi, Dersim Tarihi [The History of Dersim], İstanbul 1979, 220–222.
13 Cited in: Remzi Budancır, Seyit Rıza'yı kayıtlarda da yok etmişler [They Destroyed Seyyid Rıza in the Records, too], in: Artı Gerçek, 15 November 2017, at: https://www.artigercek.com/haberler/seyit-riza-yi-kayitlarda-da-yok-etmisler, access: 11 May 2018.
14 Berkin Elvan (1999–2014), known as the youngest "Gezi martyr", was hit on the head by a tear-gas canister fired by a police officer while he was going to buy bread in Istanbul during the Gezi Protests in June 2013.
15 Cf. Ahmet Kerim Gültekin, Tunceli'de Kutsal Mekân Kültü [The Cult of Holy Space in Tunceli], Ankara 2004. Kurmancki/Zazaki/Dimli is the language spoken primarily in Eastern Turkey by the Zazas. The majority of Zazas consider themselves Kurdish, but a minority in today's Turkey associates themselves with Turkish tribes; cf. Mehmed S. Kaya, The Zaza Kurds of Turkey: A Middle Eastern Minority in a Globalised Society, London/New York 2011.

organisation in the region. Its two main components, namely the tribal organisation and the Kurdish-Alevi belief system[16], were consolidated in the tribal leaders who were believed to come from the holy lineage of the Prophet Muhammed, thus also being the natural religious leaders. As a closed socio-economic system with its own mechanism of justice and self-protection, Dersim became a matter of concern for successive central governments starting in the late Ottoman period.[17]

Central authorities of the Empire and later the Turkish Republic appointed scientists and state officials to write reports on the fantasised "savage or the primitive"[18] of the Dersim region for governmental purposes. Knowledge production about the region has been built upon the following recurring themes: barbarism, savagery, remoteness, geographical inaccessibility, Kurdification/Zazaification of "Turkish" population, religious deviancy and ignorance.[19] The early 1930s work of the politician and historian Hasan Reşit Tankut (1891–1980) is a good example of how well landscape, moral norms and cultural stereotypes were mixed together to construe the image of a group of "savages" who presented an obstacle to the formation of a modern centralised state:

> "Entirely a mountain people [...]. They contain all the characteristics of primitivism [...] nomads thus vagabonds."[20] [...] "The Zaza lies a lot, cheats a lot. Timid but intruding. Accordingly, they have always been detrimental and dangerous. Always spoiled, always disobedient. [...] They do not have Sharia or rule of Allah. They tend to worship humans. [...] Besides humans, they worship conversation, music and alcoholic beverages. An animism of their sort."[21]

State officials repeatedly stressed the lack of civility and authority in their reports. That is how they became the "sticky signs"[22] describing Dersim. In other words, uttering the name Dersim became sufficient to generate the discomfort attached to barbarism, savagery and religious deviancy. Depicting the Dersim inhabitants as the "backward people without history" and the region as an "unruly landscape"[23] implied that the authority in the region was inconsistent and random. The 'proven' inferiority justified the Turkish state to openly demonstrate its superiority and its modern, progressive character. In this sense, the language used by the Turkish state was not different from the discourses of other colonial powers which put a certain group of people and their

---

16 Erdal Gezik, Dinsel, etnik ve politik sorunlar bağlamında Alevi Kürtler [Alevi Kurds in the Context of Religious, Ethnic, and Political Problems], İstanbul 2012.
17 Cf. Kieser, Dersim Massacre, see note 2.
18 Cf. Michel-Rolph Trouillot, Global Transformations: Anthropology and the Modern World, New York 2003.
19 Cf. Hasan Reşit Tankut, Zazalar Üzerine Sosyolojik Tetkikler [Sociological Investigations on Zazas], Ankara 2000; Ziya Gökalp, Kürt aşiretleri hakkında sosyolojik tetkikler [Sociological Investigations on Kurdish Tribes], İstanbul 2011.
20 Tankut, Zazalar Üzerine Sosyolojik Tetkikler, see note 19, 22.
21 Tankut, Zazalar Üzerine Sosyolojik Tetkikler, see note 19, 57.
22 Sara Ahmed, The Cultural Politics of Emotion, Edinburgh 2004, 92.
23 Cf. Trouillot, Global Transformations, see note 18, 7–28.

landscape into a "savage slot",[24] the place for the constitutive other. This framing justified the modern state to impose its supposedly civilised, rational, consistent order to the region. Not unlike other colonial settings, this dynamic had distinctly gendered overtones. It warranted the implementation of patriarchal norms of the modern state to a group of violable people and their region.[25] As we shall see, gendered representations remain central to the contested narratives and memories of the violent events that took place in Dersim.

"The planned epistemic violence"[26] was backed up by a combination of extinction, displacement and assimilation policies. The implementation of the Law of Tunceli (1935) consisted of a three-layered programme: "preparation, disarmament, and if necessary displacement".[27] The 4th General Inspector Lieutenant General (*Umum Müfettişi Korgeneral*), Hüseyin Abdullah Alpdoğan, was appointed local governor of Tunceli (*vali*) with an authority which resembled that of a colonial governor and was even granted powers to order executions without consulting a higher position.[28] The state performed a surgery on Dersim which in one of the state officials' reports was described as an "abscess".[29] Following the removal of this "abscess", Tunceli was formed on the cleansed surface.

While the Turkification of place names has been a widespread spatial practice exercised by the Turkish state, it is important to note that Tunceli was the only city of Turkey that was created by a special law. In 1936, a number of district centres, villages, streets, rivers, hills and the like in the southeast were renamed. The Turkification of place names was underpinned by a ban on publishing and importing maps that used traditional Armenian, Kurdish, Arabic, Assyrian or Greek names.[30] While in other provinces and districts names were changed on maps and on the actual places through enforcement of law, in Dersim the framework of general Kemalist interest of trans-forming peasants into Turks[31] was realised through genocidal violence. This exceptional

---

24 Trouillot, Global Transformations, see note 18, 14–18.
25 Cf. Mrinalini Sinha, Colonial masculinity: The 'manly Englishman' and the 'effeminate Bengali' in the late nineteenth century, Manchester 2017.
26 Gayatri Chakravorty Spivak, The Rani of Sirmur: An Essay in Reading the Archives, in: History and Theory, 24, 3 (1985), 247–272, 264.
27 Prime Ministry's Republican Archives (BCA), 030.10.00.00.111.743.11.
28 Cf. Bilmez, Sözlü Tarih ve Belgesel Film Aracılığıyla Bir Kıyımla Yüzleşmek ve Hesaplaşmak [Coming to Terms with a Massacre Through Oral History and Documentary Film], in: Özgür Fındık, Kara Vagon: Dersim-kırım ve Sürgün [Black Wagon: Dersimi-cide and Exile], İstanbul 2012, 7–47.
29 Hamdi Bey's report dated 1926, cited in: Hüseyin Yayman, Şark Meselesinden Demokratik Açılıma: Türkiye'nin Kürt Sorunu Hafızası [From the Eastern Question to the Democratic Initiative: Turkey's Memory of the Kurdish Issue], İstanbul 2011, 91.
30 Cf. Kerem Öktem, The Nation's Imprint: Demographic Engineering and the Change of Toponymes in Republican Turkey, in: European Journal of Turkish Studies. Social Sciences on Contemporary Turkey, 7 (2008), [online].
31 Cf. Sibel Bozdoğan, Modernism and Nation Building: Turkish Architectural Culture in the Early Republic, Seattle/London 2001.

space was targeted with an exceptional degree of state violence for the purpose of "the engineering of a Turkish culture and consolidation of the nation state".[32]

In 1936, state officials seized the monopoly on violence[33] and started confiscating the weapons of Dersim inhabitants in an attempt to end the relative autonomy Dersimis had enjoyed during the Ottoman period.[34] Yet the spatial transformation of Dersim into Tunceli went anyway but smoothly. While official historiography frames the military clashes of 1937/38 as a legitimate self-defence of the state against an uprising, in traditional Dersimi narrations the incident that sparked the clashes is said to be the rape of a Dersimi girl by a Turkish soldier in Pah village.[35] In response to the sexual violence, the villagers burned the bridge and thus destroyed the Turkish soldier's only access to the village. By referring to the burning of the newly constructed Darboğaz Bridge between Kahmut and Pah, and the cutting of the telephone lines as an uprising, the central government justified the implementation of the already designed reconfiguration plan.[36]

The disarmament of the villagers and the subsequent rape of a village girl by a Turkish soldier indicate a process of emasculation of a population which used to have the power to protect its living space. To establish control over the region the state first discursively reframed the existing authority as barbaric and savage to expose its randomness and inconsistency. Second, it emasculated the protectors of the community by confiscating their weapons and violating 'their' women. By presenting Dersimi men as too weak to protect their families, the Turkish state discredited male protectors, thereby imposing its patriarchal power as the legitimate new authority. The military conflict that erupted in response to the rape of the Dersimi girl left 13,100 dead and led to the forced resettlement of around 12,000 inhabitants out of a total population of about 93,000.[37]

The story of Seyyid Rıza has been narrated differently in accordance with different framings of the 1937/38 events. The state documentation of the time offers a puzzling narrative about Seyyid Rıza. On the one hand, he was received favourably by the state thanks to his resistance against the Russian occupation of Erzincan and Dersim during

---

32 Joost Jongerden, Crafting Space, Making People: The Spatial Design of Nation in Modern Turkey, in: European Journal of Turkish Studies. Social Sciences on Contemporary Turkey, 10 (2009), [online].

33 Cf. Max Weber, Politics as a Vocation, in: From Max Weber: Essays in Sociology, Oxford 1946, 78.

34 According to official reports, the numbers of guns collected in 1936 was 7880. Cf. Ömer Kemal Ağar, Tunceli-Dersim Coğrafyasi [The Geography of Tunceli-Dersim], İstanbul 1940, 33.

35 Cf. Zeynep Türkyılmaz, Maternal Colonialism and Turkish Woman's Burden in Dersim: Educating the "Mountain Flowers" of Dersim, in: Journal of Women's History, 28, 3, (2016), 162–186.

36 Cf. Genel Kurmay Başkanlığı, Genel Kurmay Belgelerinde Kürt Isyanlari III [Kurdish Rebellions in the Documents of General Staff], İstanbul 1992, 83.

37 Cf. Hüseyin Aygün, Dersim 1938 ve Zorunlu Iskân: Telgraflar, Dilekçeler [Dersim 1938 and Forced Settlement: Telegrams, Petitions, Letters], Ankara 2009.

World War I[38] and to his effort to come to an agreement with the state during the Koçgiri Rebellion (1921).[39] On the other hand, due to his power to mobilise his tribe, he was never fully trusted.[40] The Turkish progressive, leftist narratives of the time identified Seyyid Rıza as one of the leaders of a tribal uprising against the incorporative policies of the newly established nation state.[41] The discourse of the Kurdish national movement presented the Dersim Genocide as one of many Kurdish rebellions against the infringements of Kurdish autonomy, and Seyyid Rıza as one of the prominent leaders of this rebellion.[42] In the collective memory of Dersimis, Seyyid Rıza's role has shifted between being a victim of the Genocide and a rebel.[43]

By memorialising Seyyid Rıza in the absence of his grave, the municipality attempted to voice the pain and suffering that was inflicted by the creation of Tunceli and that has been aggressively silenced for more than seventy years. In that regard, the inauguration of the statue of Seyyid Rıza in 2010 and the renaming of the Military Barrack Square as the Square of Seyyid Rıza represent a radical shift in regional spatial policies. To unpack this shift, I will examine the conversation between the statue of Atatürk and Seyyid Rıza. Before doing so, I will expand on the genocidal experience inscribed to the landscape of Tunceli during the early republican period by focusing on the memory regime that the sculpture of Atatürk forges.

2.   The Statue of Atatürk: Establishment of the Regime of Denial

Spatial transformation implemented via state sponsored violence involves not only erasure and destruction, but also the appropriation and creation of new spaces. After getting rid of the "abscess" by genocidal violence, the Turkish state started constructing in its place a generic small town of Kemalist aspiration: a main street that carried the name of either Atatürk or his brothers in arms lead to the Republican Square with a statue of Field Marshal Atatürk in the middle, "emphasizing his centrality in the new social order".[44]

---

38 Cf. Dilek Kızıldağ Soileau, Belgelerdeki mi, Belleklerdeki mi: Seyid Rıza [The One in the Documents or the One in the Memories: Seyid Rıza], in: Kebikeç Journal, 36 (2013), 7–36, 17.

39 Koçgiri Rebellion was an Alevi-Kurdish upsiring initiated by the Koçgiri tribe in Sivas and supported by some Kurdish-Alevi tribes in Dersim. Cf. Soileau, Belgelerdeki mi, see note 38.

40 Cf. Soileau, Belgelerdeki mi, see note 38, 17.

41 Cf. Bilmez, Sözlü Tarih, see note 28.

42 Cf. Nuri Dersimi, Dersim ve Kürt Mücedelesine dair Hatıratım [My Memoire on the Dersim and Kurdish Struggle], Ankara 1992.

43 For the oral history works cf. Fındık, Kara Vagon, see note 28; Cemal Taş, Dağların kayıp anahtarı: Dersim 1938 anlatıları [The Lost Key of Mountains: The Narratives of Dersim 1938], İstanbul 2016; Bülent Bilmez, Gülay Kayacan and Şükrü Aslan, Belleklerdeki Dersim '38 [Dersim '38 in Memories], İstanbul 2015.

44 Jongerden, Crafting Space, see note 32, 9.

Figure 2: The statue of Atatürk in front of the municipality building. © Çiçek İlengiz

This easily reproducible urban mould has been implemented in almost every Turkish city and town after the foundation of the Turkish Republic in 1923. In Dersim, this generic national imprint was realised after 1937/38. However, the way it was implemented also turned it into a contested one.

In this urban form, the statue of Atatürk (see figure 2) serves as a marker of national time and space.[45] Although the Ottoman landscape hosted diverse artistic productions from different religious and ethnic backgrounds, sculpture as an aesthetic form is associated in the modern Turkish vernacular imagination with Atatürk statues.[46] His statues, which started to appear during his lifetime in the 1920s, were the first concrete expressive forms of the newly emerging nation state.[47] It symbolises a temporal rupture from the Ottoman Empire via an aesthetic form that amalgamated with Atatürk's public image. To propagate the new regime's ideals, the spread of Atatürk statues was legitimised with reference to progress and civilisation.[48] Along with the growing leadership cult of Atatürk, his depictions as a "semi-god" figure "contributed to his monuments being regarded as equally sacred".[49]

---

45 Cf. Adam J. Lerner, The Nineteenth-Century Monument and the Embodiment of National Time, in: Marjorie Ringrose and Adam J. Lerner (eds.), Reimagining the Nation, Buckingham 1993, 176–196.

46 Cf. Meltem Ahıska, Monsters That Remember: Tracing the Story of the Workers' Monument in Tophane, İstanbul, in: Red Thread, 3 (2011), 1–23.

47 Cf. Aylin Tekiner, Atatürk Heykelleri: Kült, Estetik, Siyaset [Monuments of Atatürk: Cult, Aesthetics, Politics], İstanbul 2010.

48 Cf. Ahıska, Monsters, see note 46, 11 f.

49 Ahıska, Monsters, see note 46, 13.

Considering that his statue was inaugurated in the newly formed Tunceli, it does not only mark the formation of the republic but also the erasure of Dersim. As a temporal marker, the statue of Atatürk silences the loss inflicted by the Dersim Genocide by imposing official historiography onto the city. The tension between the official history and the collective memory of Dersimis regarding the violent clashes of 1937/38 clearly exposes the gendered structure of violence. On the one hand, the story of sexual violence that incited the military conflicts remained common knowledge for over seventy years. On the other, the heroic stories of Turkish soldiers in their struggle against ignorance and barbarism were first popularised in mainstream media[50] and only later found their place in official historiography.

However, to sustain a regime of denial for such a long time would not have been possible solely by erecting the statue of the "founding father" and by renaming the streets leading to the Street of the Republic. It was only through extreme militarisation that the regime was able to manufacture the new Turkish cityscape of Tunceli and detach it from the memory of Dersim. The words of Prime Minister Ismet Inönü uttered in 1935 illustrate how Tunceli has been designed as an all-encompassing military barrack:

> "There will be a victorious corps commander as the governor of the province *(vali)*, and victorious officers in uniforms will be district governors *(kaymakam)*. None of the district officers will be local and pensioner officers will be appointed only to secondary positions. The office of the provincial governorship will be constituted as a military quarter. It will have branches such as public order/security, road, finance, economy, judiciary, culture and health."[51]

The ultimate unification of different spheres of "new life" of Tunceli residents into the corpus of the army produced an extreme case of militarisation; it constituted a process[52] "by which a person or a thing gradually comes to be controlled by the military or comes to depend for its well-being, on militaristic ideas".[53] The implementation of a hyper-masculinised military structure, which formed the core of the newly emerging city, established the patriarchal state's control over every sphere of life. The domination of the city centre by military forces declared the replacement of the existing patriarchal gender codes with modern patriarchal power relations promoted by the state.[54] In this

---

50 Cf. Taha Baran, 1937–1938 Yılları Arasında Basında Dersim [Dersim on the Media between 1937–1938], İstanbul 2014.

51 Prime Ministry's Republican Archives (BCA), 030.10.00.00.111.743.11. Translation by the author.

52 Cf. Cynthia H. Enloe, The Morning After: Sexual Politics at the End of the Cold War, Berkeley 1993.

53 Cynthia Enloe, Maneuvers: The International Politics of Militarizing Women's Lives, Berkeley 2000, 3.

54 Cf. R. W. Connell and James W. Messerschmidt, Hegemonic Masculinity: Rethinking the Concept, in: Gender & Society, 19, 6 (2005), 829–859.

way, military domination normalised the privileged position of what is considered masculine (e. g. man, reason, hierarchy, control and objectivity) as well as the under-privileged position of woman (e. g. emotion, subjectivity and experience) within the modern patriarchal framework.[55]

Designing Tunceli as a big military barrack that was to be controlled by non-locals expresses a process of disempowerment and emasculation of the landscape of Dersim and its inhabitants. This established the state's monopoly on violence in a landscape that had become accessible only after the military success of the Turkish state. The fantasy of entering a wild land and shaping it from scratch involves both "a gender and a racial dispossession".[56] Describing the newly entered land as being devoid of any culture or history translates in the patriarchal narratives into a 'virgin' territory, which con-stituted a "void of sexual agency, passively awaiting the thrusting male insemination of history, language and reason".[57] The Turkish state's fantasy of 'filling-in' a 'tabula rasa' is expressed in its obsession with construction. For instance, the state proudly an-nounced that within the three years following the foundation of Tunceli fifteen small and two long concrete bridges were built, which were referred to as "eternal and supreme pieces of the Turkish Republic"[58]. The roads that connected the city centre with townships, surrounding villages and neighbouring cities as well as the construction of railways, telephone lines, army barracks, police stations, government offices, schools and accommodation for civil servants (memur) were framed as "the opening of Tunceli to civilisation".[59] Such incorporation policies were not limited to the transformation of the landscape. Following the decision of the 4th General Inspectorate, the Elazığ Girls' Institute opened a special section for Dersimi girls who were, in words of the female Turkish missionary Sıdıka Avar "wild and stubborn in nature".[60] "The opening of Tunceli to civilisation" continued in the boarding schools by racializing Dersimi girls.[61]

While the girls at the boarding schools were forced to adopt the values of Turk-ishness, the survivors in Tunceli were constantly reminded of their loss. They were made to walk the streets named after their prosecutors and lived amidst spatial reference points to the violence, next to the open mass graves across the brook, or near the mountains where their family members were shot, tortured or raped.[62] However, these

---

55 Cf. Ayşe Gül Altınay, The Myth of the Military-Nation: Militarism, Gender, and Education in Turkey, New York 2006.

56 Anne McClintock, Imperial Leather: Race, Gender, and Sexuality in the Colonial Contest, New York 1995, 30.

57 McClintock, Imperial Leather, see note 56, 30.

58 Prime Ministry's Republican Archives (BCA), 030.01.00.00.40.238.6.3.

59 Uluğ, Tunceli Medeniyete Açılıyor [Tunceli is Opening Up to Civilization], İstanbul 1939, 195.

60 Cited in: Türkyilmaz, Maternal Colonialism, see note 35, 167.

61 Türkyilmaz, Maternal Colonialism, see note 35, 167; cf. Ann Laura Stoler, Race and the Education of Desire: Foucault's History of Sexuality and the Colonial Order of Things, Durham/London 2012.

62 Cf. Hüseyin Aygün, Dersim 1938 resmiyet ve hakikat, Ankara 2010, 162.

experiences shared common ground: silence. The wounds and loss inflicted by the Dersim Genocide were until recently effectively suppressed and remained a "publicly shared secret"[63]. The success in erasing the name Dersim and replacing it with Tunceli cannot be thought without the militarist inscription into the landscape. In a framework in which the army was the implementing force of Kemalist modernity and Tunceli was constructed as a military barrack the mass murders and destruction that the Turkish army committed could not be acknowledged. It would have challenged the framing of the nation's history and the honour which the Turkish army supposedly represented and protected. In this regard, the extremely militarised atmosphere of Tunceli not only transformed the landscape, but also the history attached to it.

To the state, the Dersim Genocide resembled a successful surgical operation to remove an abscess which had hindered access to the region. The words of the Prime Minister Ismet Inönü after the Genocide aptly express the rejoicing and the sense of fulfilment of the Turkish army while discovering previously inaccessible land: "There is no spot where the law-making army could not set foot on [in Dersim]; no brook or no hill left unclimbed [by the Turkish army]."[64] The desire of the army could not be satisfied without suppressing the experiences suffered by Dersimis. In this regard, the formation of Tunceli resulted not only in the creation of a legible, and therefore governable landscape but also in the fabrication of a space of denial, which was crowned with the statue of Atatürk celebrating the triumph of the Turkish state. The silence it generated could only be broken in the 2000s.

3.   A Gendered Dialogue between Two Men: the "Conversation" between the Statues of Atatürk and Seyyid Rıza

The statue of Seyyid Rıza was inaugurated in 2010, when the name Dersim was transformed from a void into a spectre of Turkish politics. This shift was part of a broader political transition. Starting in the late 1990s, the Turkish government adapted a set of institutional reforms regarding the ethnic and religious minority rights in order to acquire EU candidacy status. While these reforms stimulated a discursive change in the Turkish governmentality, they did not alter the state violence against the Kurds. Furthermore, the official denial regarding the Armenian Genocide and the Dersim Genocide continued without fundamental changes.[65] However, in this relatively liberal

---

63 Cf. Şükrü Aslan (ed.), Herkesin Bildiği Sır: Dersim. Tarih, Toplum, Ekonomi, Dil ve Kültür [Dersim as a Public Secret: History, Society, Economy, Language, and Culture], İstanbul 2010.

64 Başvekil İnönü'nün Meclis'teki Hitabı [Prime Minister İnönü's Address to the Parliament], in: Kurun Gazetesi, 19 September 1937. Translation by the author.

65 Cf. Bilgin Ayata and Serra Hakyemez, The AKP's Engagement with Turkey's Past Crimes: An Analysis of PM Erdoğan's 'Dersim Apology', in: Dialectical Anthropology, 37, 1 (2013), 131–143.

atmosphere, an unprecedented "memory boom"[66] occurred thanks to the efforts of
NGOs, academics, documentarists and individual initiatives. In this political setting,
critical engagement with the difficult past started to be perceived as the driving force to
promote – a taken for granted – democracy.[67] Dersim became a hotspot of this memory
boom when the AKP discovered that the incidents of 1937/38 could be in-
strumentalised for its rhetoric of democratisation. After Recep Tayyip Erdoğan's
apology in 2011 for state crimes committed in Dersim,[68] Dersim turned into a popular
topic in the political, cultural and intellectual arena. The drastic shift from a policy of
denial to hyper-presence was also reflected in the spatial transformation of the city,
rapidly transforming into an open-air museum.

Following the elections of 2007, a strong Kurdish public sphere emerged in the
Kurdish region of Turkey.[69] The Tunceli municipality, governed by the pro-Kurdish
Partiya Aştî û Demokrasiyê (BDP), undertook considerable efforts to give to the city its
own name and submitted a legislative proposal for officially replacing the name Tunceli
with Dersim in 2009: "Tunceli is the name of a project of assimilation and the profound
trauma of the disciplining and resettlement that happened in 1937/38 after this name
was given and that still lives on amongst the people of Dersim. Giving back the name of
Dersim, as an act of confronting history, will be a means to heal the trauma caused by
the suffering experienced in the region."[70]

This attempt at renaming Tunceli and other locations as well as the erection of
memorials represent a radical change in spatial politics, considering that the landscape
of Tunceli was constructed to silence the Dersim Genocide. At the same time, destroying the imposed silence of the genocidal experience transformed the spatial politics
of denial into a spatial politics of mourning. The BDP municipality framed its spatial
policies of renaming locations, putting Kurdish names in circulation, opening space for
public mourning through memorials as practices of 'healing' the spatially inscribed
trauma.

As a part of spatial 'healing' practices, the main square which was situated in front of
the barrack and had been named the Military Barrack Square *(Kışla Meydanı)* during

66 Cf. Leyla Neyzi, Oral History and Memory Studies in Turkey, in: Celia Kerslake, Kerem Öktem and
   Philip Robins (eds.), Turkey's Engagement with Modernity: Conflict and Change in the Twentieth
   Century, London/New York 2010, 443–459.
67 Cf. Kabir Tambar, Historical Critique and Political Voice after the Ottoman Empire, in: History of
   the Present, 3, 2 (2013), 119–139.
68 For a critical analysis of such instrumental political moves cf. Ayata/Hakyemez, The AKP's Engagement, see note 65.
69 For a critical engagement with Kurdish municipal politics cf. Umut Yıldırım, Space, Loss and
   Resistance: A Haunted Pool-Map in South-Eastern Turkey, in: Anthropological Theory, 43, 1
   (2019), [online].
70 Excerpt from the legislative proposal presented at the Turkish Parliament on 11 February 2009 by
   Şerafettin Halis, DTP party member and the deputy of Tunceli. The legislative proposal is available
   online at: http://www2.tbmm.gov.tr/d23/2/2-0404.pdf, access: 9 April 2019.

the formation of Tunceli was renamed Seyyid Rıza Square after the inauguration of his statue in July 2010. Furthermore, "The Wall of Dersim 1938" was declared open on the first day of the 13th Munzur Culture and Nature Festival in July 2013. The Wall, which is situated between the Square of Seyyid Rıza and Ovacık Road, is dedicated to the memory of the genocide victims. The pro-Kurdish HDP (Peoples' Democratic Party) member, Gülten Kışanak, stated during the inauguration ceremony that "[n]o Dersimis can narrate this story without associating it with freedom. The people of Dersim transformed pain into something positive […], transformed the Massacre into a spark of freedom."[71] Turning pain into a "spark of freedom" translated into putting an end to denial by publicly acknowledging the events and suffering and by establishing commemoration sites such as the statue of Seyyid Rıza and "The Wall of 1938".

The Square of Seyyid Rıza became one of the liveliest places in the city centre soon after the inauguration of the statue, serving as a space for gatherings, meetings and demonstrations. The rapid and successful integration of the statue and the square into the daily life of the urban space is strongly tied to the aesthetic regime which it propagates. In the interview I conducted with her, Edibe Şahin, the former BDP co-mayor (2009–2014), emphasised the difference in the "aesthetic vision of the [BDP] municipality" and the CHP municipality which had built the cityscape of denial. Comparing the statue of Seyyid Rıza with the statue of Atatürk, she stated: "We did not want a statue standing on a pedestal. For me, that represents the mentality of the CHP. We wanted the children be close to their grandfather, their grandfather to hug them. […] We wanted an embrace to happen, and the children to be hugged by their grandfather [referring to Seyyid Rıza]."[72] It is not a coincidence that Edibe Şahin chose the statue of Atatürk as reference point. Because the aesthetic form of the statue is intertwined with the public image of Atatürk, every new statue that appears in the Turkish public sphere has to engage in a conversation with the statue of Atatürk, and thereby automatically enters into a dialogue with official Turkish historiography.[73]

To exemplify this dialogue let me return to the inauguration ceremony. When the speaker at the ceremony assumed Seyyid Rıza's voice to announce "I can deal with your tricks now, I came back", he was effectively performing the resurrection of a dead man. By transforming his absent presence as an unburied dead body into a solid presence via memorialisation, the statue of Seyyid Rıza was intended to "heal" the wounds of the Dersim Genocide by filling the void of the massacres, deportations and subsequent suppression. Yet as a part of the policies that aim to undoing the violence inflicted on the landscape of Dersim, the statue of Seyyid Rıza also demonstrates the impossibility

---

71 "38 Duvarı Açıldı", 7 July 2013, at: www.ozgurdersim.com/haber/38-duvari-acildi-6645.htm.htm, access: 9 April 2019.
72 Excerpt from the interview I conducted with Edibe Şahin in Dersim on May 2014. Translation by the author.
73 Cf. Ahıska, Monsters, see note 46.

of compensating the loss of 1938 Dersim[74] while, at the same time, rendering it grievable. Put another way, erecting the statue of somebody who was executed and whose grave does not exist means reinforcing a different "distribution of public grieving".[75] An officially recognised monument in the context of the nation state is a triumphalist medium which only allows for the commemoration of the memorable and hence, the permissible. In that regard, the statue of Seyyid Rıza does not only turn a previously ungrievable dead body into a mournable one, but the aesthetic form of the statue that refers to the triumphal also transforms him into an object of pride.

However, this process did not happen without engendering its own ambiguities. Due to their durable material construction, public monuments as aesthetic forms are regarded as attempts to anchor a certain form of historical interpretation[76] and master the past from the perspective of the present.[77] In view of the danger of being removed, the statue of Seyyid Rıza was made of thick plastic instead of bronze. Dersim's former co-mayor Edibe Şahin showed awareness of the discrepancy between the impermanence of the material and the motivation of permanently "establishing the right historical consciousness".[78] The plan of remaking the statue in bronze is an aspiration which has not materialised yet. Although the thick plastic contradicts the aspiration for permanency, the statue of Seyyid Rıza nevertheless expresses a memory regime that challenges the one forged by the bronze statue of Atatürk. The challenge it poses lies in the very presence of Seyyid Rıza. The return of a "rebel", who was executed and whose grave is missing, challenges the factual success of the Turkish Republic in Dersim.

Yet then how can we explain the persistent presence of the Seyyid Rıza statue when several other memorialisation attempts in Dersim and in the rest of the Kurdish region aiming at commemorating different state violence incidents were removed and/or destroyed? In her analysis of the female representation in the documentaries and memorials of the Dersim Genocide, Ozlem Goner suggests that women can only be visible when they are reduced to a silent victimhood. While male leaders such as Seyyid Rıza have been commemorated with quotes from his trial, women appear merely "as objects of (sexual) violence, symbols of what is considered to be most dramatic, the unspeakable".[79] The gendered imaginary in the Dersim memorials assigns women the role of silent, nameless victims and does not acknowledge women's agency before, during

74 Cf. Marc Nichanian, Catastrophic Mourning, in: David L. Eng and David Kazanjian (eds.), Loss: The Politics of Mourning, Berkeley 2003, 99–124.

75 Judith Butler, Frames of War: When Is Life Grievable?, London/New York 2010, 38.

76 Cf. Vincent Crapanzano, Imaginative Horizons: An Essay in Literary-Philosophical Anthropology, Chicago 2004.

77 Cf. Katherine Verdery, The Political Lives of Dead Bodies: Reburial and Postsocialist Change. The Harriman Lectures, New York 1999.

78 Excerpt from the interview I conducted with Edibe Şahin in Dersim on May 2014. Translation by the author.

79 Ozlem Goner, A collective memory in production: gender politics of 1938 in Turkey, in: Dialectical Anthropology, 43, 1 (2019), 1–25, 19.

and after the genocide.[80] Looking closely at the statue of Seyyid Rıza reveals that the role assigned to male representations is not so clear-cut and complicates Goner's analyses by unfolding the limitations of gendered male representation in the production of public memorials.

The fact that Seyyid Rıza's statue was able to successfully replace what used to be the Military Barrack Square is strongly connected to the gendered aesthetic regime that his statue promotes. As Edibe Şahin's abovementioned quote expresses, the statue of Seyyid Rıza was designed as a grandfather figure who is there to embrace his grand-children. He is presented as a paternal figure who can be approached by everyone passing by. The statue is thus very different from most other public monuments in Turkey, which are often situated at a distance from onlookers, celebrating national war heroes standing on top of a high pedestal, and granting them a supposedly eternal omnipresence. In contrast, the figure of Seyyid Rıza, made of thick plastic, sits on a low-level pedestal in a rather approachable position and thus constitutes an exception in the repertoire of public monuments.

This exception translates into different symbolic practices attached to the statue. For instance, while Berkin Elvan (1999–2014) was in coma for 269 days after having been hit on the head by a tear-gas canister fired by a police officer during the Gezi Protests in Istanbul in June 2013, somebody placed a photo of him in the hands of Seyyid Rıza (see figure 1). In Edibe Şahin's words: "Berkin was carried by his grandfather when he was struggling between life and death."[81] The figure of a grandfather who embraces the wounded, the vulnerable and the children is an unusual choice in the repertoire of monumentalisation in Turkey. Thanks to the aesthetic framing of the statue, Seyyid Rıza Square was able to replace the Military Barrack Square, which did not compete with the military masculinity promoted by the Atatürk statue. His statue represented a kind-hearted grandfather whose presence did not contest the dominant triumphalist masculine ideal by evoking an alternative success story.

At the same time, however, the depiction of the emasculated and aged grandfather figure subverted the aesthetic regime of the triumphalist monumentalisation in Turkey. I argue that it is this dual negotiation which allowed the statue to remain within the precarious 'limits of the sayable'. As Judith Butler argues "[t]he public sphere is con-stituted in part by what cannot be said and what cannot be shown. The limits of the sayable, the limits of what can appear, circumscribe the domain in which political speech operates [...]".[82] Following Butler, Banu Karaca's analysis of censorship of contemporary art in Turkey asserts that "the limits of the tolerable are [...] reached when aesthetic (along with scholarly and political) approaches that counter official

---

80 Cf. Goner, A collective memory, see note 79, 24.

81 Excerpt from the interview I conducted with Edibe Şahin in Dersim on May 2014. Translation by the author.

82 Judith Butler, Antigone's Claim: Kinship between Life and Death, New York 2000, xvii.

narratives are construed as threats to the country's 'territorial integrity', which over the past three decades have been equated with terrorism".[83] Designing Seyyid Rıza as a grandfather figure waiting to hug "the vulnerable", his statue circumvents the possibility of being a threat to territorial integrity and thus secures its place within the realm of the sayable. While its gendered aesthetic regime subverts the militarist regime of denial, it transforms the image of Seyyid Rıza into a mournable[84] dead instead of a rebel. In this particular case, the limits of the grievable are drawn by acknowledging the loss and suffering without transforming it into a political statement that promotes an alternative future. By bringing the pain and loss of the past to the present, the statue of Seyyid Rıza opens a space to generate proximity between different forms of victimhood of state violence as we see in the case of Berkin Elvan. Although it is potent to engender solidarity between the loss belonging to past and present, the statue of Seyyid Rıza could still find its place in the precarious public space by not offering a future prospect.

4.   Conclusion

This article was written in a time period during which the promise of democratisation discourse initiated by the AKP government was dissolved and most of the memorials commemorating state violence in the Kurdish region were removed and/or destroyed by appointed trustee-mayors during the rule of state of emergency (July 2016 to July 2018) which the AKP imposed after the failed coup attempt of 2016.[85] By analysing a fragment from the recent past, when a politics of mourning became a possibility for a short time, I did not solely want to put the spotlight on the once imaginable, but also explore the limitations of this gendered politics of mourning.

To do so, this article analysed victimhood through gendered lenses and framed the experience of genocidal violence as a process of emasculation of existing patriarchal authority. Illustrating the role of gendered military violence both in the destruction of Dersim and in the formation of Tunceli, the article underlined the role of spatial militarisation in upholding a regime of denial. It showed how in the political context of the 2000s' relatively liberal atmosphere, pro-Kurdish municipalities were able to successfully challenge the denial regime and initiate a new spatial politics of mourning. Lastly, by comparing the memory regimes forged by the statues of Atatürk and Seyyid

---

83 Banu Karaca, Images Delegitimized and Discouraged: Explicitly Political Art and the Arbitrariness of the Unspeakable, in: New Perspectives on Turkey, 45 (2011), 155–183, 178.

84 Cf. Hişyar Özsoy, Between Gift and Taboo: Death and the Negotiation of National Identity and Sovereignty in the Kurdish Conflict in Turkey, Austin 2010.

85 For the list of removed memorials and re-Turkified place names in the Kurdish provinces of Turkey in the aftermath of failed coup-attempt in 2016 cf. Vecdi Erbay, Kayyımlar neleri yıktı? [What Did the Trustee-Mayors Destroy?], at: https://www.gazeteduvar.com.tr/galeri/2019/02/24/kayyimlar-neleri-yikti/, access: 5 March 2019.

Rıza, the article argued that although the statue of Seyyid Rıza challenged the military masculinist aesthetic regime of public monumentalisation in Turkey, it could preserve its precarious place in the public sphere by not generating a future prospect that competes with that of the Atatürk statues.

Birgit Sauer

#MeToo. Ambivalenzen und Widersprüche affektiver Mobilisierung gegen sexuelle Gewalt[1]

Unter dem Hashtag MeToo startete die US-amerikanische Schauspielerin Alyssa Milano im Oktober 2017 eine Bewegung, die dokumentieren sollte, dass viele Frauen weltweit Opfer sexueller Gewalt[2] werden, dass sie von Männern sexuell belästigt oder vergewaltigt werden – von Männern im Filmgeschäft, in der Politik, in der Wirtschaft, im Privaten. Die Kampagne will zeigen, dass sexuelle Belästiger und Gewalttäter gnadenlos ihre Macht ausnutzen, um über Frauen, über weibliche Körper, über weibliche Gefühle und das Denken von Frauen zu verfügen. Sexuelle Gewalt, das soll #MeToo vor Augen führen, ist nach wie vor eine zentrale Komponente im Geschlechterverhältnis. Die sexuelle und körperliche Integrität von Frauen wird von Männern nicht respektiert, wie man dies in liberalen Demokratien, in Rechtsstaaten beziehungsweise in sogenannten aufgeklärten Gesellschaften annehmen sollte. Freilich, und dies sollte im Furor der #MeToo-Bewegung nicht vernachlässigt werden, bilden auch Hierarchien zwischen Männern eine Gewaltstruktur, die unterlegene Männer, aber auch Trans*Personen verletzbar und damit zu Zielen sexueller maskulinistischer Gewalt machen.[3]

Die mediale und gesellschaftliche Aufmerksamkeit für #MeToo macht darüber hinaus deutlich, dass existierende Gesetze gegen sexuelle Gewalt, die von feministischen Anti-Gewalt-Bewegungen seit den 1970er-Jahren erkämpft wurden, nur sehr zögerlich greifen und Strafmaßnahmen im Falle von sexueller Gewalt oft nur schwer umzusetzen sind. Auch die Strafverfahren gegen durch #MeToo geoutete und angeklagte Täter zeigen, dass das Recht allein nicht schützen kann, auch nicht im Nach-

---

1 Der Text basiert auf meinem Vortrag im Rahmen der von Christa Hämmerle und mir an der Universität Wien im Sommersemester 2018 organisierten Ringvorlesung „Sexuelle Gewalt – von der ‚Moderne' zur Gegenwart".

2 Ich verwende in diesem Text die Bezeichnung sexuelle Gewalt (und nicht sexualisierte Gewalt) als umfassenden Begriff, der nicht nur unmittelbar physische und psychische Gewalt umfasst, sondern auch die Gewalt bedingenden institutionellen und kulturellen Machtverhältnisse heterosexistischer hierarchischer Zweigeschlechtlichkeit einbezieht.

3 Der Text geht davon aus, dass die Grundlage sexueller Gewalt gesellschaftliche sexuelle und maskulinistische Machtverhältnisse sind, eine heterosexistische Matrix, in die alle Geschlechter und Sexualitäten eingebunden sind.

hinein Gerechtigkeit herstellen kann. Phänomene der Täter-Opfer-Umkehr, also des *victim blaming*, sowie die auf von sexueller Gewalt betroffenen Frauen lastende Beweisführung und die Kultur des Beschweigens und der Tabuisierung von sexueller Gewalt machen die noch immer existierenden Lücken in den Gesetzgebungen und Rechtsprechungen sichtbar – Lücken, die mit den Mitteln des Rechts alleine nicht zu schließen sind.

Die Skandalisierung sexueller Gewalt ist nichts Neues. Vielmehr gibt es eine lange #MeToo-Vorgeschichte. Der Kampf der Zweiten Frauenbewegung gegen geschlechtsbasierte und sexuelle Gewalt gegen Frauen begann in den 1970er-Jahren. Frauenbewegung und Frauenforschung weisen seither auf den systemischen Charakter von geschlechtsbasierter und sexueller Gewalt hin.[4] Gewalt gegen Frauen, der gewaltsame Zugriff auf Frauen ist immanenter Teil des patriarchalen Kapitalismus,[5] ist also in sozialen patriarchalen Strukturen,[6] in heteronormativen Begehrensweisen sowie in staatlich legitimierten Gewaltverhältnissen zu verorten:[7] Die systematische physische, aber auch ökonomische, soziale und reproduktive Unsicherheit und potenzielle Gewaltbetroffenheit von Frauen wurden als zentrale Dimensionen moderner Staaten verstanden. Das physische staatliche Gewaltmonopol sei ein „Mythos",[8] denn es garantiere Frauen im Nahraum der sogenannten Privatsphäre nicht jene Sicherheit, aus der es eigentlich seine Rechtfertigung bezog. Im Gegenteil: Ehegesetze, Polizeihandeln und Rechtsprechung bildeten bis in die 1990er-Jahre eine Gelegenheitsstruktur für Männergewalt gegen Frauen. Staatsverhältnisse wurden so als geschlechtsspezifische Gewaltverhältnisse beschreibbar.[9]

Inzwischen ist nach langen Kämpfen des frauenbewegten Aktivismus der öffentliche Sensibilisierungsgrad für Gewalt gegen Frauen gestiegen. Die UNO setzte im Jahr 1993 im Rahmen der Wiener Menschenrechtskonferenz Männergewalt auf die internationale Politikagenda,[10] und in einigen Staaten traten Gewaltschutzgesetze gegen familiäre Gewalt in Kraft, die die Wegweisung des Gewalttäters aus einer gemeinsamen Woh-

---

4 Vgl. Birgit Sauer, Der Staat als geschlechtsspezifisches Gewaltverhältnis. Eine (neo-)marxistisch-feministische Perspektive, in: Alexandra Scheele u. Stefanie Wöhl (Hg.), Feminismus und Marxismus, Weinheim/Basel 2018, 202–217.

5 Vgl. Silvia Federici, Caliban und die Hexe. Frauen, der Körper und die ursprüngliche Akkumulation, Wien 2012.

6 Vgl. u. a. Carole Hagemann-White, Strategien gegen Gewalt im Geschlechterverhältnis. Bestandsanalyse und Perspektiven, Pfaffenweiler 1992.

7 Vgl. Sauer, Der Staat, wie Anm. 4.

8 Vgl. Mechthild Rumpf, Staatsgewalt, Nationalismus und Krieg. Ihre Bedeutung für das Geschlechterverhältnis, in: Eva Kreisky u. Birgit Sauer (Hg.), Feministische Standpunkte in der Politikwissenschaft. Eine Einführung, Frankfurt a. M./New York 1995, 223–254, 235.

9 Vgl. Sauer, Der Staat, wie Anm. 4.

10 Vgl. Sonja Wölte, Von Lokal nach International und zurück: Gewalt gegen Frauen und internationale Menschenrechtspolitik, in: Regina-Maria Dackweiler u. Reinhild Schäfer (Hg.), Gewalt-Verhältnisse. Feministische Perspektiven auf Geschlecht und Gewalt, Frankfurt a. M./New York 2002, 221–248.

nung vorschreiben und somit das aktive staatliche Vorgehen gegen private (Männer-)Gewalt ermöglichen. Auch Straftatbestände wie Vergewaltigung – auch in der Ehe
–, sexuelle Belästigung und Stalking fanden Eingang in Strafgesetzbücher europäischer
Staaten.

Der erste Twitter-„Aufschrei“ gegen sexuelle Gewalt im deutschsprachigen Raum –
die Kampagne der feministischen Aktivistin Anne Wizorek als Reaktion auf den sexuellen Übergriff des Politikers Rainer Brüderle auf die Journalistin Laura Himmelreich im Jahr 2013 – wurde in der männlichen (Medien-)Öffentlichkeit verharmlost
und lächerlich gemacht. Die Mobilisierung unter #Aufschrei und die Forderung,
Strafgesetze gegen sexuelle Belästigung zu verschärfen, lösten im Jahr 2015 nicht allein
in Österreich einen Hämesturm aus: Einen „Po-Grapsch“-Paragrafen solle es geben, so
der abwertende Topos der öffentlichen Debatte, die ungewollte Berührungen oder
verbale sexuelle Übergriffe nicht als Gewalt sehen wollte. Der öffentliche Widerstand
gegen die Skandalisierung sexueller Belästigung war derart groß, dass #Aufschrei bald
verhallte. Inzwischen ist das Hashtag abgeschaltet.

Die Vorstellung, dass es sich bei sexueller Belästigung und Gewalt um Kavaliersdelikte handele, ist nach wie vor weit verbreitet. Dies zeigt auch Donald Trumps
„Pussygate“. Im Oktober 2016 –Trump kämpfte gerade um die US-Präsidentschaft –
wurde ein Gespräch publik, in dem er damit prahlte, wie er sich einer verheirateten Frau
(darauf kam es ihm in diesem Gespräch besonders an) sexuell annäherte: Er sagte zu
seinem Gesprächspartner: „I don't even wait. And when you're a star, they let you do it.
You can do anything. Grab them by the pussy. You can do anything.“[11] Bemerkenswert
ist, dass der Präsident in spe sexuelle Gewalt offensiv propagierte und sich damit
brüstete. Noch bemerkenswerter ist, dass ihm dies offenbar bei der Wahl wenige
Wochen später nicht geschadet hat. Doch die Veröffentlichung des Gesprächs löste
einen globalen feministischen Entrüstungssturm aus, der das System sexueller Gewalt
(wieder) auf die feministische Tagesordnung setzte.

1.   Die Bedeutung der Hashtag-Bewegung – und ihre Wirkungen

Auf diese Situation reagierte die #MeToo-Bewegung. Die Enthüllungen Alyssa Milanos über den Filmproduzenten Harvey Weinstein waren in den USA der Moment, der
ein bereits glimmendes Feuer entfachte. An die erste MeToo-Bewegung, die 2006 von
der afroamerikanischen Aktivistin Tarana Burke, Direktorin von Girls for Gender
Equity, ins Leben gerufen wurde, um Bewusstsein für sexuelle Gewalt gegen afroamerikanische und ‚native women‘ zu schaffen, knüpften Hollywood-Schauspielerinnen an, als sie im Oktober 2017 Harvey Weinstein in der „New York Times“ und
dem „New Yorker“ der sexuellen Gewalt bezichtigten. Im Dezember 2017 hatten sich

---

11 Vgl. https://www.youtube.com/watch?reload=9&v=o21fXqguD7U, Zugriff: 16.2.2019.

bereits siebzig Frauen öffentlich gemeldet; inzwischen sind es mehr als hundert, die angaben, von Weinstein sexuell belästigt oder vergewaltigt worden zu sein. Diese öffentlichen Bekenntnisse, Opfer von Harvey Weinstein zu sein, lösten eine globale Lawine des *me too* aus – ein: ‚Auch ich bin von sexueller Gewalt betroffen.'

Mit atemberaubender Geschwindigkeit verbreitete sich die #MeToo-Bewegung global und entfaltete einen affektiven Sog. #MeToo wurde rasch viral: Innerhalb von 24 Stunden, nachdem Alyssa Milano den Hashtag MeToo kreiert hatte, um auf die Massenhaftigkeit sexueller Gewalt hinzuweisen, wurde er über eine halbe Million Mal gepostet.[12] Auch die Begründerin der ursprünglichen MeToo-Bewegung, Tarana Burke, war überwältigt und twitterte: „It's beyond a hashtag. It's the start of a larger conversation and a movement for radical community healing."[13] Im November 2017 waren es mehr als 2,3 Millionen Tweets aus 85 Ländern.[14] Nicht in allen #MeToo-Tweets berichteten Opfer von sexuellen Gewalterfahrungen – vielmehr gab es viele Unterstützungstweets oder Tweets mit Neuigkeiten und Informationen rund um sexuelle Gewalt, aber auch Traurigkeit und Beunruhigung über sexuelle Gewalt wurden kommuniziert.[15] Laut Google Trends erreichte das globale Interesse im Oktober 2017 einen Höhepunkt; die Aufmerksamkeit sank zwar in den Folgemonaten, blieb aber in unterschiedlichen Ländern durchaus lange und bis heute sehr hoch.[16]

Auch in Österreich hallte #MeToo wider, und lange verschwiegene Gewalttaten wurden durch die Überlebenden publik gemacht: Ende Oktober 2017, kurz nach den österreichischen Nationalratswahlen, wurden beispielsweise Anschuldigungen gegen den ehemaligen Grünen Politiker Peter Pilz wegen sexueller Belästigung öffentlich. Ende November 2017 berichtete die Wiener Stadtzeitung „Falter" über sexuelle Gewalt im Österreichischen Skiverband (ÖSV).[17] Die Skirennfahrerin Nicola Werdenigg hatte geschildert, dass sie in den 1970er-Jahren von Trainern und Trainingskollegen sexuell missbraucht wurde – und weitere Skikolleginnen beschrieben ähnliche Erfahrungen.

Die Hashtag-Bewegung hat sich auch im Globalen Süden verbreitet, wo Frauen weit mehr riskieren als im Norden, wenn sie öffentlich über erfahrene Gewalt sprechen oder soziale Medien wie Twitter nutzen, zum Beispiel in Indien, im Senegal oder in Nigeria,

---

12 Vgl. Lesley Wexler, Jennifer Robbennolt u. Colleen Murphy, #MeToo, Time's Up, and Theories of Justice, in: University of Illinois College of Law Legal Studies Research Paper No. 14–18 (7.3. 2018), 5, unter: https://papers.ssrn.com/sol3/papers,cfm?abstract_id=3135442, Zugriff: 5.5. 2018.

13 Wexler/Robbennolt/Murphy, #MeToo, wie Anm. 12, 5.

14 Vgl. Wexler/Robbennolt/Murphy, #MeToo, wie Anm. 12, 6.

15 Vgl. Lydia Manikonda, Ghazaleh Beigi, Liu Huan u. Subbarao Kambhampti, Twitter for Sparking a Movement, Reddit for Sharing the Moment: #metoo through the Lens of Social Media. Paper at the 2018 International Conference on Social Computing, Behavioral-Cultural Modeling & Prediction and Behavior Representation in Modeling and Simulation (SBP-BRiMS), 10.–13.7.2018, 4.

16 Vgl. https://trends.google.com/trends/explore?q=%23MeToo.

17 Vgl. Johann Skocek, Die ‚Skiweiber' wehren sich, in: Falter, 29.11.2017, unter: www.falter.at/archiv/FALTER_20171129E3A47CC7DC/die-skiweiber-wehren-sich, Zugriff: 5.5.2018.

wo sich Frauen um den Preis an #MeToo beteiligten, dafür öffentlich kritisiert zu werden.[18] #MeToo hat Aktivistinnen selbst in Ländern, in denen Zensur ausgeübt wird, inspiriert, sexuelle und geschlechtsbasierte Gewalt zu thematisieren.[19] Auch in China, wo soziale Medien blockiert werden, kam #MeToo an, doch die Nutzung von Twitter zur Mobilisierung gegen sexuelle Gewalt wurde kriminalisiert.[20]

Das öffentlich Reden über sexuelle Gewalt provozierte globale Abwehr, auch in den Ländern des Nordens. Die Gegenreaktionen gegen #MeToo sind nicht wenig aufgeregt, ja geradezu hysterisch. Die öffentlichen Kommentare der beschuldigten Männer waren nahezu alle gleich: Sie stritten ab, leugneten die Taten, konnten sich nicht erinnern, so wie beispielsweise Peter Pilz. Der ÖSV reagierte barsch und diffamierend auf die Vorwürfe: ÖSV-Präsident Peter Schröcksnadel leugnete nicht nur die Vorkommnisse, sondern schikanierte das Opfer Werdenigg, als sie die Gewaltvorfälle öffentlich machte. Der „feminist killjoy", die feministische Spielverderberin, ruiniert gleichsam mit der Veröffentlichung sexueller Gewalttaten die Atmosphäre, indem Gewalt, die eigentlich verschwiegen werden soll, plötzlich öffentlich thematisiert wird.[21] Frauen wurden als ‚Spaßbremsen' diffamiert, als Störenfriede und Nestbeschmutzerinnen behandelt.

Im Kontext der #MeToo-Kampagne gab es im deutschsprachigen Raum allerdings auch vermehrt männliche Stimmen, die ihre Geschlechtsgenossen zum Überdenken von gewaltvollen sexuellen Praktiken aufforderten und Regelungen im Umgang der Geschlechter verlangten, so etwa Lars Weisbrod in der „Zeit" unter der Überschrift „Regelt den Verkehr".[22] Auch der Publizist Jakob Augstein plädierte für „eine neue sexuelle Revolution", die „nicht ohne Opfer abgehen" werde: „Es ist schon so: wenn die Frauen ihre Furcht verlieren sollen, müssen die Männer diese Furcht erst selbst kennenlernen."[23]

Haben sich also die gesellschaftlichen Kräfteverhältnisse gewandelt, sodass die Unantastbarkeit männlich-sexueller Hegemonie und Gewalt gegen Frauen öffentlich kritisch debattierbar und nicht mehr augenzwinkernd akzeptiert wird? Ist dies eine Erklärung dafür, dass #MeToo so nachhaltig die mediale Öffentlichkeit prägt? Kann

18 Vgl. Wie die Welt über #MeToo diskutiert, in: Süddeutsche Zeitung, 15.1.2018, unter: https://www.sueddeutsche.de/leben/sexuelle-gewalt-wie-die-welt-ueber-metoo-diskutiert-1.3824515, Zugriff: 15.5.2018.

19 Vgl. Nellie Peyton, #MeToo challenges taboo against admitting sexual abuse in Africa, in: Reuters, 20.10.2017, unter: https://www.reuters.com/article/us-africa-women-sexcrimes/metoo-chall enges-taboo-against-admitting-sexual-abuse-in-africa-idUSKBN1CP1CG, Zugriff: 15.5.2018.

20 Vgl. Peyton, #MeToo, wie Anm. 19.

21 Vgl. Sara Ahmed, Promises of happiness, Durham, NC 2010, 65.

22 Vgl. Lars Weisbrod, Regelt den Verkehr, in: Die Zeit, 26.10.2017, unter: www.zeit.de/2017/44/se xismus-metoo-sexuelle-belaestigung, Zugriff: 15.5.2018.

23 Jakob Augstein, Rache ist Blutwurst (Kommentar), in: Spiegel online, 22.11.2017, unter: www.spie gel.de/kultur/gesellschaft/debatte-um-sexuelle-gewalt-und-sexismus-rache-ist-blutwurst-a-1179546.html, Zugriff: 25.5.2018.

#MeToo sexuelle Gewaltkonstellationen verändern, heterosexuelle Zweigeschlecht-lichkeit in Frage stellen und zu einem neuen „Geschlechtervertrag" führen? Einen solch neuen Geschlechtervertrag forderte Susan Vahabzadeh,[24] einen Vertrag also, der den „sexuellen Unterwerfungsvertrag", wie ihn Carole Pateman als Grundlage der westli-chen politischen Moderne diagnostiziert und der sexuelle Gewalt implizierte,[25] auflöst und, so Vahabzadeh weiter, zur „Entgiftung" von Männlichkeit und des Geschlech-terverhältnisses beiträgt.

Ich möchte in meinem Text, basierend auf einer Analyse des deutschen und öster-reichischen Mediendiskurses im ersten Jahr der Bewegung,[26] argumentieren, dass #MeToo das Potenzial hat, Aufmerksamkeit für die Ungeheuerlichkeit der Normalität sexueller Gewalt zu generieren und heterosexistische Gewaltverhältnisse in Frage zu stellen.[27] Dennoch beschleicht mich bei der Auseinandersetzung mit #MeToo immer wieder Unbehagen, da deutlich ist, dass das Bekenntnis, von sexueller Gewalt betroffen zu sein, Leerstellen aufreißt, dass durch den Sog der Bewegung diskursive Räume entstehen, die dem Kampf gegen sexuelle Gewalt möglicherweise entgegenarbeiten. Perpetuiert die Hashtag-Bewegung also möglicherweise schlicht die patriarchal-kapi-talistischen Gewaltverhältnisse? Reproduziert #MeToo die Konstellation heteronor-mativer Zweigeschlechtlichkeit und führt durch die Fokussierung auf männliche Tä-terschaft gar zu einer Verstärkung von Maskulinität? Konstruiert die Hashtag-Bewe-gung darüber hinaus rassisierte und rassistische Ausschlüsse,[28] und zwar nicht nur in den USA, wo vornehmlich weiße Prominenz in den Fokus rückte, sondern auch in Europa, wo #MeToo auf rassisierte Debatten um sexuelle Gewalt nach der Kölner Silvesternacht 2015/16 stieß?

Ich möchte mich diesen Fragen und den Widersprüchlichkeiten der #MeToo-Be-wegung mit einer spezifischen Perspektive nähern – einer Perspektive auf Affekte, die in

---

24 Vgl. Susan Vahabzadeh, #MeToo-Debatte: Von der Apartheidskommission lernen, in: Süddeutsche Zeitung, 19. 1. 2018, unter: www.sueddeutsche.de/kultur/gleichberechtigung-metoo-debatte-von-der-apartheidskommission-lernen-1.3831023, Zugriff: 25. 5. 2018.

25 „The social contract is a story of freedom; the sexual contract is a story of subjection." Carole Pateman, The Sexual Contract, Cambridge 1988, 2.

26 Das Material meines Beitrags sind Berichte über #MeToo in den bundesdeutschen Qualitäts-printmedien „Frankfurter Allgemeine Zeitung", „Süddeutsche Zeitung" und „Die Zeit" sowie den österreichischen Qualitätsprintmedien „Der Standard", „Die Presse" und „Falter". Darüber hinaus habe ich eine Sekundäranalyse von Google Trends und internationalen journalistischen und wis-senschaftlichen Untersuchungen über #MeToo vorgenommen.

27 In diesem öffentlichen Diskurs standen vornehmlich heteronormative Sexualitäten im Zentrum, selbst wenn, wie das Beispiel Kevin Spacey zeigt, sexuelle Gewalt auch in homosexuellen Kontexten existierte und skandalisiert wurde. Der Text bezieht sich vornehmlich auf die hegemoniale Debatte um #MeToo.

28 Mit dem Verb „rassisieren" soll auf den Prozess der Zuschreibung einer homogenen Identität aufgrund von körperlichen Merkmalen, die auf eine vermeintlich gemeinsame ‚Rasse' verweisen, hingewiesen werden. Das Adjektiv ‚rassistisch' qualifiziert solche Prozesse als Diskriminierung aufgrund einer existierenden Zugehörigkeit zu einer vermeintlich existierenden ‚Rasse'.

sexuelle Gewaltverhältnisse ebenso eingelassen sind wie in die Anti-Gewalt- und #MeToo-Kampagne. Eine Affektperspektive scheint mir besonders geeignet, um #MeToo zu verstehen, denn Affekte modulieren zum einen Macht- und Gewaltverhältnisse und sie machen zum anderen die körperliche Dimension von Macht, Herrschaft und Gewalt sichtbar. Doch Affekte sind auch Ausgangspunkt für widerständiges Verhalten, und in diesem Sinne möchte ich die Hashtag-Bewegung als eine affektivistische Bewegung,[29] als eine Bewegung, die aktivistisch ist und Affekte mobilisiert, untersuchen. Dazu bedarf es freilich eines gesellschaftstheoretischen Affektbegriffs, der Emotionen und Affekte nicht als individuelles Verhalten, sondern als gesellschaftlichen Prozess und als Struktur fasst.[30] Mit dieser Affektperspektive – und das steht im Zentrum der Analyse der Mobilisierungsdebatten um #MeToo – will ich die Stärken, aber auch die Beschränkungen der Hashtag-Bewegung, ihre Ambivalenzen und Widersprüche deutlich machen.

   Im ersten Schritt werde ich die affektive Raum- und Zeitdimension sexueller Gewalt herausarbeiten, um darzulegen, worauf #MeToo als affektive Bewegung reagiert, dann #MeToo als affizierende Bewegung und ihr politisches Potenzial sowie ihre politischen Widersprüche darstellen. Im Anschluss daran diskutiere ich die Problematiken von Individualisierung und schließlich den rassisierten Kontext der Debatten um sexuelle Gewalt als eine weitere zentrale Ambivalenz von #MeToo. Abschließend plädiere ich in einem kurzen Fazit für einen intersektionalen Gewalt- und Affektbegriff als Bedingung der Nachhaltigkeit der Hashtag-Bewegung sowie als eine innovative und erkenntnisreiche Analyseperspektive auf die neuartige Anti-Gewalt-Bewegung.

2.   Affektive Strukturen und Institutionalisierungen: Räume und Zeiten sexueller Gewalt

Die sozialen Räume sexueller Gewalt zeichnen sich durch Herrschafts- und Abhängigkeitsverhältnisse sowie durch starke Hierarchien aus. In der Regel sind die (Gewalt-)Unterworfenen jene, die als ‚niedriger‘ positioniert betrachtet werden: Jene, die untergebene Positionen innehaben, also einen Job bekommen oder behalten wollen, sowie jene, die nur eine Praktikumsstelle haben,[31] sind besonders verletzungsgefährdet und damit sexueller Gewalt ausgesetzt – unabhängig vom Geschlecht. Die gesellschaftlichen Räume sexueller Gewalt sind in patriarchal-kapitalistischen Ländern somit vielfältig, und in all diesen Räumen brach die #MeToo-Bewegung hervor – in der

---

29 Vgl. Alyssa D. Niccolini, The ‚Rape Joke‘: censorship, affective activism, and feeling subjects, in: Journal of Gender Studies, 27, 1 (2018), 102–113.

30 Vgl. Otto Penz u. Birgit Sauer, Affektives Kapital. Die Ökonomisierung der Gefühle im Arbeitsleben, Frankfurt a. M./New York 2016, 48 ff.

31 Vgl. Birgitt Haller, Sexuelle Belästigung von Lehrlingen und jungen ArbeitnehmerInnen, in: L'Homme. Z. F. G., 29, 1 (2018), 127–131.

Filmbranche, der bildenden Kunst, dem Theater, der Musikbranche, der Literatur, der Politik auf nationaler Ebene und auf EU-Ebene, den Universitäten, dem Sport, dem Journalismus sowie der Architektur.

Sexuelle Gewalt ist in eine kapitalistisch-patriarchale und (hetero-)sexistische Struktur eingebettet. Sie beruht darüber hinaus auch auf einer affektiven Struktur oder „affektiven Kultur".[32] Alle gesellschaftlichen Räume sind von sexueller Gewalt und von einer daran geknüpften Affektstruktur durchzogen, sie sind von „affektiven Geografien",[33] einer affektiven Topografie des Sexismus gekennzeichnet.[34] Oder anders formuliert: Macht und Herrschaft im Geschlechterverhältnis wie auch im System sexueller Gewalt basieren auf einer Ökonomie der Affekte, auf einer bestimmten Produktion, Zirkulation und Verteilung von Affekten, auf Affektenteignung und Affektakkumulation. Was heißt das? Die Gewalterfahrungen der Frauen, die sich durch #MeToo als Überlebende bekennen, sind zwar ganz unterschiedlich, doch die Bekenntnisse weisen auf eine typische mit sexueller Gewalterfahrung verbundene Affektstruktur hin – auf Scham und Beschweigen, auf Beschämung und Hysterisierung der Opfer. Die affektive Ökonomie sexueller Gewalt gesteht den Gewaltbetroffenen keine öffentlichen Gefühle zu.

Sexuelle Gewalttäter wiederum wissen, dass ihnen nichts passiert, dass sie für ihre Tat nicht öffentlich beschämt werden, dass niemand sie zur Verantwortung zieht. Das System sexueller Gewalt basiert auf einer institutionalisierten Affektökonomie, die Opfer sexueller Gewalt in einen Raum von Scham und Schweigen verbannt und Täter entlastet, das Unrecht also affektiv absichert. Die affektive Herrschaftsstruktur erlaubt den Gewalttätern, ihre Opfer zu erpressen und einzuschüchtern, sie zum Schweigen zu bringen und die erfahrene Gewalt unfühlbar zu machen. Viele der gewalttätigen Übergriffe, die durch #MeToo öffentlich gemacht wurden, fanden in der Vergangenheit statt, in den 1970er- und 1980er-Jahren. Es dauerte teilweise Jahrzehnte, bis Frauen sich, animiert durch die #MeToo-Kampagne prominenter Vorbilder, trauten, ihre Gewalterfahrung publik zu machen. Diese Zeitverzögerung erklärt sich nicht zuletzt dadurch, dass die Frauen in jener Zeit, als die Gewaltakte stattfanden, nicht ernst genommen wurden, sich schämten und es nicht wagten, die Gewalt öffentlich zu machen. Eine Debatte über erlebte sexuelle Gewalt war damals nicht möglich: In den 1970er-Jahren herrschte vielmehr ein Konsens, dass Frauen die gewaltvollen sexuellen Übergriffe selbst wollten, um sich ,nach oben zu schlafen', sich also Vorteile erhofften

---

32 Vgl. Deborah Gould, On Affect and Protest, in: Janet Staiger, Ann Cvetkovich u. Ann Reynolds (Hg.), Political Emotions. New Agendas in Communication, New York/London 2010, 18–44.

33 Vgl. Lawrence Grossberg, We Gotta Get Out of this Place. Popular Conservatism and Postmodern Culture, London 1992.

34 Vgl. Gabriele Dietze, Zwischen Ethnomasochismus und Androsadismus. Bausteine zu einer geschlechtersensiblen Affekttheorie von Sadismus, in: Brigitte Bargetz, Eva Kreisky u. Gundula Ludwig (Hg.), Dauerkämpfe. Feministische Zeitdiagnosen und Strategien, Frankfurt a. M./New York 2017.

und daher zumindest teilweise selbst Schuld an der erfahrenen Gewalt trügen. Und die Gewaltbetroffenen wurden damals von niemandem unterstützt – im Gegenteil, Gewaltopfer wurden nicht ernst genommen, die Täter hingegen wurden geschützt. Regelmäßiger Teil der #MeToo-Erzählungen ist, dass Frauen lange Jahre in der Angstfalle saßen, dass sie erst recht gedemütigt, erniedrigt oder aus der Karrierebahn geworfen würden, wenn sie redeten. Die affektive Zeitdimension sexueller Gewalt macht diese Erfahrung nicht vergessen, sondern bindet die Opfer auf perfide Weise langfristig ein in die Gewaltstruktur: Die Opfer schämen sich nicht nur ob des sexuellen Gewaltübergriffs, sondern auch für ihr Schweigen.

Sexuelle Gewalt musste aktiv verheimlicht werden. Dies zeigt, dass die Affektökonomie der Gewalt ein System der Enteignung von weiblicher Angst und der Vertuschung männlicher Aggressivität impliziert. Dies macht das im Kontext von #MeToo öffentlich diskutierte Beispiel von Dieter Wedel deutlich: Im „Zeit-Magazin" beschuldigten mehrere Schauspielerinnen den deutschen Film- und Fernsehproduzenten bodenloser Schikanen am Set, der sexuellen Gewalt bis hin zur Vergewaltigung seit den 1970er-Jahren.[35] Ein Mitarbeiter aus dem Umfeld des ARD-Fernsehsenders bestätigte anonym: „Wenn Ute Christensen [eine der Schauspielerinnen, der von Wedel sexuelle Gewalt angetan wurde und die dies im Zuge von #MeToo veröffentlichte, Anm. der Autorin] damals an die Presse gegangen wäre – ich glaube nicht, dass sie Gehör gefunden hätte." Wedel sei damals ein „Fernsehgott" gewesen.[36] Das beteiligte Umfeld half weder den gewaltbetroffenen Frauen, noch unternahm es etwas gegen die Struktur, die die Gewalt ermöglichte, obgleich alle davon wussten.

3.   #MeToo als affizierende Bewegung. Politischer „Affektivismus" oder individualisierender Punitivismus?

Selbst wenn Affekte Herrschaft und Gewalt absichern, können sie auch widerspenstiges Potenzial mobilisieren. Und genau dies macht die #MeToo-Bewegung, und dies macht sie politisch so wirkungsvoll. Was macht aber den affektiven Sog der #MeToo-Debatte aus? Ist es Voyeurismus, die Lust zu beobachten, welcher Prominente als Täter enttarnt wird und welche gutaussehende prominente weiße Frau sich als Opfer von Gewalt bekennt? Was sich in der #MeToo-Debatte mischt und sicher auch zu ihrem ‚Erfolg' beiträgt, sind ohne Zweifel Sex, Crime und Prominenz. Doch dies ist nur eine Seite der Hashtag-Bewegung. Alyssa Niccolini hat für sozialen Bewegungen, die emotionale und

---

35 Vgl. Jana Simon u. Annabel Wahba, Dieter Wedel im Zwielicht, in: Zeit-Magazin, 2 (3.1.2018), unter: www.zeit.de/zeit-magazin/2018/02/dieter-wedel-regisseur-sexuelle-uebergriffe-vorwuerfe, Zugriff: 15.5.2018.

36 Zit. nach: Alle, alle, alle sollen es gewusst haben, in: Süddeutsche Zeitung, 26.1.2018, unter: https://www.sueddeutsche.de/panorama/vorwuerfe-gegen-dieter-wedel-alle-alle-alle-sollen-es-ge wusst-haben-1.3840777, Zugriff: 25.5.2018.

affektive Themen mobilisieren, die treffende Bezeichnung „Affektivismus" geprägt.[37] #MeToo besitzt wie viele ‚affektivistische' Bewegungen eine doppelte Affektdimension: zum einen die affektive Bearbeitung eines individuellen Traumas und zum anderen die Skandalisierung und Veränderung eines affektiven Systems, nämlich der affektiven Kultur sexueller Gewalt.

Frauen, die sich der #MeToo-Bewegung anschließen, geht es vor allem darum, die Masse der von sexueller Gewalt betroffenen Frauen aufzuzeigen. #MeToo will aber auch Täter benennen, Gewalttäter öffentlich beschuldigen und bloßstellen – *naming and shaming* betreiben. In der Tat lässt #MeToo Idole stürzen. Da die Bewegung Gewalthandeln beenden will, fordert sie Konsequenzen für die Täter, zum Beispiel ihre Entlassung aus dem Berufsumfeld oder/und Strafverfolgung. Das ist in einigen prominenten Fällen auch gelungen. Doch zeigt der Verlauf gerade der prominenten Fälle, dass Strafverfolgung nur ein stumpfes Instrument der Bekämpfung sexueller Gewalt darstellt. Die Academy of Motion Picture Arts and Sciences schmiss zwar Harvey Weinstein im Oktober 2017 raus, und am 25. Mai 2018 wurde er verhaftet, allerdings auf Kaution wieder freigelassen. Ein Freispruch im Prozess würde nicht verwundern. Harvey Weinstein engagierte einen gewieften Verteidiger, der schon die Verurteilung des der Vergewaltigung angeklagten damaligen IWF-Direktors Dominique Strauss-Kahn vereitelt hatte, indem er das Opfer als unglaubwürdig konstruierte. ‚In dubio pro reo' – ein gutes rechtsstaatliches Prinzip – wird so zur Falle in Prozessen gegen sexuelle Gewalt.[38]

Diese strafrechtlichen Erfolge sind oft kurzfristig und meist ambivalent, weil sich zumindest prominente Täter gute Anwält_innen leisten können und häufig ungestraft davonkommen. Diese Zweischneidigkeit haftet auch der schwedischen Gesetzgebung an: Nach den Enthüllungen sexueller Gewalt plante die schwedische Regierung im Dezember 2017 eine Verschärfung des Strafrechts, das im Juli 2018 in Kraft trat: Nur ein „Ja heißt Ja", das heißt, es braucht die explizite Zustimmung aller Beteiligten zum Sexualverkehr. Freilich hat sich Bestrafung allein nicht als Lösung des Problems sexueller Gewalt erwiesen, wie das oben erwähnte Beispiel von Strauss-Kahn belegt. Die öffentliche Debatte, wie sie #MeToo angestoßen hat, muss daher nicht automatisch beziehungsweise sollte nicht allein in solche punitiven Gesten und Forderungen nach Strafrechtsverschärfungen münden. Vielmehr sind Debatten über Geschlechterverhältnisse, ökonomische Abhängigkeiten und männlichen Machtmissbrauch wichtige Mittel der Bewegung, die letztlich auf neue Praxen im Geschlechterverhältnis und eine neue affektive Kultur abzielen (sollten). Es bedarf weiterer Kämpfe für ein gewaltfreies

---

37 Vgl. Niccolini, The ‚Rape Joke', wie Anm. 29.
38 Auch Peter Pilz trat zwar am 4.11.2017 vom Vorsitz der Liste Pilz zurück und nahm sein Nationalratsmandat nicht an. Doch im Mai 2018 sprach ihn die Staatsanwaltschaft von den Vorwürfen sexueller Belästigung frei und er war wieder Mitglied des österreichischen Nationalrats. Im Januar 2018 trat Dieter Wedel als Intendant der Hersfelder Festspiele zurück, der Staatsanwalt ermittelt gegen ihn.

Leben, die an die alten frauenbewegten Traditionen anknüpfen müssen, damit die Affektökonomie der Gewalt nachhaltig transformiert wird.

Das *naming and shaming* von Gewalttätern und die späte Rache der Gewaltbetroffenen ist aber nur eine Dimension der Hashtag-Bewegung. Die Frauen wollen nicht in erster Linie die Strafverfolgung ihrer Peiniger – sie wissen, dass viele der Taten bereits verjährt sind. Mindestens ebenso wichtig wie die Benennung der Täter ist die Herstellung von Gemeinsamkeit, von Verbindung und Verbundenheit zwischen den Gewaltbetroffenen. Twitter und andere soziale Medien eröffnen einen affektiven globalen Raum des Austausches und der „connectivity", der Verbundenheit.[39] Dass sich so viele Frauen aus ganz unterschiedlichen gesellschaftlichen Bereichen zu Wort melden, ist nicht zuletzt dem Gedanken ‚Ich bin nicht alleine' geschuldet. #MeToo kann daher als eine globale affektive Bewegung, die im virtuellen Raum über große Distanzen hinweg Gemeinsamkeit und Verbindung, eine affektive Gemeinschaft und Solidarität schafft, gesehen werden. Diese virtuelle Solidarität ist für viele Frauen wichtig, um den Schritt in die Öffentlichkeit zu wagen beziehungsweise um es überhaupt zu wagen, sich an die Gewalterfahrung zu erinnern – und zu wissen, dass sie in diesem Erinnern nicht alleine sind.

Darüber hinaus schlägt #MeToo eine Gegenökonomie der Affekte vor, um die existierende Kultur der Scham und des Schweigens der Überlebenden zu transformieren, oder besser: zu überwinden. Denn #MeToo erlaubt ‚Anonymität' in einer globalen Bewegungsmasse. Die Bewegung schützt Frauen, die sich endlich trauen, ihre Gewalterfahrung öffentlich zu machen. Auch wenn die Mobilisierung von Opfern beziehungsweise als Opfer zentral für #MeToo ist, entsteht doch die Verbindung zwischen den Frauen nicht allein im Opfersein, sondern vielmehr darin, die Scham zu überwinden, und im Wagnis, das Vergessene und Verdrängte publik zu machen, also darin, die affektive Zeitstruktur sexueller Gewalt auszuhebeln. Die #MeToo-Bewegung ermöglicht Öffentlichkeit für und Bewusstsein über Gewalt, die Frauen zum Zeitpunkt, als der Gewaltakt geschah, verleugneten und verdrängten, oder besser: verleugnen und verdrängen mussten, weil sie nicht gehört worden wären. Das Reden über erfahrene sexuelle Gewalt war zum Tatzeitpunkt ein Tabu, denn eine maskulinistische Öffentlichkeit machte bestimmte Gegebenheiten unsag- und auch unfühlbar.[40] Heute über die Gewalterfahrung zu reden, ist noch immer ein Tabubruch. Die Frauen wenden sich mit #MeToo gegen das Schweigen und Verstummen sowie gegen die Scham über erfahrene Gewalt und somit auch gegen eine spezifische affektive Kultur sexueller Gewalt, denn sie brechen das öffentliche Unfühlbarkeits-Tabu. Über das Unsag- und Unfühlbare zu reden und die verdrängten Gefühle öffentlich zu machen, ist nicht nur

---

39 Vgl. W. Lance Bennett u. Alexandra Segerberg, The logic of connective actions. Digital media and the personalization of contentious politics, in: Information, Communication & Society, 15 (2012), 739–768.

40 Vgl. Niccolini, The ‚Rape Joke', wie Anm. 29, 111.

ein Tabubruch, sondern das öffentliche Reden unterbricht auch die Affektökonomie und die affektive Zeitstruktur sexueller Gewalt. Das Ver-Öffentlichen ist ein Akt der Selbstbefreiung, der Emanzipation, der Selbst-Heraushebung aus dem Opferstatus – es ist ein politischer Akt der affektiven Transformation von Scham in Stärke und Solidarität. Das öffentliche Reden ist freilich nicht nur eine individuelle Bearbeitung der Gewalterfahrung und der verdrängten Gefühle, sondern es kann auch eine Veränderung der affektiven Strukturen, der Affektstruktur beziehungsweise der affektiven Kultur sexueller Gewalt in Gang setzen. #MeToo decouvriert die universelle Affektstruktur sexueller Gewalt und gewalttätiger Affektivität. #MeToo ist daher Handeln im Sinne Hannah Arendts, nämlich gemeinsam etwas zu beginnen.[41] #MeToo ist politisch, ist politische Affektivität, ein Affekt, der Handeln ermöglicht.

4.   Individualisierung, affektive Komplexität und Verstrickung

Die #MeToo-Bewegung stellt die etablierten Grenzen der gewaltförmigen Affektkultur in Frage, macht verheimlichte Verletzungen und Ängste öffentlich, veröffentlicht also das, was privat-heimlich gehalten werden sollte. Immer wenn die Grenze zwischen öffentlich und privat/geheim, zwischen (vermeintlich) rational und affektiv überschritten oder porös wird, entstehen affektive Räume und Intensitäten, die wiederum neue Affekte provozieren können, wie Abwehr und Diffamierung, die Hysterisierung von Frauen oder rassisierte und rassistische sowie klassistische Ausgrenzungen. Diese Abwehrgesten sind affektive Modi, um die Entgrenzung zu bearbeiten. Dies war und ist die große Herausforderung der feministischen Bewegung überhaupt, die aber bei der Frage von sexueller Gewalt besonders deutlich wird, weil diese eine so unmittelbar vermeintlich private und intim-körperliche Ebene besitzt. So griff auch im Rahmen von #MeToo eine affektive anti-feministische Paranoia um sich.

Nicht nur die öffentlich der sexuellen Gewalt angeklagten Männer wehrten sich ‚im Affekt' gegen die Gewaltvorwürfe, sondern es formierte sich eine veritable Gegenbewegung. In abgedroschener anti-feministischer und Anti-Gender-Manier wurden Argumente gegen Political Correctness hervorgebracht, um damit die Auseinandersetzung mit Gewaltstrukturen abzuwerten und zu negieren. Oft wurde Angst vor einer Überregulierung der sexuellen Sphäre beschworen, die mit #MeToo einhergehe. Der Soziologe Christian Fleck wirft der Bewegung Puritanismus und eine „Diktatur der Schicklichkeit" vor.[42] Ziel dieser Gegenreaktionen ist die Delegitimierung der Hashtag-Bewegung und die Wiederherstellung einer affektiven Kultur des Beschweigens sexu-

---

41 Hannah Arendt, Was ist Politik? Fragmente aus dem Nachlass, hg. von Ursula Ludz, München 2007, 38.
42 Christian Fleck, Wider die Diktatur der Schicklichkeit (Kommentar), in: Der Standard, 7. 11. 2017, unter: https://derstandard.at/2000067293760/Wider-die-Diktatur-der-Schicklichkeit, Zugriff: 25. 5. 2018.

eller Gewalt sowie die Re-Institutionalisierung der Trennung von öffentlich und privat/ intim.

Nicht zuletzt diese Gegenreaktionen zeigen, dass die Hashtag-Bewegung durchaus das Potenzial einer neuen feministischen Bewegung hat, die in den weißen Zentren der westlichen Kulturindustrie besonders intensiv rezipiert wird und dort, aber auch darüber hinaus eine Transformation der affektiven Kultur der Gewalt in die Wege zu leiten vermag. Der US-amerikanische Soziologe Amitai Etzioni bezeichnete #MeToo als eine „fastest-changing conversation", der es in großer Geschwindigkeit gelungen sei, „moral dialogues about sexual harassment" zu verändern. Das Ende eines solchen Veränderungsprozesses sei ein „new shared understanding" von sexueller Gewalt, und er könne auch zu neuen Regulierungen und Gesetzen führen.[43]

Läuft das *blaming* der Täter darüber hinaus aber nicht Gefahr, sexuelle Gewalt zu individualisieren, da einzelne (prominente) Männer der sexuellen Gewalt angeklagt werden? Auch bei #MeToo zeichnet sich wie bei früheren Anti-Gewalt-Mobilisierungen ab, dass stets die Gefahr besteht, einer (weiteren) Individualisierung von sexueller Gewalt in die Hände zu arbeiten.[44] Um dieser Falle zu entgehen, muss der Affektivismus von #MeToo eine gesellschaftstheoretische Sicht auf die mit Gewalt verbundenen Emotionen und Affekte einnehmen, wie ich sie in diesem Aufsatz versucht habe: Emotionen und Affekte dürfen nicht als individuelle Erfahrungen betrachtet, sondern müssen als kollektive Prozesse und Erfahrungsräume begriffen werden, die stets Ausweis von Herrschaftskonstellationen sind. Auf diese Weise kann #MeToo an die langen Kämpfe gegen sexuelle und geschlechtsbasierte Gewalt der Frauenbewegung anknüpfen.

Die aus #MeToo entstandene Initiative „Time's Up" geht daher über das *naming and shaming* von individualisierten Tätern hinaus und verbindet hierarchische Strukturen in der Arbeitswelt, wie beispielsweise Lohnungleichheit, mit sexueller Gewalt am Arbeitsplatz. Am 1. Januar 2018 veröffentlichten mehr als 300 Schauspielerinnen einen Brief in der „New York Times" zur Gründung dieser Initiative gegen sexuelle Gewalt am Arbeitsplatz. „We want women from the factory floor to the floor of the Stock Exchange to feel linked as sisters as we shift the paradigm of workplace culture."[45] Dieser Initiative war ein öffentlicher Brief der Vereinigung Alianza Nacional de Campesinas vorausgegangen, die in den USA 70.000 Landarbeiterinnen repräsentiert. Darin solidarisierte sich die Alianza mit den Schauspielerinnen, zeigte aber auch auf, wie schwierig es für nicht-privilegierte, nicht-weiße Frauen ist, sich gegen sexuelle

---

43 Vgl. Amitai Etzioni, #MeToo: America's Fastest-Changing Conversation, in: The National Interest, 14. 2. 2018, unter: https://nationalinterest.org/feature/metoo-americas-fastest-changing-conversation-24506, Zugriff: 15. 5. 2018.
44 Vgl. Claudia Brunner u. Christine M. Klapeer, Gender? Trouble! Unbehagliche Eindrücke angesichts aktueller Debatten über Gewalt und Geschlecht, in: femina politica, 27, 1 (2018), 133–137.
45 Unter https://www.timesupnow.com/, Zugriff: 15. 5. 2018.

Gewalt am Arbeitsplatz zu wehren.[46] „Time's Up" zielt daher nicht nur auf Arbeits-
bedingungen von Frauen im Filmbusiness, sondern will alle Frauenberufe in die
Kampagne einbeziehen. Explizit erwähnt werden weibliche Hotelangestellte – vermutlich in Erinnerung an die Vergewaltigung der Serviceangestellten Nafissatou Diallo
aus Guinea durch Dominique Strauss-Kahn. Die Initiative fordert neben der Bestrafung der Täter auch den Schutz der sowie Kompensation für die Opfer durch einen
eigens gegründeten Fonds. „Time's Up" thematisiert sexuelle Gewalt also nicht nur als
ein individuelles Problem, sondern skandalisiert die patriarchalen zweigeschlechtlichen
Gewalt*strukturen*, die in Geschlechterhierarchien eingebettet sind. Die Initiative er-
weitert dadurch den diskursiven und affektiven Raum von #MeToo um Kämpfe um
Lohngleichheit in der Filmindustrie und in anderen Erwerbsbereichen.

Bewegungen gegen Gewalt an Frauen sind schließlich stets mit der Frage der Verstrickung von Frauen in Gewaltverhältnisse konfrontiert. Ist also #MeToo Ausweis von
Heuchelei, weil Frauen durch ihr langes Schweigen mitgemacht haben im System
sexueller Gewalt, wie Friederike Kuster betont?[47] Diese Vermutung liegt umso näher,
da sich bei #MeToo Frauen nicht zu ihrer Täterinnenschaft, zum Bruch von frauen-
feindlichen Gesetzen wie in der Abtreibungsdebatte der 1970er-Jahre bekennen, die
ebenfalls mit dem Motto ‚auch ich' (habe abgetrieben) mobilisierte. Frauen schreiben
sich vielmehr in die Gruppe der Opfer sexueller Gewalt ein. Ist nicht genau dieses
Bekenntnis als Opfer ein Problem der Kampagne, weil es Männern die Täterschaft und
ihnen damit mehr Agency und Handlungsmacht als Frauen zuspricht? Betont und
reifiziert #MeToo dadurch den Opferstatus von Frauen, während Männern auch als
Täter Handlungsmacht zugeschrieben wird?[48] Das Verstricktsein von Frauen in Gewaltstrukturen zu betonen, ist wichtig, um weibliche Agency und Veränderungspo-
tenzial überhaupt wahrnehmen zu können. Daher braucht #MeToo eine weitere
theoretisch-konzeptuelle Ergänzung, nämlich jene, wie aus einer feministischen Perspektive diese Herrschaftsverstrickungen gedacht und diskutiert werden können, ohne
anti-feministischen Debatten in die Hände zu arbeiten.[49] Meines Erachtens fußt jede
Herrschaft auf Hegemonie, also auf einem hegemonialen Konsens, an dem auch
Frauen beteiligt sind. Die Frage nach Beteiligung an patriarchalen, sexistischen und
affektiven Regeln der Gewalt ist so gedacht allerdings eine Frage von gesellschaftlichen
Kräfteverhältnissen. Auch wenn Frauen im Kräftespiel um patriarchale Gewalt und

---

46 Wexler/Robbennolt/Murphy, #MeToo, wie Anm. 12, 8.
47 Friederike Kuster, #metoo – Das Zusammenspiel von Aufdeckung und Verdeckung, in: Blog
    „Feministische Studien", 6.11.2017, unter: http://blog.feministische-studien.de/2017/11/1667/,
    Zugriff: 10.12.2018.
48 Vgl. Kuster, #metoo, wie Anm. 47.
49 Dies ist keine für die feministische Debatte neue Problemstellung; Christina Thürmer-Rohr hat sie
    unter dem Begriff der Mittäterinnenschaft bereits in den späten 1980er-Jahren diskutiert: Christina
    Thürmer-Rohr u. Studienschwerpunkt „Frauenforschung" am Institut für Sozialpädagogik der TU
    Berlin (Hg.), Mittäterschaft und Entdeckungslust, Berlin 1989.

affektive Ökonomie mitspielen und sich unterwerfen, ist das gesellschaftliche Kräfte-
potenzial von Frauen offensichtlich geringer als jenes institutionalisierter patriarchaler
Kräfte. #MeToo sollte eigentlich #fuckyou heißen, so schlägt Kuster vor, um nicht
vornehmlich den gemeinsamen Opferstatus zu zelebrieren und Männern eine prominente Rolle in der Bewegung zu geben, sondern um ein aggressives *empowerment* von
Frauen zu ermöglichen.[50] #MeToo muss es in Zukunft gelingen, Männer nicht ein-
zubeziehen in die affektive Gemeinschaft – nicht einmal als Täter. Die aggressiv-
affektiven Gegenbewegungen gegen #MeToo zeigen, dass es ohne Wut von Frauen
nicht gelingen wird, die Affektökonomie sexueller Gewalt umzuverteilen. Und dieser
Affekt der Wut muss als politische Intervention konzipiert werden.[51]

5. Rassisierte Ausschlüsse und Instrumentalisierungen des Affektivismus

Eine weitere problematische Dimension des Affektivismus von #MeToo will ich abschließend thematisieren. Die Hashtag-Bewegung schafft hierarchische Subjektpositionen, nämlich solche, die öffentlich sprechen dürfen und gehört werden, und solche,
die nicht gehört werden. #MeToo hat ohne Zweifel einen *race*-Bias, denn es sind weiße
Prominente, die die Bewegung, die Neugier des Publikums am Laufen halten, sowohl
auf der Seite der Gewaltbetroffenen wie auch aufseiten der Täter. Afroamerikanische
oder hispanische Frauen erhalten diese Aufmerksamkeit nicht so einfach. Sie sind im
öffentlichen Diskurs vielmehr sexualisiert und ihre Sexualität ist rassisiert.[52] Deshalb
gilt ihnen und ihren Gewalterfahrungen die öffentliche Empathie nicht ungeteilt.
Afroamerikanische und hispanische Frauen haben nicht so leicht Zugang zu „Glaub-
würdigkeit, Sympathie und öffentlicher Wut" wie weiße prominente Frauen.[53] Aus
diesem Grund kritisieren afroamerikanische Anti-Gewalt-Aktivistinnen, dass die
Hashtag-Bewegung afroamerikanische Frauen zum Verstummen bringe („mutes black
women's voices"[54]). Sie verlangen daher, dass afroamerikanische Frauen mehr „respect,
visibility" in der #MeToo-Bewegung erhalten sollten, auch von den weißen ‚Schwestern'. Tarana Burke forderte nach der Golden-Globes-Verleihung im Januar 2018:
„You have to use your privilege to serve other people."[55]

---

50 Vgl. Kuster, #metoo, wie Anm. 47.
51 Vgl. Brigitte Bargetz u. Magdalena Freudenschuss, Der emotionale Aufstand. Verhandlungen um
eine Politik der Gefühle in Zeiten der Krise, in: femina politica, 21, 1 (2012), 107–114.
52 Vgl. Wexler/Robbennolt/Murphy, #MeToo, wie Anm. 12, 9f.
53 Vgl. Wexler/Robbennolt/Murphy, #MeToo, wie Anm. 12, 9f.
54 Emma Brockes, #MeToo founder Tarana Burke: ‚You have to use your privilege to serve other
people', in: The Guardian, 15. 1. 2018, unter: https://www.theguardian.com/world/2018/jan/15/
me-too-founder-tarana-burke-women-sexual-assault, Zugriff: 17. 4. 2019.
55 Brockes, #MeToo founder Tarana Burke, wie Anm. 54.

Auch in Europa negiert die mediale Debatte um #MeToo rassistische und rassisierte Formen, die die Diskussion um sexuelle Gewalt angenommen hat, und macht damit #MeToo instrumentalisierbar für exkludierend-rassistische Zwecke. In Europa veränderten sich die diskursive Arena und die affektiven Ökonomien sexueller Gewalt nicht zuletzt, seit rechtspopulistische und rechtsextreme Akteur_innen mehr öffentliche Aufmerksamkeit erhielten. Diese Akteur_innen konnten im Kontext ihrer antifeministischen Diskurse die sexuelle Gewalt gegen Frauen in der Silvesternacht 2015/16 nutzen, um gegen Migranten und Geflüchtete zu agitieren.[56] Sexuelle Gewalt sei ein Problem migrantischer Männer, so deren Argumente. Muslimische junge Männer wurden zum „Sexmob" stilisiert und damit als ‚Andere' konstruiert, die aufgrund ihrer sexuellen Rückständigkeit und ihrer sexuellen Aggressivität nicht in ‚unsere', also die westliche Kultur passten[57] und daher möglichst rasch abgeschoben werden sollten. Diese Ökonomie der Affekte verteilt Wut auf die vermeintlich ‚Anderen'. Europäische Frauen sollten sich schützen gegen die Gewalt dieser ‚Anderen'. Daher verteilten rechte Akteur_innen, die an sich nicht viel mit Gewalt-Prävention und Geschlechtergleichstellung im Sinn haben, Pfeffersprays, damit Frauen sich wehren können.

Im Winter 2015, nach dem „Sommer der Migration", glaubte man also in Deutschland und Österreich, sexuelle Gewalt externalisieren zu können, verschieben zu können auf Migranten und Geflüchtete, während sich die Mehrheitsgesellschaften mit ihrer Gleichberechtigung und Gewaltfreiheit, ihrem „sexuellen Exzeptionalismus" brüsteten.[58] Sexuelle Gewalt diente in der Post-Köln-Debatte zum einen dem politischen ‚Othering', also der Legitimierung exklusiv-rassistischer Politiken, zum anderen aber auch dazu, den Blick vor der eigenen sexualisierten Gewaltkultur zu verschließen. In diesen Kontext brach die #MeToo-Debatte ein. Die Imagination einer gewaltfreien Gesellschaft gelingt freilich nach #MeToo nicht mehr so leicht.

Und doch ist #MeToo in diese rassistische Debatte verstrickt, kann nicht losgelöst davon betrachtet werden. Durch die Gewaltübergriffe in Köln war nämlich das Thema sexuelle Gewalt in Europa in neuer Art und Weise auf der Tagesordnung. Was Frauen dort an sexueller Gewalt widerfuhr, war nach damaligem deutschen und österreichischen Recht noch gar nicht wirklich strafbar.[59] Doch das „Ereignis Köln"[60] diente als Kristallisationspunkt und Katalysator, um die bereits auf den Weg gebrachten Reformen des deutschen und österreichischen Sexualstrafrechts zugunsten gewaltbetroffener

56 Prominent agiert in diese Richtung die Bewegung 120 Dezibel, ein sich selbst als feministisch bezeichnender Ableger der Identitären Bewegung, vgl. https://www.youtube.com/watch?v= FSXphiFknyQ, Zugriff: 17.2.2019.

57 Kritisch Gabriele Dietze, Ethnosexismus. Sex-Mob-Narrative um die Kölner Sylvesternacht, in: movements (www.movements-journal.org), 2, 1 (2016), 177–186, Zugriff: 15.5.2018.

58 Vgl. Gabriele Dietze, Sexueller Exzeptionalismus als Kulturalisierung von Geschlecht und Sexualität, in: Freiburger Zeitschrift für GeschlechterStudien, 2 (2017), 21–36.

59 Vgl. Sabine Hark u. Paula-Irene Villa, Unterscheiden und herrschen. Ein Essay zu den ambivalenten Verflechtungen von Rassismus, Sexismus und Feminismus in der Gegenwart, Bielefeld 2017, 45.

60 Vgl. Gabriele Dietze, Das ‚Ereignis Köln', in: femina politica, 1 (2016), 93–102.

Frauen zu beschleunigen. Nun gilt in beiden Ländern als sexuelle Nötigung oder Vergewaltigung, wenn ein Mann gegen den erkennbaren Willen der Frau sexuelle Handlungen vollzieht. Ein ‚Nein‘ gegen solche Handlungen reicht als Gegenwehr aus – und muss als ‚Nein‘ verstanden werden. Dies mag ein Erfolg sein – nein, es ist ein Erfolg –, aber die punitive ‚Lösung‘ hat ihre Ambivalenzen, nämlich rassisierte und rassistische Einschreibungen in die Debatten um sexuelle Gewalt. Auch die öffentliche Diskussion, wie sie von #MeToo angestoßen wurde, ist mit dieser Affektumkehr, der Übertragung von Wut und Abwehr auf als Andere konstruierte Menschen belastet, hat doch dieser Othering-Diskurs auch die Aufmerksamkeit für #MeToo befeuert.

#Ausnahmslos, im Januar 2016 nach den Köln-Ereignissen in der Silvesternacht ins Leben gerufen (übrigens von derselben Akteurin wie #Aufschrei), um auf die Gefahr rassistischer Stereotypisierung und Ausgrenzung in Debatten um sexuelle Gewalt hinzuweisen, konnte nicht wie #MeToo dauerhaft viral werden und so lange in den Medien und in der politischen Öffentlichkeit bleiben. Daran wird sichtbar, wie tief eingeschrieben mittlerweile rassistischer Ausschluss in Diskussionen um sexuelle Gewalt ist.

6.   Kann Affektivismus nachhaltig sein? Ein Fazit

Die #MeToo-Bewegung war im Zeitraum meiner Analyse durchaus in der Lage, die Affektstruktur sexueller Gewalt zu transformieren, also Geschlechterhierarchien und Heteronormativität zu kritisieren und aufzubrechen. Um diesen Impuls der Hashtag-Bewegung auf Dauer zu stellen, müssen allerdings sowohl die Handlungsfähigkeit von Frauen als auch ihre affektiven Verstrickungen in Gewaltkulturen thematisiert werden. Denn ohne Zweifel birgt der affektive Fokus von #MeToo, das empathische Mitfühlen mit der Verletzung durch sexuelle Gewalt die Gefahr, Frauen vornehmlich als Opfer von maskulinisierter Gewalt zu betrachten und damit männliche Täterschaft sowie hierarchisierte Geschlechterverhältnisse festzuschreiben. Doch die analytische Affekt-perspektive macht deutlich, dass gerade die globale Bewegung von Solidarität und Mitfühlen eine wichtige Dimension des weltumspannenden politischen Handelns und der Demonstration von Handlungsfähigkeit von Frauen trotz beziehungsweise wegen Gewaltbetroffenheit darstellt. Die Hashtag-Bewegung hat aus der Geschichte der feministischen Anti-Gewalt-Bewegung gelernt, sie muss diese Erfahrung der Ambivalenz von Opfersein, Verstrickung und Handlungsfähigkeit allerdings auch immer wieder kritisch reflektieren.

Meine Analyse zeigte schließlich auch, dass die Hashtag-Bewegung, wie andere soziale Bewegungen, Gefahr läuft, den affektiven Überschuss zu rasch in staatliche Strafforderungen zu transformieren. Die affizierende Reflexion muss daher eine Bedingung für soziale Bewegungen sein, den angestoßenen politischen Prozess, die affektbezogene Mobilisierung nicht stillzustellen und damit versiegen zu lassen. #MeToo muss, um eine nachhaltige emanzipative Bewegung zu sein, darüber hinaus einen Beitrag dazu leisten, die Intersektionalität von Gewalt zu thematisieren. Nur wenn sich die Debatte einem intersektionalen Gewaltbegriff[61] öffnet, kann sie meines Erachtens einen Beitrag zur umfassenden Kritik von sexueller Gewalt leisten. Umgekehrt kann dann sexuelle Gewalt nicht so einfach für rassistische Zwecke gekapert werden, wie dies in der Folge von Köln geschah. Dass eine intersektionale Gewaltdebatte ein unsicheres Terrain eröffnet, erwies sich innerhalb des feministischen Diskurses der vergangenen Jahre immer wieder als Herausforderung (vgl. die Kontroversen zwischen Alice Schwarzer, Sabine Hark und Paula-Irene Villa[62]). Wohin eine kritisch-intersektionale Gewaltdebatte die feministischen Bewegungen führen wird, ist ungewiss. Gewiss scheint mir allerdings, dass die feministische Anti-Gewalt-Bewegung nicht erfolgreich sein kann, wenn sie rassistische Schatten wirft. Dies haben die Folgen der Kölner Silvesternacht ebenso deutlich gemacht wie die Debatten um #MeToo.

Die Affektperspektive ermöglicht es in meinen Augen, die politische Dimension von #MeToo auszuleuchten. Die Auseinandersetzung mit den Ambivalenzen der Hashtag-Bewegung zeigte, dass auch die Ökonomie der Affekte eine intersektionale Perspektive braucht, denn auch Affekte sind ungleich verteilt und nicht allen Menschen in gleichem Ausmaß zugänglich. Um intersektionale Bewegungen zu verstehen, braucht es also ein Affektkonzept, das intersektionale Herrschaftsdimensionen berücksichtigt.

---

61 Vgl. Birgit Sauer, Migration, Geschlecht, Gewalt. Überlegungen zu einem intersektionellen Gewaltbegriff, in: Gender, 2 (2011), 44–60.
62 Vgl. Hark/Villa, Unterscheiden und herrschen, wie Anm. 59, 88 ff.

Inken Schmidt-Voges
im Gespräch mit Sigrid Ruby

Räume, Blicke und Geschlechterbilder. Positionen der Kunstgeschichte

Sigrid Ruby hat Kunstgeschichte, Amerikanistik und Volkswirtschaftslehre in Bonn, Frankfurt am Main und an der Harvard University in Cambridge (MA) studiert. Bereits im Studium setzte sie sich intensiv mit ästhetischen Strategien und räumlichen Ordnungen auseinander, mittels derer gesellschaftliche Hierarchien markiert und geschlechtsbezogen definiert werden. In der Magisterarbeit beschäftigte sie sich mit Diana von Poitiers, einer der mächtigsten Frauen am französischen Königshof, und ihren Handlungsräumen als Auftraggeberin von Architektur und bildender Kunst. Das Thema der sozialen Rolle und räumlichen Verortung der Favoritin am französischen Hof der Renaissancezeit griff sie in ihrer Habilitationsschrift auf und arbeitete die formative Beteiligung von Kunst, Architektur, Dichtung und Zeremoniell heraus.[1] Aber auch vielfältige andere Bezüge zwischen Raum, Geschlecht und visueller Kultur finden sich in ihren Arbeiten: so etwa die Auseinandersetzung mit der (Un-)Sichtbarkeit alternder Körper, mit weiblicher Porträtkultur in der Frühen Neuzeit und mit imaginierten Räumen ganz eigener Art, den Traumwelten und Heimatkonzepten.[2]

Seit 2016 ist Sigrid Ruby Professorin für Kunstgeschichte an der Justus-Liebig-Universität Gießen. Im SFB „Dynamiken der Sicherheit"[3] untersucht sie die ästheti-

---

1 Vgl. Sigrid Ruby, Mit Macht verbunden. Bilder der Favoritin im Frankreich der Renaissance, Heidelberg [2]2017.

2 Vgl. Sigrid Ruby u. Simone Roggendorf (Hg.), (En)gendered. Frühneuzeitlicher Kunstdiskurs und weibliche Porträtkultur nördlich der Alpen, Marburg 2004; Sigrid Ruby u. Sabine Mehlmann (Hg.): „Für Dein Alter siehst du gut aus!" Zur Un/Sichtbarkeit des alternden Körpers am Horizont des demographischen Wandels, Bielefeld 2010; Sigrid Ruby u. Eva-Bettina Krems (Hg.). Das Porträt als kulturelle Praxis, Berlin 2016; Sigrid Ruby, Traum und Wirklichkeit in der bildenden Kunst: Modi einer Unterscheidung, in: Patricia Oster u. Janett Reinstädler (Hg.), Traumwelten. Interferenzen zwischen Text, Bild, Musik, Film und Wissenschaft, Paderborn 2017, 79–108; Sigrid Ruby, Amalia Barboza u. Barbara Krug-Richter (Hg.), Heimat verhandeln? Kunst- und kulturwissenschaftliche Annäherungen, Köln/Weimar/Wien 2019 (im Druck).

3 Das seit 2014 laufende Teilprojekt C03 „Das ‚Haus' als Sicherheit und die (Un-)Sicherheit der Geschlechter", geleitet von Sigrid Ruby und Inken Schmidt-Voges, untersucht den Zusammenhang der diskursiven Durchsetzung einer über das ‚Haus' als Interaktionsraum vermittelten Geschlechterordnung mit gesellschaftlichen Versicherheitlichungsprozessen in der Frühen Neuzeit. Diese Fragestellung wird interdisziplinär in einem kunsthistorischen und einem historischen Arbeitsvor-

schen Strategien und Techniken, die einer geschlechtsbezogenen Verortung und Rollenzuordnung von Männern und Frauen im Haus zuarbeiteten. Im Fokus der Auseinandersetzung mit italienischen und niederländischen Bildwerken und visueller Kultur vom 15. bis ins 18. Jahrhundert steht die ‚Domestizierung‘ der Frau beziehungsweise des Weiblichen. Der Begriff zielt hier sowohl auf die beobachtbare Engführung von Haus und weiblichem Körper und auf die in der Regel zu sehen gegebene Zuordnung der Frau zum Innenraum als auch auf erzählerische und rezeptionsästhetische Bildraumgestaltungen, die mit der Architektur des Hauses und seinem Umraum arbeiten, um eine solche Engführung respektive Zuordnung zu erwirken. Von besonderem Interesse sind hier die ambivalenten Wertungen, welche die mit den Verortungen verbundenen Zuschreibungen von Hierarchie, Macht und Herrschaft in den Geschlechterbeziehungen als Kern und Teil gesellschaftlicher Ordnung präsentieren. Insbesondere in den vielfach thematisierten Grenzüberschreitungen lässt sich beobachten, dass die bildlichen Darstellungen einen ganz eigenen Beitrag zum Geschlechterdiskurs leisteten.

Inken Schmidt-Voges: *Sigrid, wie würdest du das Thema „Raum und Geschlecht" in der Kunstgeschichte verankert sehen?*

Sigrid Ruby: Das Thema kam im Zuge der Zweiten Frauenbewegung und im Rahmen der feministischen Kunstgeschichte der 1970er/80er-Jahre auf den Plan. Ich würde drei kunstgeschichtliche Felder oder Diskursstränge benennen, bei denen „Raum und Geschlecht" interessant in Relation gesetzt werden. Zum einen die Unterscheidung von Bildraum und Betrachterraum als geschlechtsspezifisch besetzt, im Sinne von der Frau als Bildgegenstand und einem männlichen Blick („gaze") darauf.[4] Meines Wissens hat Daniela Hammer-Tugendhat 1989 erstmals diesen Zusammenhang beziehungsweise die historische Entwicklung – also den historischen „Ausstieg des Mannes aus dem Bild" im 15. Jahrhundert – pointiert dargelegt.[5]

Das zweite Analysefeld betrifft die geschlechtsspezifische Konnotation bestimmter Raumtypen – auch auf Grundlage sozialgeschichtlicher Formungen, die Raum und Geschlecht gleichermaßen betreffen. Hier waren sicher auch die Arbeiten von Karin Hausen inspirierend. Neben einschlägigen Publikationen meiner lange in Gießen wirkenden Kollegin Ellen Spickernagel, die sich in den 1980er-Jahren unter anderem mit dem häuslichen Frauenbild in der Romantik beschäftigt hat, möchte ich den

---

haben bearbeitet und begreift sowohl die bildkünstlerische Auseinandersetzung mit einer hausbezogenen Geschlechterordnung als auch die präskriptiven Traktate von Theologen, Juristen und Philosophen als Teile eines übergeordneten Prozesses. Vgl. https://www.sfb138.de/forschung/teilprojekte/c03-2-de.

4 Vgl. Laura Mulvey, Visual Pleasure and Narrative Cinema, in: Screen, 16, 3 (1975), 6–18.
5 Daniela Hammer-Tugendhat, Jan van Eyck – Autonomisierung des Aktbildes und Geschlechterdifferenz, in: kritische berichte, 17, 3 (1989), 78–99.

wichtigen Aufsatz von Griselda Pollock „Modernity and the spaces of femininity" von 1988 erwähnen.[6] Darin zeigt Pollock, wie in Paris im späten 19. Jahrhundert die impressionistischen Malerinnen in ihren Bildern die ihnen qua Geschlecht zur Verfügung stehenden Räumlichkeiten und Praktiken thematisieren und wie wir dadurch in die Lage versetzt werden, ein umfassenderes Bild von ‚der Moderne', auch jenseits des Bordells und der Variété-Theater, zu gewinnen und wertzuschätzen. Wenn wir nur wollen.

Schlussendlich – und als dritte Perspektive – möchte ich die Kunstmuseen, also Institutionen der Kunstgeschichte, ansprechen. Seit den 1980er-Jahren prangern die Guerilla Girls, eine aktivistische Künstlerinnengruppe in den USA, an, dass in den großen und kleinen Museen der Welt zwar jede Menge Bilder von (nackten) Frauen gezeigt werden, aber kaum von Künstlerinnen geschaffene Werke. „Do women have to be naked to get into the Met. Museum?" (1989) ist ihre bekannteste Arbeit übertitelt: ein Plakat, das Ingres' Gemälde einer „Odaliske" mit einem Gorillakopf zeigt (vgl. Abb. 1). Auch hier geht es meines Erachtens um Raum, der geschlechtsspezifisch verteilt, aber als solcher zu selten thematisiert wird, also um die Übermacht männlicher Akteure im Kunstbetrieb, um das Museum und seine Ein- und Ausschlussmechanismen etc. Vor allem in den 1980er-Jahren kam es zur Gründung einer Reihe von Frauenmuseen, die versuchten, dieser Problematik zu begegnen und der Kunst von Frauen einen Raum zu geben. Und bis heute Erfolg damit haben und weiterexistieren. Wenngleich die Trennung von Sammlungsbeständen und Exponaten nach Geschlechtszugehörigkeit mittlerweile auch einige Fragen aufwirft.

Abb. 1: Guerrilla Girls im Victoria and Albert Museum (London), 2014 © Eric Huybrecht, Wikimedia Commons

---

6 Vgl. Griselda Pollock, Modernity and the spaces of femininity, in: dies., Vision and Difference. Femininity, feminism and histories of art, London/New York 1988, 50–90.

Das sind sehr zentrale Aspekte, die du hier aufzeigst, da sie Kernaspekte der Gender Studies ansprechen: die Sichtbarkeit und die Sprechfähigkeit der Frauen (die hier vielleicht als „Blickfähigkeit" zu interpretieren wäre). Wie zeigt sich in den Bildkünsten das Verhältnis von Sichtbarkeit/„zu sehen geben" beziehungsweise „zu sehen gegeben werden" und Geschlecht beziehungsweise der Geschlechterverortung im Raum?

In Beantwortung dieser sehr großen Frage verweise ich auf einen Holzschnitt von Albrecht Dürer (vgl. Abb. 2). Hier sind geradezu aufdringlich stereotyp die beim Entstehen von Kunst zugewiesenen Rollen dargestellt. Das weibliche Modell gibt sich passiv dem aktiv blickenden und zeichnenden Künstler zu sehen. Es ist seine Aufgabe, die künstlerisch in Form gebrachte Materie in einem Bild zu sehen zu geben. Hier wäre auch auf die auf Aristoteles zurückgehende hylemorphistische Lehre zu verweisen, also die Trennung von Materie/Material und Formgebung, die in den kunsthistorischen Schöpfungsmythen (unter anderem Pygmalion) geschlechtsspezifisch besetzt ist. Im Motiv des Atelierbilds findet sich diese Anordnung von männlichem Künstler und weiblichem Modell immer wieder. Bilder von Frauen, zumal von weiblichen Akten, evozieren den Blick des (männlichen) Künstlers, erlauben also homosoziale Schulterschlüsse zwischen Betrachter und Künstler vor dem Bild beziehungsweise der „Frau als Bild". Das spitzt sich noch zu im Medium Fotografie, wo der Moment einer leibhaftigen Begegnung von Fotograf und Modell im selben Raum festgehalten scheint.

Abb. 2: Albrecht Dürer (1471–1528), Der Zeichner des liegenden Weibes, in: ders., Underweysung der messung mit dem zirckel un richtscheyt in Linien ebnen unnd gantzen corporen, 3. Ausgabe Nürnberg 1538. Holzschnitt, 75 x 215 mm, Entstehung zwischen 1515 und 1525 © Wikimedia Commons

Du sprichst von einer geschlechterspezifischen Konnotation bestimmter Raumtypen – was ist damit gemeint, könntest du das an einem Beispiel erläutern?

In unserem Projekt „Das ‚Haus' als Sicherheit und die (Un-)Sicherheit der Geschlechter" gehen wir davon aus, dass die diskursiv und bildmedial herbeigeführte beziehungsweise bekräftigte Zuordnung der Frau zum Haus und des Mannes zum öffentlichen oder Straßenraum eine wesentliche Komponente in der Herstellung und

Absicherung sozialer Ordnung in der Frühen Neuzeit war. Das kunsthistorische Arbeitsvorhaben erforscht die ‚Domestizierung' der Frau, das heißt ihre Verortung und Engführung – auch die Engführung ihres Körpers – mit dem „Haus", also eine geschlechtsbezogene ‚Verhäuslichung' mit kollektiv stabilisierender Wirkung. Wir analysieren das anhand von Genrebildern und grafischen Blättern, unter anderem zur Illustration von Traktatliteratur, aus dem italienischen und niederländischen Raum. Es zeigt sich und ist auch nicht verwunderlich, dass die christliche Ikonografie, zum Beispiel Bilder der Verkündigung an Maria oder der Mariengeburt, eine nachhaltige Wirkung bezüglich der Verortung der Geschlechter im häuslichen Raum und jenseits davon besitzt und selbst stark von solchen (gelebten? normativen?) Anordnungen geprägt ist. Vor allem das Schlafzimmer mit seinem Bett, Marias „thalamus virginis", später dann das Boudoir, sind mit Weiblichkeit assoziierte und als solches auch zu sehen gegebene, private Räume, deren Öffnung für den Betrachterblick eine Grenzüberschreitung darstellt und insofern immer auch etwas Prekäres besitzt. Bilder solcher Innenräume machen diese zu – im Wortsinne – Schauplätzen von Intimität, die ambivalent sein und verunsichern können, auf rezeptionsästhetischer wie semantischer Ebene. Immer wieder wurde und wird in der Kunstgeschichte diskutiert, ob Bilder unbekleideter Frauen in einem Wohnraum oder Schlafgemach, wie etwa Tizians „Venus von Urbino" (um 1538, Florenz, Uffizien) oder François Clouets „Dame im Bad" (um 1571, Washington, D. C., National Gallery of Art), nicht ‚eigentlich' als Darstellungen von Kurtisanen, Mätressen oder Huren angesehen werden müssen. Als wäre das die einzige Möglichkeit, mit diesen Bildern umzugehen, als hätte hier nur der moderne Freier-Blick eine Berechtigung. Ich habe angesichts dieser wiederkehrenden, auch ermüdenden, aber nach wie vor den Diskurs bestimmenden Debatten einmal von der „Ohnmacht des Privaten" gesprochen,[7] weil ich in diesen prunkvollen Interieurs auch eine machtvolle Repräsentation weiblicher Herrschaftsräume erkenne, was durch das beharrliche Rätseln über die ‚Sittlichkeit' der zu sehen gegebenen Frauen nachgerade unsichtbar gemacht wird – und meines Erachtens auch werden soll.

Spielt die Frage des von dir so zentral gesetzten Dreiecks von Geschlecht – Raum – Sichtbarkeit/Blick eine Rolle für die Subjektkonstitution beziehungsweise könnte man von einer spezifischen visuellen Strategie der Objektivierung der Frau in der Kunst sprechen?

Es ist nun mal eine historische Tatsache, dass bis in die Gegenwart hinein und auch in der Literatur vor allem Männer die gesellschaftlich erfolgreichen Werke machen und sich darin häufig auch mit dem anderen Geschlecht befassen. Es herrscht also schon quantitativ eine gewisse Übermacht männlicher Entwürfe von Frauenfiguren, und man

---

7 Vgl. Sigrid Ruby, Macht und Ohnmacht des Privaten: Die Gemälde der dames au bain, in: Kristina Deutsch, Claudia Echinger-Maurach u. Eva-Bettina Krems (Hg.), Höfische Bäder in der Frühen Neuzeit. Gestalt und Funktion, Berlin 2017, 204–225.

könnte sagen, dass es sich hier um Objektivierungen aus geschlechtsspezifischer Warte handelt, um Darstellungen aus einer situierten Perspektive, die ein Set von Mustern hervorbringt und fortschreibt und insofern stereotypisierend wirkt. Die bildliche Darstellung des/der Anderen hat immer etwas mit Aneignung und Zurichtung zu tun und bietet zugleich eine Möglichkeit der Subjektkonstitution – in dem Fall als männlich. Wir können dieses Setting mit Jacques Lacan psychoanalytisch erklären oder, und dazu neige ich eher, mit geschlechtsabhängigen Zugangs- und Ausschluss-mechanismen durch Institutionen, Medien und Märkte. Als im März 2019 die amerikanische Malerin und Performancekünstlerin Carolee Schneemann (geb. 1939) starb und in Nachrufen gewürdigt wurde, ist mir noch einmal sehr bewusst geworden, dass es zumindest in den 1960er/70er-Jahren eine dezidiert feministische Ästhetik gab und geben musste, für die entscheidend war, dass die Künstlerin ihr eigenes Modell war, also volle Verfügungsmacht über ihren eigenen Körper und dessen Bild besaß und daraus eine starke Position als Subjekt generierte. Dieses Thema des visuellen Zugriffs und der Verfügbarkeit als Bild beschäftigt uns bis heute und ganz aktuell angesichts der Selfie-Kultur. Jede/r kann heute jederzeit Fotos von sich selbst nahezu global verbreiten, mithin sein oder ihr digitales Image selbst gestalten. Dass diese Selbstbilder oft einer normativen Ästhetik und Genderstereotypen folgen, ist zu erwarten. Das liegt aber interessanterweise auch daran, dass seitens Instagram diejenigen Fotos gelöscht werden, die konventionellen Geschlechterdarstellungen nicht entsprechen. Im Auftrag von Facebook sind tausende Zensorinnen und Zensoren, meist in Manila, Bombay und andernorts in Südasien, tätig, um vermeintlich anstößige Bilder zu löschen. Die beiden jungen Künstlerinnen und Instagram-Nutzerinnen Arvida Byström und Molly Soda haben 2016 mit ihrem Buch „Pics or It Didn't Happen" darauf aufmerksam gemacht. Der Band versammelt über 260 als gefährlich, unangemessen oder schädlich einge-schätzte und deshalb von Instagram-Konten gelöschte Fotografien, mehrheitlich Sel-fies. Muster der Selektion, des Ein- und Ausschlusses, des Bildwürdigen und Dar-stellbaren oder aber Nicht-Opportunen und Anstößigen werden so erkennbar – und sie gelten vor allem für weibliche Körperbilder.[8]

Eine eigene Brisanz der Thematik sprichst du nicht nur den Bildthemen und künstlerischen Techniken zu, sondern auch den Sammlungen und Präsentationsformen von Kunst in Museen und Galerien. Wo liegen diese Ambivalenzen – in der Trennung der Räume oder in anderen Aspekten?

---

8 Vgl. Arvida Byström u. Molly Soda (Hg.), Pics or It Didn't Happen. Images Banned from Instagram, München/New York 2016; vgl. auch die Ausstellung „Virtual Normality – Women Net Artists 2.0", die vom 12. Januar bis 8. April 2018 im Museum der bildenden Künste Leipzig zu sehen war, sowie den gleichnamigen Katalog, hg. von Alfred Weidinger und Anika Meier, Wien 2018.

Das Problem besteht meines Erachtens darin, dass wir mit der Gründung von Frauenmuseen die Sonder- beziehungsweise Ausnahmestellung der Künstlerin im System
bekräftigen und verstetigen – statt Mechanismen von Ein- und Ausschluss zu untersuchen, kritisch zu reflektieren und möglichst auch einzudämmen. Die Kunstgeschichte der großen, durchweg männlichen Künstler ist natürlich ein historiografisches
Konstrukt, dessen geschlechterdiskriminierende Grundannahmen und Konsequenzen
für den Betrieb die US-amerikanische Kunsthistorikerin Linda Nochlin bereits 1971
gründlich herausgearbeitet hat. Viktoria Schmidt-Linsenhoff wiederum hat in den
1980er-Jahren, in Reaktion auf erste Künstlerinnen-Ausstellungen und die Gründung
von Frauenmuseen in Deutschland, darauf hingewiesen, dass diese Unterfangen von
einer „unsäglichen Bescheidenheit" seien. Die „eigentliche Brisanz" der Forderung
nach Frauenmuseen läge „in der Skandalisierung der öffentlichen Museen als zutiefst
sexistisch verfaßte Institutionen".[9] Ungeachtet dieser Kritik, die ich teile, geben die
sogenannten Frauenmuseen bis heute vielen historischen ebenso wie zeitgenössischen
Künstlerinnen Sichtbarkeit und die Möglichkeit zu einem ersten Auftritt. Die Ausstellung der Kunst von Lotte Laserstein (1898–1993) zuletzt im Städelmuseum in
Frankfurt am Main zeigt aber auch, wie lange es unter Umständen dauert, bis eine
Künstlerin den Sprung aus dem Kontext des ‚verborgenen' beziehungsweise Frauen-
museums in das ‚richtige' Museum schafft.

Inwiefern beschäftigen dich die angesprochenen Fragen in deinen eigenen Forschungen und
wie werden sie dort adressiert?

In früheren Forschungsarbeiten habe ich mich mit Bildern der Favoritin des Königs in
der französischen Renaissance beschäftigt. Dabei spielten auch Räume und Raumzu-
ordnungen eine Rolle. Im französischen Schlossbau der Frühen Neuzeit, der zunehmend symmetrisch arrangierte Flügelarchitekturen entwickelte, standen dem Herrn/
Fürsten und seinem Gefolge der eine, der Herrin/Fürstin und ihrem Gefolge der
andere, gegenüberliegende Flügel zu. Die Zuordnung des linken beziehungsweise
rechten Flügels entsprach der Anordnung der Geschlechter auf dem Allianz- oder
Ehewappen. Besonders klassisch ist das unter Ludwig XIV. beim Schloss Versailles
gegeben, man findet das aber in den Grundzügen auch schon früher, im 16. Jahrhundert, auch bei den Residenzen des Adels. Diese Zuordnung reagiert flexibel auf
einen jederzeit möglichen Besuch des Königs, dem dann das hierarchisch höherste-
hende Gemach, also Räumlichkeiten im Sektor des Hausherrn, zustand. Die Favoriten
und Favoritinnen des Königs spielten in ihren eigenen Residenzen mit dieser räumlichen Anordnung und ihrer Semantik. Ganz im Sinne der Intersektionalität gibt es hier
interessante Verschränkungen von gesellschaftlichem Stand beziehungsweise Status am

---

9 Vgl. Viktoria Schmidt-Linsenhoff, Sexismus und Museum, in: kritische berichte, 13, 3 (1985),
   42–50, 47.

königlichen Hofe einerseits und Geschlecht andererseits, die anhand der Raumdisposition und -zuordnung greifbar werden.

Welche Perspektiven ergeben sich aus den aktuellen Forschungen und Studien für die Historiografie der Kunstgeschichte insgesamt – inwiefern kann die Konstellation von Raum und Geschlecht einen zentralen Aspekt auch für die Auseinandersetzung mit ästhetischen Fragen darstellen? Und welche Rolle spiel(t)en künstlerische Ausdrucksformen für die Konstruktion beziehungsweise Dekonstruktion von Geschlechterbildern in ihrer räumlichen Zuordnung?

Im Grunde steckt eine Antwort schon in deinen Fragen: Wir müssten noch genauer erforschen und tun das ja auch, welche Rolle die konkret gebauten Räume, aber auch Bilder und visuelle Anordnungen für die Ausbildung von Geschlechterrollen spielten und spielen. Das gehört wiederum in eine übergeordnete Forschungsagenda der historischen Bildwissenschaften und Visual Culture Studies. Denn wir wissen eigentlich noch immer viel zu wenig darüber, wie Räume, Bilder und das Visuelle als formative Kräfte in gesellschaftliche Prozesse aller Art eingebunden sind und dann auch – zum Beispiel diskursanalytisch – präzise untersucht und interpretiert werden können. Der sogenannte „iconic turn" und all seine Varianten basieren ja auf der Annahme, dass mittlerweile und zumal im Zeitalter der Neuen Medien Sinn vor allem bildlich produziert wird.

Im engeren Feld meiner aktuellen Forschungen interessiert mich insbesondere die notorische Geringschätzung des privaten Raums, der traditionell weiblich kodiert ist, aber auch geschlechts- und milieu- oder ständeübergreifend wichtig zu untersuchen ist[10] – hinsichtlich seiner konkreten räumlichen Beschaffenheit und Ausstattung wie auch in seiner bildlichen Darstellung und multimedialen Inszenierung als ein Ort von Macht, die, auch für uns Wissenschaftlerinnen, nur sehr bedingt zugänglich war und ist.

Danke für das Gespräch!

---

10 Vgl. Sigrid Ruby, Das Dorf in den Künsten, in: Werner Nell u. Marc Weiland (Hg.), Dorf. Ein interdisziplinäres Handbuch, Stuttgart 2019, 243–256.

Maria Fritsche

Umkämpfte Räume. Konflikte zwischen Besatzern und Besetzten im Zweiten Weltkrieg

Am 18. November 1942 verurteilte das Gericht der 181. Infanteriedivision in Dombås den 43-jährigen norwegischen Busfahrer Einar G. wegen Beleidigung der Wehrmacht zu einer eineinhalbjährigen Gefängnisstrafe.[1] Angezeigt hatte den Norweger ein deutscher Feldwebel, der sich auf dem Weg zu seiner Einheit befand und, gerade mit dem Schiff in Ørsta angekommen, in einen der beiden am Kai wartenden Busse einsteigen wollte. Der Busfahrer informierte ihn, dass die Busse voll und außerdem für Zivilpersonen reserviert seien, was der Feldwebel jedoch ignorierte. Das Gerichtsprotokoll notiert, dass der deutsche Militär durch „energisches Auftreten" für sich und seinen Begleiter einen Platz beschaffen konnte. Die Tatsache, dass er dem Busfahrer befahl, seinen Koffer zu verladen, und außerdem nicht für die Fahrkarten bezahlte, da diese später abgerechnet würden, verstärkte offensichtlich dessen Missmut. Der Busfahrer reagierte laut Protokoll „unfreundlich und widerspenstig" auf das Auftreten des Feldwebels, beantwortete die Zahlungsweigerung mit „unangebrachten und ausfallenden Bemerkungen" und soll das Wort „idiotisk" (idiotisch) verwendet haben, als ihn der Feldwebel aufforderte, seine Legitimationskarte vorzuzeigen.

Obwohl in der Urteilsschrift nur angedeutet, ist der Ort des Geschehens zentral für das Verständnis dieser Auseinandersetzung, die in der Öffentlichkeit vor den Augen zweier Busse voll Norweger_innen stattfand. Sie waren das Publikum, das den Vorfall beobachtete, die Handlungen der Beteiligten bewertete und wahrscheinlich auch kommentierte, entweder gegenüber ihren Sitznachbar_innen oder spätestens zu Hause. Der im öffentlichen Raum ausgetragene Disput geriet zum Spektakel, zu einem symbolischen Duell, in dem die deutsche Besatzungsmacht und das entmachtete Norwegen aufeinandertrafen, und letzteres zwar unterlag, aber möglicherweise als moralischer Sieger hervorging.

Die alltäglichen Interaktionen zwischen Besatzern und Besetzten stehen im Mittelpunkt eines derzeit laufenden Forschungsprojekts, in dem ich, basierend auf einer Auswertung deutscher Militärgerichtsakten, den Alltag im besetzten Norwegen und

---

1 Vgl. Gericht der 181. Infanterie-Division, Feldurteil, 18. 11. 1942. Staatsarchiv Hamburg (StaHa), 242–1 II, Abl. 17, Einar G.

insbesondere die sozialen Beziehungen zwischen Wehrmachtsoldaten und der norwegischen Zivilbevölkerung untersuche.[2] Diese Begegnungen waren keineswegs nur spannungsgeladen, sondern umfassten das gesamte Spektrum von gewalttätigen Auseinandersetzungen über punktuelle, pragmatische Zusammenarbeit bis hin zu engen freundschaftlichen oder auch intimen Beziehungen. Im Folgenden möchte ich anhand einiger Gerichtsfälle zeigen, welches Potenzial die Verfahrensakten der Wehrmachtgerichte für die Erforschung der Beziehungen zwischen Besatzern und Besetzten bergen. Dabei soll, mit Blick auf konflikthafte Begegnungen, die Verquickung von Raum und Geschlecht oder, präziser formuliert, von öffentlichem Raum und Männlichkeiten illustriert werden.

In dem eingangs geschilderten Fall erscheinen zwei Aspekte besonders relevant: erstens der (öffentliche) Raum als Kontext, Adressat und Akteur und zweitens die Rolle der Zuschauer_innen. Letztere tauchen in den Gerichtsakten oft nur als vage Schemen im Hintergrund auf. Die Analyse ihres Verhaltens – bleiben sie passiv oder intervenieren sie, und, falls ja, wie und auf welcher Seite? – ermöglicht Aufschlüsse über die Durchsetzung von Besatzungsherrschaft sowie über die komplexen und fluiden Machtbeziehungen. Selbst wenn das Publikum, wie im Beispiel, stumm bleibt, so ist anzunehmen, dass seine Präsenz das Verhalten der Protagonisten beeinflusste. Bewusst oder unbewusst adressierten die Handlungen der Kontrahenten auch die Zuschauer_innen und suchten möglicherweise deren Bestätigung.

Was den Aspekt des Raums betrifft, so fungiert der Schauplatz des Konflikts – hier der Parkplatz am Kai – nicht nur als Bühne, sondern beeinflusste auch die Handlungen der Beteiligten. Der öffentliche Raum ist stets ein umkämpftes Territorium, das durch (meist implizite) Ein- und Ausschlussmechanismen gesellschaftliche Machtverhältnisse bestätigt und gleichzeitig zum Ausdruck bringt.[3] So kann die Auseinandersetzung zwischen dem Repräsentanten der deutschen Besatzungsmacht und dem norwegischen Zivilisten auch als *re-enactment* des geopolitischen Konflikts auf lokaler Ebene gelesen werden. Als traditionell männliche Domäne repräsentiert der öffentliche Raum nicht nur die männliche Macht, sondern wird zugleich zur Arena, in der konkurrierende männliche Macht- und Territorialansprüche ausgefochten werden. Im Kontext der deutschen Okkupation gewann dieser Wettstreit an politischer Brisanz, weil durch die Besetzung des Landes die Machtverhältnisse radikal verschoben worden waren und neu verhandelt werden mussten, wie die Gerichtsakten illustrieren.

2 Das Projekt „The German Military Courts in Norway" ist Teil eines größeren fünfjährigen, von der Universität Tromsø geleiteten und vom norwegischen Forschungsrat finanzierten Forschungsprojekts mit dem Titel „In a World of Total War: Norway 1939–45", vgl. https://uit.no/prosjekter/prosjekt?p_document_id=607383, Zugriff: 22.3.2019.
3 Vgl. Simon Gunn, The Spatial Turn: Changing Histories of Space and Place, in: ders. u. Robert J. Morris (Hg.), Identities in Space. Contested Terrains in the Western City since 1850, 1–14, 8f.

1.   Die papierenen Spuren der Wehrmachtgerichtsbarkeit

Mit Kriegsbeginn und der deutschen Besetzung weiter Teile Europas wurde die Wehrmachtgerichtsbarkeit zu einem wichtigen Instrument nationalsozialistischer Machtdurchsetzung sowohl im Inneren als auch im Äußeren. Die Zuständigkeit der am 12. Mai 1933 von Adolf Hitler wieder eingeführten Militärgerichtsbarkeit erstreckte sich nicht nur auf die Wehrmacht und ihr Gefolge (Organisation Todt und Kriegsgefangene), sondern auch auf die Bevölkerung der besetzten Gebiete. Diese Zuständigkeit wurde im Laufe des Krieges in einigen Territorien eingeschränkt oder bestand ohnehin nur auf dem Papier.[4] Dennoch waren während des Zweiten Weltkrieges Millionen von Menschen der Rechtsprechung deutscher Militärgerichte unterworfen. Hochrechnungen zufolge sollen die etwa 1.000 Wehrmachtgerichte bis zu drei Millionen Strafverfahren durchgeführt und neben etwa 1,5 Millionen Wehrmachtsangehörigen möglicherweise bis zu einer halben Million Zivilist_innen verurteilt haben.[5] Sowohl die Häufigkeit der Verurteilungen als auch die Härte der Strafen stieg nach der Niederlage bei Stalingrad rapide an.

Obwohl ein Großteil der Gerichtsakten durch Kriegseinwirkung vernichtet wurde oder anderweitig ,verlustig' ging, ist die Zahl der erhalten gebliebenen Verfahrensakten beträchtlich. Allein im Bundesarchiv/Abteilung Militärarchiv in Freiburg liegen circa 187.000 Wehrmachtgerichtsakten,[6] im Österreichischen Staatsarchiv weitere geschätzte 12.000.[7] Die Unterlagen des vornehmlich für politische Straftaten zuständigen Reichskriegsgerichts, unter anderem zehn Kartons mit Urteilsabschriften, liegen im Militärhistorischen Archiv in Prag.[8] Darüber hinaus verfügen etliche europäische Archive über Splitterbestände von Gerichtsakten. Urteilsabschriften finden sich auch in anderen Zusammenhängen, etwa in den Gefangenenpersonalakten der Hamburger Gefängnisverwaltung im Staatsarchiv Hamburg. Letzterer Bestand ist insbesondere für die Erforschung der deutschen Besatzung von Norwegen interessant, weil von deut-

---

4   In Serbien, Griechenland, der Sowjetunion und in Italien kamen die meisten Zivilist_innen gar nicht vor ein Militärgericht, sondern wurden ohne Verfahren liquidiert oder verschleppt. Vgl. Manfred Messerschmidt, Die Wehrmachtjustiz 1933–1945, Paderborn/Wien 2005, 239, 259, 274f., 279.

5   Vgl. Fritz Wüllner, Die NS-Militärjustiz und das Elend der Geschichtsschreibung, Baden-Baden 1997, 116. Für die Zahl der verurteilten Zivilist_innen und Kriegsgefangenen liegen lediglich bis Ende 1942 konkrete statistische Aufzeichnungen vor, vgl. ebd., 99.

6   Vgl. E-Mail von Carina Notzke, Bundesarchiv/Abteilung Militärarchiv, an die Autorin, 22.3.2019. Vgl. auch Thomas Menzel, Die Bestände der ZNS im Bundesarchiv-Militärarchiv, in: Mitteilungen aus dem Bundesarchiv, 1 (2007), unter: www.bundesarchiv.de/DE/Content/Publikationen/Mitteilungen/mitteilungen-2007-1.html, Zugriff: 22.3.2019.

7   Vgl. Wüllner, NS-Militärjustiz, wie Anm. 5, 138.

8   Vgl. Michael Viebig, Der Bestand „Reichskriegsgericht" im Militärhistorischen Archiv der Tschechischen Republik in Prag, in: Claudia Bade, Lars Skowronski u. Michael Viebig (Hg.), NS-Militärjustiz im Zweiten Weltkrieg. Disziplinierungs- und Repressionsinstrument in europäischer Dimension, Göttingen 2015, 45–60, 48.

schen Gerichten verurteilte Norweger_innen längere Haftstrafen häufig in den Straf-
anstalten Hamburg-Fuhlsbüttel verbüßen mussten.

Bislang wurden diese Bestände hauptsächlich für quantitative Untersuchungen der
Urteils- und Verfahrenspraxis der Wehrmachtgerichtsbarkeit genutzt.[9] Der quantitative
Schwerpunkt der bisherigen Forschungen ist vor allem den heftigen Debatten rund um
die Rehabilitierung der Wehrmachtsdeserteure geschuldet, welche von den 1980er- bis in
die 2000er-Jahre die Gemüter erhitzten, und der damit in Zusammenhang stehenden
Frage nach dem Unrechtscharakter der nationalsozialistischen Militärgerichtsbarkeit.[10]
Qualitative Fragestellungen flossen in diese Untersuchungen zwar ein, doch das enorme
Potenzial der Verfahrensakten für sozial-, kultur- und geschlechtergeschichtliche Perspektiven wurde bisher nur in Ansätzen genutzt.[11] Die Wehrmachtgerichtsakten enthalten eine Fülle von Informationen, welche eine multiperspektivische Sicht auf die
verschiedenen Akteur_innen, auf ihre Praktiken und Strategien, auf die soziale Organisation des Militärs und nicht zuletzt auf den Alltag von Besatzung und Krieg ermöglichen.
Zusätzlich zu den Anklage- und Urteilsschriften finden sich in den Akten in der Regel
Stammbuchrollen, Strafregisterauszüge, Beurteilungen und Soldbücher, welche Auskunft über den sozialen Hintergrund der Angeklagten und deren Stellung in der Gesellschaft sowie innerhalb der militärischen Hierarchie geben. Neben Informationen zum
Strafvollzug oder zu Hinrichtungen enthalten sie häufig auch Verhörprotokolle und
Zeugenbefragungen, mitunter auch juristische oder medizinische Gutachten sowie in
vielen Fällen Briefe und Fotografien. Der im Militärarchiv Freiburg archivierte und mit
Abstand größte Bestand von Wehrmachtgerichtsakten ist mittlerweile weitestgehend
elektronisch erfasst und eine Goldgrube für Historiker_innen. Er kann nach Namen der
Angeklagten sowie – bei zwei Dritteln der Verfahren – auch nach Gericht, Straftatbe-
ständen (etwa Fahnenflucht oder Gewaltdelikten) und Strafmaß durchsucht werden –
allerdings nur vor Ort im Archiv.

2. Der öffentliche Raum als männliche Konfliktzone

Im erwähnten Forschungsprojekt wurden die Gerichtsakten mit Blick auf die sozialen
Beziehungen zwischen den Besatzungssoldaten und der Zivilbevölkerung ausgewertet,
wobei nicht nur tatbestandsrelevante Beziehungen analysiert, sondern Begegnungen
jeglicher Art, die in den Akten auftauchen, in die Untersuchung einbezogen wurden.
Die Kategorie Raum erwies sich dabei als äußerst fruchtbar, um die komplexen und oft

---

9 Vgl. zuletzt die detaillierte Studie von Kerstin Theis, Wehrmachtjustiz an der „Heimatfront". Die
   Militärgerichte des Ersatzheeres im Zweiten Weltkrieg, Berlin 2015.
10 Vgl. z. B. Walter Manoschek (Hg.), Opfer der NS-Militärjustiz. Urteilspraxis, Strafvollzug, Ent-
   schädigungspolitik in Österreich, Wien 2003.
11 Vgl. z. B. Birgit Beck, Wehrmacht und sexuelle Gewalt. Sexualverbrechen vor deutschen Militär-
   gerichten, 1939–1945, Paderborn 2004.

fluiden Machtbeziehungen zwischen Besatzern und Besetzten zu fassen. Die Auswertung ergab einen – im Vergleich zu Begegnungen im privaten Raum oder am Arbeitsplatz – überdurchschnittlich hohen Anteil konflikthafter Interaktionen im öffentlichen beziehungsweise halböffentlichen Raum, wie Gasthäusern, Kinos oder Geschäften. Auffällig ist, dass es sich hierbei fast ausschließlich um Zusammenstöße zwischen Männern handelt, während bei Konflikten im privaten Raum Frauen in stärkerem Maß involviert waren. Es stellt sich die Frage, ob die Gerichtssituation mit zur geschlechtsspezifischen Einschreibung in öffentlich-männlich/privat-weiblich beitrug, indem die gerichtlichen Akteure beispielsweise das Handeln von Frauen im öffentlichen Raum ‚übersahen' oder ihm weniger Bedeutung zumaßen als dem von Männern.

In den meisten Auseinandersetzungen, die im öffentlichen Raum stattfanden, ging es in der Essenz um männliche Territorialansprüche, welche durch die deutsche Okkupation in Frage gestellt beziehungsweise von den Besatzern behauptet wurden. Alkohol als aggressionsförderndes und enthemmendes Element spielte dabei eine tragende Rolle. Immer wieder ließen sich Norweger unter Alkoholeinfluss zu verbalen oder physischen Angriffen hinreißen, welche sich gegen die physische Präsenz der Besatzer richtete. So brachten die ‚Besetzten' ihren Besitzanspruch oft mittels verdeckter Gesten zum Ausdruck, beispielsweise dem scheinbar zufälligen Anrempeln eines Wehrmachtsoldaten.[12] Oder sie ließen sich zu Schimpftiraden hinreißen, in dem explizit die Präsenz der deutschen Besatzer benannt wurde, wie im Fall jenes betrunkenen Norwegers, der in der Osloer Innenstadt in ein Scharmützel mit einem Soldaten geriet und ihn vor einer sich rasch versammelnden Menge anschrie: „Was wollt ihr Deutschen überhaupt hier? Wir haben Euch nicht gewünscht. Macht, dass ihr wieder fortkommt, wir brauchen Euch nicht und wollen auch nichts mit Euch zu tun haben!"[13]

Die Besatzungssoldaten waren allerdings keineswegs nur Adressaten von Aggression, sondern markierten ihrerseits demonstrativ ihren Macht- und Territorialanspruch. Im Februar 1943 spazierten in der Hafenstadt Ålesund laut Bericht der Feldgendarmerie drei angetrunkene Marinesoldaten nebeneinander auf dem Bürgersteig, als ihnen zwei Norweger entgegenkamen. Einer der Norweger streifte dabei den Ärmel des Matrosen D., worauf „nach kurzem Wortwechsel" D. „den Norweger mit der Faust ins Gesicht schlug".[14] Es kam zu einer Schlägerei, in der die Matrosen auf den Norweger unter anderem mit Steinen einschlugen und ihn mit einer Schnapsflasche bewarfen. Die drei Soldaten demonstrierten ihre Rolle als Besatzer, indem sie den ihnen entgegenkommenden Einheimischen keinen Platz auf dem Bürgersteig ließen. Die Tatsache, dass

---

12 Vgl. StaHa, Personalakten Hamburg-Fuhlsbüttel, 242–1 II, Abl. 17, Einar St.
13 StaHa, Personalakten Hamburg-Fuhlsbüttel, 242–1 II, Abl. 17, Trygvde K.
14 Vernehmung Martin B. durch die Feldgendarmerie, 23. 2. 1943. Bundesarchiv/Militärarchiv Freiburg (BAMA), PERS 15/188934.

sich die Ärmel der beiden Konfliktparteien berührten, deutet darauf hin, dass einer der Norweger seine Verdrängung vom Bürgersteig, die symbolisch ihre Entmachtung unterstrich, nicht ohne weiteres hinnehmen wollte. Was allerdings von der Feldgendarmerie und den Marineangehörigen selbst wie eine harmlose betrunkene Rangelei dargestellt wurde, an dem lediglich einer der Soldaten aktiv beteiligt war, liest sich im norwegischen Polizeireport wesentlich anders. Der Polizeibeamte, der die Anzeige aufnahm, notierte, dass das Hemd des Opfers „von Blut ganz durchgesogen" war, was mitnichten auf ein harmloses Kräftemessen hindeutet.[15] Der verletzte Norweger gab zu Protokoll, dass er nach einem kurzen Wortwechsel von den drei Marinesoldaten verfolgt, zu Boden geworfen und geschlagen worden sei, während sein Freund die Flucht ergriffen hatte. Das Machtungleichgewicht zeigt sich auch im Ausgang der Gerichtsverfahren: Während der Marinesoldat D. lediglich eine sechswöchige Arreststrafe wegen körperlicher Misshandlung ausfasste, endeten die auf der vorherigen Seite erwähnten Verfahren gegen die norwegischen Angeklagten mit sechs Monaten Gefängnis für das Anrempeln beziehungsweise mit drei Jahren Gefängnis für den verbalen und körperlichen Angriff gegen einen Soldaten.

Die hier analysierten Konfrontationen illustrieren, wie geschlechtliche, soziale oder nationale Identitäten über den Zugang zu öffentlichem Raum konstruiert und bestätigt werden. Die Konflikte scheinen eine Bruchlinie zwischen zwei klar getrennten, national definierten Kontrahenten zu markieren, die es aber in Wirklichkeit so nicht gab. Vielmehr waren die beiden Gruppen in sich gespalten und entlang politischer, soziokultureller, religiöser, sexueller oder auch militärischer Zugehörigkeiten ausdifferenziert. Es war diese Vielschichtigkeit der Identitäten, welche Kontaktaufnahmen mit dem auf der jeweiligen Gegenseite positionierten ‚Anderen' beförderten und im Kontext der vergleichsweise ‚milden' nationalsozialistischen Besatzungspolitik in Norwegen eine relativ harmonische oder zumindest als harmonisch erinnerte Koexistenz von Besatzern und Besetzten möglich machte.[16]

Der Fokus dieses Beitrags auf konflikthafte Beziehungen zeigt, dass der öffentliche Raum als Reibungsfläche fungierte, an dem die Begehrlichkeiten der deutschen Besatzer mit den Territorialansprüchen der Landesbewohner_innen kollidierten. Das demonstrative Auftreten der Soldaten auf öffentlichen oder halböffentlichen Plätzen reizte die Zivilbevölkerung zum Widerspruch beziehungsweise zur Wider-Handlung. Es handelte sich allerdings nahezu immer um männliche Kontrahenten, die ihre Territorialansprüche geltend machten und ausfochten. Wie Simon Gunn hervorhebt, machen Konflikte über die Bedeutung, den Zugang zu und die Herrschaft über den öffentlichen Raum erst die scheinbar natürliche, unsichtbare Identität jener sichtbar,

---

15 Vernehmungsprotokoll Politikammer Ålesund (norwegisch), 20.2.1943, BAMA, PERS 15/ 188934. Übersetzung durch die Autorin.

16 Vgl. etwa Guri Hjeltnes, Hverdagsliv [Alltagsleben], Oslo ³1986, 34; Johannes B. Andenæs, Det vanskelige oppgjøret. Rettsoppgjøret etter okkupasjonen [Die schwierige Abrechnung. Die juristische Abrechnung nach der Besatzung], Oslo ³1998, 229.

welche über Macht und Autorität verfügen: „men, whites, heterosexual, the state."[17] Somit bestätigten auch die Konfrontationen von Besatzern und Besetzten im öffentlichen Raum die patriarchale Geschlechterordnung und die gesellschaftliche Machtposition der Männer. Auch wenn norwegische Männer in den Konfrontationen mit der Besatzungsmacht oft als Verlierer hervorgingen, so demonstrierte ihr Auftreten den männlichen Anspruch auf die Kontrolle und Herrschaft über den öffentlichen Raum.

---

17 Gunn, Spatial Turn, wie Anm. 3, 9.

Anthony Castet

Reframing "Identity Politics" to Restore America's Greatness in the Age of Trump[1]

The United States experienced a rapid and dual process of the legal recognition and social acceptance of LGBTQ Americans and same-sex families under Barack Obama, with steady and incremental political progress.[2] Nonetheless, the greatness and elevation of the presidential function as embodied by Donald Trump have undeniably been clouded by his refusal to stick to "political correctness" (PC)[3] by contravening more or less flagrantly the democratic norms in the exercise of power, such as the separation of powers, the unifying principles of civil religion[4], in particular the moral foundation designed to protect "equal treatment under the law" and enshrined in the

1 For previous contributions with a focus on "anti-genderism" and "masculinism" cf. Ulrike Krampl and Xenia von Tippelskirch, Anti-Gender-Bewegungen in Europa. Erste kritische Bestandsaufnahmen, in: L'Homme. Z. F. G., 28, 2 (2017), 101–107; Kerstin Palm, Fake Evolution. Eine biologisch basierte Kritik an Anti-Genderismusrekursen auf die Biologie, in: ebd., 109–114; Margit Eckholt, Notwendige Klärungsprozesse. Anmerkungen zur Gender-Debatte in der katholischen Kirche und Theologie, in: L'Homme. Z. F. G., 29, 1 (2018), 133–139; Karin Neuwirth, Die Väterrechtsbewegung in Österreich – zeitgemäßes Familienleben und pseudoegalitäre Machtdemonstrationen, in: L'Homme. Z. F. G., 25, 2 (2014), 129–137; Rolf Pohl, Die feindselige Sprache des Ressentiments. Über Antifeminismus und Weiblichkeitsabwehr in männerrechtlichen Diskursen, in: L'Homme. Z. F. G., 24, 1 (2013), 125–136; Christa Hämmerle, Genderforschung aus neuer Perspektive? Erste und noch fragende Anmerkungen zum Neuen Maskuli(ni)smus, in: L'Homme. Z. F. G., 23, 2 (2012), 111–120.
2 President Obama bolstered an agenda for equal rights. His most prominent victories include federal hate crime protections (Matthew Shepard and James Byrd Jr. Hate Crimes Prevention Act – 2009), the Don't Ask, Don't Tell Repeal Act of 2010 allowing LGB Americans to serve openly in the US armed forces, same-sex marriage (*Windsor v. United States* – 2013, *Obergefell v. Hodges* – 2015) and federal protections for transgender students in US schools.
3 PC has its origins in the German Institute for Social Research and refers to using appropriate language to avoid offending others. It is often associated with a leftist culture that emerged in the new social movements of the 1960s in the US.
4 According to Robert Bellah, Americans have embraced a civil religion designed to celebrate and uphold America's core values and fundamental principles considered to be sacred in order to reinforce national identity. Robert Bellah, Civil Religion in America, in: Journal of the American Academy of Arts and Sciences, 96, 1, (1967): Religion in America, 1–21.

Declaration of Independence.[5] In an interview with "The New York Times" in 2009 and while Trump was promoting his latest book ("Think Like a Champion") in context to the reality television show "The Apprentice", he declared that all men were not created equal, but quickly tried to escape from this awkward moment asserting that the phrase was "very confusing to a lot of people".[6] Trump's modus operandi inevitably rests on chaos and distraction, aimed in particular at undermining his predecessor's political legacy and at heading in a new moral and conservative direction. Trump succeeded in capturing the attention of disaffected voters through forging a coalition of forgotten, mostly frustrated, angry, white, middle-class Americans who had a problem with identity politics,[7] felt neglected by the establishment and felt that "Big Government" failed to ease their distress. This contribution assesses the politics of identity reclaimed by Donald Trump and his supporters during his 2016 presidential campaign – an approach the Trump camp adopted with the aim of framing white identity politics as a smokescreen to bolster support among white evangelical voters. The objective is to show that critiques of identity politics have been subjected to a somewhat twisted and ambiguous reappropriation of the term for political gains. At the Republican National Convention in July 2016, Silicon Valley billionaire Peter Thiel[8] made history as the first Republican convention speaker to mention his sexual orientation characterised as politically irrelevant. He praised Trump as the Republican candidate most supportive of equal rights for LGBTQ Americans. However, the 2016 Republican Party Platform supported the restoration of traditional marriage through the authority of the states and was staunchly opposed to the idea of recognising discrimination based on sexual orientation and gender identity.[9] As president, Trump has even revived blatant strategies

---

5 "We hold these Truths to be self-evident, that all Men are created equal, that they are endowed by their Creator with certain unalienable Rights, that among these are Life, Liberty, and the Pursuit of Happiness." Quote from the Declaration of Independence.

6 Deborah Solomon released a transcript of her condensed interview with Donald Trump on 16 January 2017, cf. https://twitter.com/deborahsolo/status/821048406550441984?lang=en, access: 15 March 2017. Cf. also Deborah Solomon, Questions for Donald Trump, in: The New York Times Magazine, 25 March 2009, at: https://www.nytimes.com/2009/03/29/magazine/29wwln-q4-t.html, access: 15 March 2017.

7 Identity politics can be defined as a political phenomenon designed to frame political demands within a context of injustice that affects the status of a minority group with the aim of achieving full equality and greater parity with the majority.

8 Peter Thiel is a libertarian and a dedicated member of the Republican Party. The purpose of the Republican National Convention is to nominate an official candidate for the next presidential election and to adopt the party platform.

9 Republicans are committed to protecting the 1964 Civil Rights Act (outlawing discrimination based on race, colour, religion, sex or national origin) and Title IX of the Education Amendments of 1972 (outlawing sex discrimination in all aspects of education) as they were originally written and passed. In other words, the reference to "sex" in both measures should not include sexual orientation and gender identity. On 17 May 2019, the House passed the Equality Act to extend and reinforce civil rights protections to LGBTQ Americans, but will not pass the Senate controlled by a majority of Republicans. According to the Trump administration, the bill is filled with "poison pills" and is a threat to

of erasure, invisibilisation and regression through his political outlook, jeopardizing the civil rights and protections Thiel is entitled to as a gay American. Far from reconciling Americans and bridging increasing social and cultural polarisation in the US, Trump's identity politics have led to disagreement and division among political academics. In addition, Trump's approach has sparked an anti-Republican backlash among voters, with the results of the November 2018 midterm elections striking a blow against the president's restrictionist agenda and challenging the Grand Old Party's (GOP) long-term strategy to survive demographic shifts currently taking place in the US.

Despite being open about his sexual orientation and proclaiming himself "proud to be gay", Thiel's presence was designed to remind voters that the nation had never been so fractured because of the overwhelming influence of identity politics during Obama's presidency. Thiel offered a scathing critique of progressives accused of framing identity politics as a diversion from the most pressing issues. He was keen on reasserting the importance of what it means to be American by restoring the legitimacy of white identity and of white voters' anxieties contained in the subtext of "Make America One Again"; he said, "every American has a unique identity. I am proud to be gay. I am proud to be a Republican. But most of all I am proud to be an American [...]. While it is fitting to talk about who we are, today it's even more important to remember where we came from."[10] According to some observers, the remarks received a mixed reaction from the crowd: some cheered, but some others remained silent. Securing the gay conservative vote came at the expense of a pragmatic approach to LGBTQ rights and protections in the party platform. Although Thiel acknowledged the multi-dimensional intersections of American identities, he unequivocally merged them into one single, uni-dimensional and superior identification, which is being "American" first and foremost. By putting his sexual orientation and his party identification on the same level, Thiel not only trivialised and marginalised a long history of discrimination and prejudice that has relegated LGBTQ Americans to second-class citizenship, but also erased the diversity which is at the core of the very fabric of the United States. He appealed to a nostalgic, Christian-governed past that promised every American the pursuit of happiness and the American dream, but which historically denied LGBTQ Americans "equal justice under law". In the fight for marriage equality, the plaintiffs in *Perry v. Schwarzenegger* (2010) successfully established the validity of multiple criteria through which they qualify as members of a suspect class, providing substantial empirical evidence to prove that: 1. homosexuals have invariably been the target of prejudice and discrimination based on sexual orientation throughout history; 2. homosexuals are defined by an

---

religious liberty. Cf. 2016 Republican Party Platform. Adopted on 12 July 2016, at: https://bloxi mages.newyork1.vip.townnews.com/postguam.com/content/tncms/assets/v3/editorial/8/38/8389 1954-57b4-11e6-b596-5b8b13733636/579ef22477a50.pdf.pdf, access: 21 May 2019.

10 Peter Thiel, Republican National Convention Address. Cleveland, Ohio. 21 July 2016, at: https:// www.c-span.org/video/?c4612796/peter-thiel-addresses-republican-national-convention-i-proud-gay, access: 15 March 2017.

immutable characteristic that does not affect their contribution to society; and 3. homosexuals are politically powerless and need the protection of the justice system. George Chauncey, professor of US History specialising in gender and sexuality at Yale University, argued that the community has been affected by "a sustained pattern of prejudice and hostility"[11] supported by the state and federal governments. This normative and discriminatory template was aggravated by a classification of homosexuality as a mental illness until 1973. LGBTQ Americans' sexual intimacy was highly regulated and criminalised under sodomy laws that were ruled unconstitutional in *Lawrence v. Texas* (2003). Nevertheless, Thiel seemed to imply that LGBTQ equality was not necessarily a prerequisite to equal opportunity, and focused instead on rebuilding the economy so that it benefits all Americans no matter their inner differences.

In fact, he went even further by dismissing the Republican agenda committed to passing "bathroom laws" to prevent transgender people from using the bathroom that corresponds to their gender identity: "we are told that the great debate is about who gets to use which bathroom. This is a distraction from our real problems. Who cares?"[12] While Thiel's statement hinted at the Republicans' responsibility for launching wedge issues in the name of religious freedom, his demonstration was unpersuasive because, as a successful business figure, Thiel was unable to deliver an ambitious political response to the issue of discrimination based on sexual orientation and gender identity in the following areas: employment, housing and public accommodation. As of 2019, thirty states still lack LGBTQ civil rights protections, and the US Congress has yet to pass the Equality Act. As the co-founder of PayPal, Thiel drew a line between social inequality and economic inequality deemed antinomic when, in fact, any obstacle to economic opportunity based on one's race, colour, religion, sex, national origin, sexual orientation or gender identity amounts to condoning disparate treatment.

Thiel acknowledged that he took issue with the Republican Party Platform and attempts to talk some sense into Republican supporters by asking them to put aside their concerns about the state of moral values in their country: "fake culture wars only distract us from our economic decline, and nobody in this race is being honest about it except Donald Trump."[13] In his estimation, culture wars[14] were a fantasy and a convenient diversion used by Washington to avoid fixing the economic recession. Thiel's rhetorical strategy consisting of focusing on the broken economy was designed to make

---

11 Prop 8 Trial Transcript, *Perry v. Schwarzenegger*. United States Northern District of CA. No C 09-2292 VRW, 12 January 2010, Volume 2, 148.

12 Thiel, Republican National Convention Address, see note 10.

13 Thiel, Republican National Convention Address, see note 10.

14 In his seminal book on the culture wars (Culture Wars: The Struggle To Define America, New York 1991), James Davison Hunter traces the epistemology of the culture wars concept and its various implications in all fields of American life: politics, the family, education, law, media, culture, the environment, etc. He pays special attention to the role played by religion in these conflicts between the "Orthodox" and the "Progressives". Various examples include gun control, racial profiling, same-sex marriage or the death penalty.

his audience forget about Trump's scandals, particularly around morality issues and his crass comments about women. To restore America's greatness, Thiel promoted a rather nostalgic and dystopian vision of America, enabling Donald Trump to be the national heroic saviour the country needed: "I build companies and I'm supporting people who are building new things. [...] [Donald Trump] is a builder, and it's time to rebuild America."[15] As a venture capitalist, Thiel shared the same economic agenda as the Republican nominee, at least to some extent, and had no interest in standing up for LGBTQ equality, contrary to more than ninety business leaders who urged North Carolina politicians to repeal the anti-LGBTQ legislation, HB2, an anti-transgender bathroom law (2016). Could Thiel claim to be proud to be gay while supporting an agenda that failed to strive for equal rights? Disqualifying sexual orientation will shape Trump's agenda and have a detrimental effect on LGBTQ Americans' access to equal rights and protections in the political arena.

Trump's use of the rainbow flag in Colorado on 30 October 2016, a few days before the election, revealed his hidden agenda and the full implications of the proverb "the devil is in the details". Trump may have made history by holding up the flag of the LGBTQ community, except that one detail ruined this special moment: the flag was upside down. Donald Trump's support during the presidential campaign, by declaring himself a "better friend than Hillary Clinton to the LGBTQ community", proved to be a calculated strategy to normalise a presidential norm breaker. The purpose was to frame identity politics as a smokescreen to let "the devil" work on the backsliding of progress acquired by the LGBTQ minority by attacking transgender Americans with his transgender troop ban that took effect on 12 April 2019. Trump was proud to have been the first GOP nominee to mention the LGBTQ community in his acceptance speech, although he partly failed to capture the lavender vote: 14 per cent of LGBTQ voters voted for him in 2016 whereas more than 20 per cent voted Republican in the previous two presidential elections.

Since taking office, Donald Trump has worked to reshape the judiciary by nominating conservative judges who will support his political agenda. To date, courts have consistently enforced the due process and equal protection clauses of the 14th Amendment for sexual minorities, in an effort to create a potential obstacle to the implementation of Trump's proposed policies on transgender military service, immigration or abortion.[16] In April 2017 and October 2018, respectively, Senate legislators confirmed Neil Gorsuch and Brett Kavanaugh as associate justices on the U.S. Supreme Court, enabling Trump to fulfil his promise to his evangelical voting bloc that he would nominate pro-life justices. Gorsuch and Kavanaugh, both of whom are male, praised

---

15 Thiel, Republican National Convention Address, see note 10.
16 Cf. Jason Pierceson, Sexual Minorities and Politics: An Introduction, Lanham, MD 2016, 79.

their originalist *bona fides*[17] during their confirmation hearings. In February 2019, both justices noted that they would have allowed a restrictive proposed abortion law to take effect in Louisiana. Controversy surrounding Kavanaugh's confirmation process and the sexual misconduct allegations he faced a few weeks before the midterm elections were a stark reminder of the current divisive state of American politics.

In her book "Uncivil Agreement: How Politics Became Our Identity", Lilliana Mason[18] argues that the two major political parties in the US have capitalised on a strategy of political segmentation based on a person's religion, race or sexual orientation, but have failed to respond to an overriding question: who are Americans as a people? This partisan-ideological identity sorting has been used to galvanise voters. However, it has also created divisions within the American electorate over time, resulting in the irrational hostility and irreconcilable fractures seen today. Polarisation has given way to intense partisan tribalism and a systematic denial of the legitimacy of political opponents by all means necessary, from popular opprobrium to the use of vitriolic language to disqualify any political rival.

Some critics argue that the failure to compromise on measures to ensure the rights of women,[19] LGBTQ individuals and African Americans can be explained by legislators' refusal to submit to the doctrine of good conscience, as well as the lure of single-minded approaches that pervade identity politics, political correctness and culture wars. In "The Once and Future Liberal: After Identity Politics", Mark Lilla raises the alarm over division in American politics, blaming it on radical politics of identity – "a kind of moral panic about racial, gender, and sexual identity".[20] Lilla argues that the rise of identity politics in the US has quashed any opportunity for debate regarding an individual's identity, obliterating the collective good and endangering citizenship of the republic at the expense of national solidarity and more pressing challenges. However, Lilla's binary approach can be deemed an endorsement of white supremacist identity politics and runs counter to America's longstanding struggle between continuity and change when it comes to sexuality.[21] Lilla not only delegitimises and underestimates the long history of discrimination against LGBTQ Americans – he also implies that American citizenship is inherently incompatible with non-cisgender or non-heterosexual gender and/or sexual identities.

---

17 Originalists believe that the US Constitution should be interpreted as it was originally ratified and understood by the framers.
18 Cf. Lilliana Mason, Uncivil Agreement: How Politics Became Our Identity, Chicago/London 2018.
19 Virginia failed to ratify the Equal Rights Amendment, a proposed amendment that would have outlawed discrimination based on gender in the US Constitution. Virginia would have been the 38th state, clearing the three-fourths requirement necessary to amend the U.S. Constitution.
20 Mark Lilla, The End of Identity Liberalism, in: New York Times, 18 November 2016, at: https://www.nytimes.com/2016/11/20/opinion/sunday/the-end-of-identity-liberalism.html, access: 15 April 2019; Mark Lilla, The Once and Future Liberal: After Identity Politics, New York 2012.
21 Cf. John D'Emilio and Estelle Freedman, Intimate Matters. A History of Sexuality in America, Chicago/London 2013.

2019 commemorates the fiftieth anniversary of the June 1969 Stonewall Riots, a pivotal moment in the history of the LGBTQ civil rights movement that marked the beginning of the gay liberation movement to eradicate the persecution and oppressive regulation of LGBTQ Americans' sexuality. In "The Once and Future Liberal", Lilla's stated goal is to better deal with leftist "identity politics" and reconcile Americans by emphasising the need to focus on America's political agenda. However, it can be argued that LGBTQ Americans are also affected by the same pressing policy issues as every other American – for example, precarious economic circumstances and access to affordable health care. The assumption that forms of discrimination based on someone's sex, race, sexual orientation and/or gender identity are mere symbolic legal issues belonging to an alternate reality is an insidious frame, and one aimed at perpetuating white male empowerment and privilege.

All in all, the key takeaway from the 2018 midterm election results is that the slogan "the personal is political", widely used by second-wave feminists and student activists in the 1960s, has been revived tremendously. 6 November 2018 saw a night of sweeping and historic victories, with record-high voter turnout and several female and LGBTQ candidates elected. In the process, glass ceilings were pulverised: Sharice Davids and Deb Haaland are America's first Native American congresswomen (Davids is also openly lesbian), Rashida Tlaib and Ilhan Omar are the first Muslim congresswomen, and Kirsten Sinema is the first bisexual US Senator from Arizona. Many other newly-elected women from other minority groups will set a new and more nuanced tone for America's greatness through their presence in Congress.

In the meantime, because Donald Trump has been intent on empowering white voters and shaping white identity politics, it is likely that he will continue wreaking havoc across the US, whether through the basic flaws in his political ideology or his frequent use of unsubstantiated facts (in particular, his corrupted paradigm of religious freedom and preconceived notion that white Americans are the target of discrimination from tyrannical minorities). However, as Ashley Jardina notes, "the politics of white identity is marked by an insidious illusion, one in which whites claim their group experiences discrimination in an effort to reinforce and maintain a system of racial inequality where whites are the dominant group with the lion's share of power and privileges."[22] Reframing identity politics based on white identity will only have short-term effects in terms of political gains, and may alienate moderate and independent swing voters, eroding support for Trump. In addition, Trump has yet to deliver on his promise to embrace a broad and inclusive perspective to reconcile Americans in a pragmatic approach by devising compromise policies[23] with his Democratic rival, Nancy Pelosi.

---

22 Ashley Jardina, White Identity Politics, New York 2019, 268.
23 For example, bipartisan federal plans to combat the opioid crisis and to rebuild America's in-frastructures would likely mitigate voter perceptions of a dysfunctional Congress.

Erzsébet Barát

Revoking the MA in Gender Studies in Hungary and Right-Wing Populist Rhetoric

On 12 October 2018, the Hungarian government implemented its decision to discontinue university programmes and the MA in gender studies through Decree No. 188/2018 (X. 12.), published in the "Hungarian Bulletin". Since the announcement did not explicitly name the programme this was a rather clandestine move. Instead, it only made a cryptic reference to the government's decision that Line 115 of the list of accredited MA degrees (sic) was deleted without even mentioning the MA in gender studies. By referring to Line 115, the document informs that the entrance examination has been cancelled from the 2019/2020 academic year onwards, but that the two batches of students who are already enrolled are entitled to finish the programme and graduate.[1] The latter, however, applied only to students of the newly accredited MA degree at Eötvös Loránd University (ELTE) in Budapest, the Hungarian state university. The only other gender studies MA in the country has been offered in English since 2004 by the Central European University (CEU), a private university in Budapest. The CEU degree was not directly affected by the decree revocation. Although the programme was reaccredited as a European, Bologna-type MA after Hungary's EU accession in 2004, it still remained a US recognised one. Nevertheless, it was affected by another administrative decision of the Hungarian government impinging on academic freedom: the amendment to the Higher Education Law on 4 April 2017 concerning the conditions for establishing foreign branch universities in the country, forcing CEU[2] to leave Hungary and move to Vienna – taking all the US accredited programmes and degrees with it. These two actions illustrate how the Hungarian government has sought to create a hostile administrative environment for academic research and teaching that is not in line with its ideological stance.

The government's decision to delete the programme from the list of accredited degrees came only two years after the launch of the MA in gender studies at ELTE, with

---

1 The single statement of the decree in the Hungarian original: "Hatályát veszti a 139/2015. (VI. 9.) Korm. rendelet 3. mellékletében foglalt táblázat 115. Sora.", at: http://www.kozlonyok.hu/nkonline/index.php?menuindex=200&pageindex=kozltart&ev=2018&szam=158; access for all links: 4 March 2019.
2 For a brief history of the legislation cf. https://www.ceu.edu/istandwithCEU/support-statements.

the first batch of students graduating in June 2019. The rushed nature of the decision and the fact that none of the parties involved was consulted is evidence of the government's authoritarian character. The decision was first implemented as a governmental ultimatum via a circular to the Hungarian Rectors' Council on 2 August 2018, giving the rectors of CEU and ELTE 24 hours to notify the directors of the MA programmes and invite them to 'reflect on the bill'.[3] Contrary to the usual legislative practice, the draft that the Rectors' Council received did not offer any justification of the decision, only a short account of the history of the accreditation of the MA degree in the two institutions. A single sentence refers to a cabinet meeting on 8 March 2017, which according to its agenda allegedly discussed the future of the gender studies programmes; a meeting whose minutes were never made available.[4]

The unfavourable stance of the government already became evident in the political media during the year preceding the decree. The attacks began in March 2017, shortly after the annual closing date of the university application period in mid-February – right after the first batch of students had applied. The secretary of state responsible for higher education and research formulated four points which questioned the viability and status of the degree. In line with the usually low level of administrative transparency, the Ministry made its arguments public only after an independent MP had submitted a written question to the secretary, asking "Whom does the MA in gender studies harm?". The Ministry argued that there was no demand for the MA degree in gender studies on the job market; hence, running the programme would simply mean wasting both the national budget and that of the university's human resource department. Furthermore, it suggested that the degree was not sustainable given the low number of placements for future students. More importantly, the Ministry argued that the degree did not constitute an academic discipline, but an ideology like Marxism-Leninism, and was therefore not appropriate for university level education. A fourth argument was that the curriculum of the programme stood in contradiction to the government's concept of human nature.[5]

Why could the ban have such a resounding effect? To answer the question, I will explore some broader contexts and analyse the populist politics of exclusion that crystallised in the ban as a 'legitimate' decision. I argue that the success was achieved through three major narratives that all articulated a politics of fear. Within the first narrative frame, the ban figures as an expression of the regime's general anti-gender politics situated in the field of higher education, fitting into a broader strategy to impinge on academic autonomy and critical thinking. Since its victory in the national

---

3 Cf. https://hvg.hu/itthon/20180809_Diktatum_jellegu_rendelettel_tiltjak_be_a_genderszakot_Magy arorszagon.

4 As the draft in the circular was not public material, I cannot refer the reader to any official source; though I have a copy on request.

5 The question and answer in the original are available at https://www.parlament.hu/irom40/14056/14056-0001.pdf.

elections in 2010, the authoritarian regime of Viktor Orbán has repeatedly attacked research and education. The attacks form a key element in the regime's efforts to maintain its dominance and right-wing populist politics.[6]

The choice of gender studies over other disciplinary fields is not an arbitrary but a well-informed decision. The official justification of the ban contends that the government has not revoked a discipline, but an ideology. Redefining the meaning of 'gender', the key analytical category of feminist scholarship, as mere 'ideology' was seen easier than to redefine other social science categories for several reasons. First of all, the category entered the public discourse relatively late, in the wake of the system change in 1989. From the very beginning, it was predominantly brought up to be discredited as an 'ideology'.[7] The label of ideology, which entails serving party political interests, is difficult to challenge in a country like Hungary, whose academic institutions suffered constant interference from state politics before the system change. Now researchers wish to secure their autonomy with reference to science's 'objectivity'. However, their claim to 'neutrality' can be counter-effective by preventing them from seeing that to be recognised as scientific means to be powerful. Another reason for choosing gender studies is that they have the potential for undermining the regime's authoritarian power grounded in an extremely conservative misogynistic gender order.[8] In an interview in August 2018 shortly after the plan to ban the degree was reported in the media, the prime minister's chief of staff underscored the ideological stance of the government: "The Hungarian government is of the clear view that people are born either men or women. They lead their lives the way they think best, but beyond this, the Hungarian state does not wish to spend public funds on education in this area."[9] In short, the discipline was denied academic merit and relegated into the domain of ideology, its practice a matter of mere political propaganda. The chief of staff's conclusion that it should be legitimate and reasonable for the government – any responsible government, for that matter – to stop funding a degree that hides its 'real face' as a dangerous ideology

---

6 The measures of state control and overregulation include reducing the compulsory age of schooling from 18 to 16 years of age, standardisation of all schoolbooks, centralisation of administrative power over all public schools in the country, channelling students' interest into vocational education, drastic cuts in the higher education budget (for example, the budget in 2012 was only half of the 2008 figure), appointment of vice chancellors of the 22 state universities directly by the prime minister, with the right to veto academic plans on the grounds of economic utility.

7 Cf. Erzsébet Barát, The 'Terrorist Feminist': Strategies of Gate-Keeping in the Hungarian Printed Media, in: Michelle M. Lazar (ed.), Feminist Critical Discourse Analysis: Gender, Power and Ideology in Discourse, London 2005, 205–228.

8 When asked if "The most important role of a woman is to take care of her home and family", 78 % of the Hungarian respondents agreed, coming only second after the 81 % given by Bulgarian respondents in the "2018 EU Commission Report on the Equality between Men and Women in the EU" (p. 12), cf. 2018ReportonequalitybetweenwomenandmenintheEU.pdf.

9 Elisabeth Redden, Hungary Officially Ends Gender Studies Programs, in: Inside Higer Ed, 17 October 2018, at: https://www.insidehighered.com/quicktakes/2018/10/17/hungary-officially-ends-gender-studies-programs.

like Marxism-Leninism, implies a further criticism of the term 'gender'. It implicates gender studies to be a set of deceptive words and as such useless in comparison with 'real science', which is defined as 'productive'. The conclusion resonates with another important constitutive element of the regime's populist discourse: the argument against anything intellectual to have the potential of being declared 'non-productive' and as such parasitic. Sadly, the government has been successful in maintaining their electoral support by downplaying or simply bracketing actual socio-cultural problems by targeting various institutions and people who are to be blamed for the real or imagined dangers of our daily lives. This aggressive rhetoric of blaming has proven effective. The results of the last three national elections show that about half of the electorate is receptive to the government's policies despite the general disillusionment with elite politics for its perceived corruption.[10] Whenever the government wants to reinforce its 'credibility', they mobilise this right-wing populist discourse which rallies against anything labelled 'intellectual' as a result of its allegedly non-productive, 'parasite', even frivolous nature while appealing to 'common-sense' and 'productivity' in the name of utility and realpolitik.[11]

The second narrative that has framed the fate of the MA degree focuses on its institutional origin at the Central European University. Due to its affiliation with CEU, I argue, the ELTE programme could not stand a chance. The alleged 'threat' of the 'Soros university' in countless government statements inevitably implicates the gender degree as the instrument of 'liberal propaganda of George Soros'. It served as 'evidence' for the government to legitimise their two-year vendetta against CEU and force them out of the country. After all, the argument that the government should not waste the national budget on 'non-science' does not apply to the CEU, which is privately funded. If the decision to close gender studies had in fact been based on budget-constraints, the government could simply have suspended its financial support and make it self-fee paying at the state university. The argument that the government's ban was ideologically motivated is further underlined by the fact that they announced the introduction of a new MA degree in 'Family Policies and Social Policies' (sic) in the Economics programme of Corvinus University, Budapest in the same "Bulletin" where the removal of the gender studies degree was announced, commencing September 2019.

At this point, CEU was already under siege by the government. Charted in New York State, the university was required to have an actual teaching campus in the US to

---

10 The results of recent opinion polls about the popularity of the parties in relation to the European Parliamentary elections in May 2019 also show a solid 56 % lead, cf. http://hungarymatters.hu/ 2019/04/02/nezopont-fidesz-kdnp-lead-grows-in-poll/. For the scale and practice of corruption in the country cf. István Jávor and Dávid Jancsics, The Role of Power in Organisational Corruption: An Empirical Study, in: Administration & Society, 48, 5 (2016), 527–558.
11 For the ideological investment in 'scientific productivity' see the recent attack on the Research Institutes of the Hungarian Academy of Sciences. Cf. https://mta.hu/english/allea-open-letter-in-support-of-the-hungarian-academy-of-sciences-108845.

be allowed to run study programmes in Hungary. The newly fabricated law on so-called foreign branch campuses was passed in April 2017. The law was fast-tracked within only one week and effectively targeted CEU, the only institution without such a campus out of the seven private institutions in the country.[12] The law on foreign-branch campuses in its effect simply forced CEU out of the country. Gender studies as a US recognised degree had to go with it, rendering the Hungarian higher education system 'safe' from its 'liberal propaganda'. By associating gender studies with 'liberalism' and the private institution of CEU, targeting the programme became symbolic for the much wider struggle of the Hungarian regime against the European Union and the country's old allies of neo-liberal democracies. In that struggle gender studies as a discipline yet again came indirectly to denote and embody all imaginable values that were perceived to undermine the myth of Hungary as the self-styled 'protecting shield of the old Christian Europe' who protects its citizens against the danger of 'Brussels' and the 'non-Christian migrant supporting' hostile EU bureaucrats with no national mandate and with no performance of 'productivity'.[13]

To make its infamous 'illiberal democracy project' work, the Orbán regime and its think tanks have in fact singled out George Soros, who was the founder of the CEU in 1991 – and later honorary chairman of the board – on two intertwined accounts. Firstly, he was attacked as representative of Western liberalism. The original mission of the university was to promote 'liberal democracy' in the wake of the collapse of the communist regimes in Eastern Europe.[14] It symbolised everything Orbán's authoritarian illiberal regime has set out to destroy, partly for the sake of the so-called reorientation of the country's foreign policy towards the 'East'. Its mere existence threatened to expose the government's impingement on the other universities' autonomy and academic freedom. Secondly, by denouncing George Soros as the ultimate 'hideous financial power behind' CEU's 'liberal mission' and thus the enemy 'within', the government harnessed the long tradition of antisemitism in the country. Soros's Hungarian Jewish family made him the 'ideal' figure for the government's right-wing propaganda purposes.

Through systemic vilification, the figure of George Soros has come to mean the 'enemy' both within and outside the 'body of the nation'. In the government's right-wing populist discourse, the trope of 'Soros' functions as the ultimate evil against 'us',

---

12 Cf. Elizabeth Redden, An Unprecedented Attack, in: Inside Higher Ed, 5 April 2017, at: https://www.insidehighered.com/news/2017/04/05/new-law-imperils-central-european-universitys-future-hungary.

13 For the most recent example of the 'fight against Brussels' in the EU elections cf. Jennifer Rankin, Brussels accuses Orbán of peddling conspiracy theory with Juncker poster, in: theguardian.com, 19 February 2019, at: www.theguardian.com/world/2019/feb/19/brussels-orban-jean-claude-juncker-poster-george-soros-hungary.

14 Cf. https://www.ceu.edu/article/2016-07-01/ceu-reflects-founding-vision-part-25th-anniversary-celebrations.

the Hungarians who are apparently threatened by 'his ongoing hideous plotting'. CEU and, by implication, its gender studies programme are presented as one of Soros' important instruments to weaken the 'Hungarians'. Seen from within this narrative, it becomes clear that the government's motivation behind the ban was not economic or scientific but ideological. In this discourse, the use of the name Soros is sufficient to immediately render CEU and gender studies into sites of 'hideous ideological conspiracy' that must be rightly purged by the government in order to protect its 'people'. The revoking of the degree from within this narrative frame emerges as the expression of what Ruth Wodak calls "the politics of fear", the most salient rhetorical characteristics of right-wing populism.[15]

The other meaning of the 'Soros' trope as the enemy 'outside' first emerged in the Hungarian government's official propaganda in the context of the refugee crisis Europe encountered in 2015. That propaganda takes me to the third narrative frame which identified the concept of gender (and its study) as an 'alien ideology'. The image of 'the frightful, ghastly, monstrous Jew', as I have argued elsewhere, has been ubiquitous since the summer of 2015 when the government began to set up huge billboards all over the country as part of their anti-refugee campaigns.[16] The xenophobic and anti-Islam discourse in response to the forced migration of people through the Balkan route represents the refugees as part of a 'Soros-plan' ever since. The billboards sending the message reading 'no migrant to be imposed on us by the European Union' made the 'Soros' trope a readily available image and an effective rhetorical tool whenever the face is shown, or the name mentioned. By August 2018, when the gender studies programme and CEU were under government attack, the name of the university's founder was effectively constructed to denote the merciless ultimate enemy of the 'nation'. The mere mention of the trope of 'Soros' could function as the centre of multiple and often contradictory discourses of fear. It has become an empty signifier in Ernesto Laclau's sense of the term as a sign that is "present as that which is absent; it becomes an empty signifier, as the signifier of this absence".[17]

Right-wing populist discourses of fear produce social relations between two empty signifiers set up as if in a non-reconcilable antagonistic conflict through the routine use of diverse forms of hate speech. The exclusionary logic generates an asymmetrical nexus between two equally unspecified positions in a dire opposition: 'us', a kind of populous, and 'them', an unspecified 'enemy' threatening to terminate 'us'. In the homogenised 'us', the diverse social groups can recognise themselves as if the 'same' although living their lives to deferent degrees in fear of precarity, of losing their autonomy, lacking trust in the possibility of transparent political institutions. They can conveniently be called

15 Ruth Wodak, The Politics of Fear. What Right-Wing Populist Discourses Mean, London 2015, 3.
16 Cf. Erzsébet Barát, Populist discourses in the Hungarian public sphere: From right to left (and beyond)?, in: Journal of Language and Politics, 16, 4 (2017), 535–550.
17 Ernesto Laclau, Why Do Empty Signifiers Matter to Politics?, in: ibid., Emancipation(s), London 1996, 36–46.

upon to come together and re/imagine themselves as 'we' who are 'strong defenders' of any values the 'nation' should stand for in the face of any event, institution or collective that is declared to be 'a hostile malicious threat' 'against us'. The government's right-wing rhetoric of fear over the past four years has effectively produced constant and explicit references to 'Soros' as an empty signifier capable of identifying multiple activities and institutions as an 'alien threat'. This threat is represented by a range of actors, both from 'within', such as civil activist organisations, alternative theatres or research institutions, as well as from 'outside', such as the European Union or any actor allegedly organising the 'hostile Muslim migrants' to conquer 'our Christian Europe'. It additionally constitutes an exceptionally useful ideological and rhetorical move for the government given that the mentioning of the trope will safely prevent 'us', the actual citizens addressed, from acknowledging that 'our' sense of fairness and legitimacy disadvantages various others, such as refugees, civil organisations helping them and educational or cultural institutions of liberal thought trying to build alliances of soli-darity. Moreover, it will also save 'us' from seeing that the most powerful actor in building its entitlements on our backs is the government itself.

The third narrative of the government's right-wing populist discourse is that of migration. It promises 'us', who are in the first place imagined as men, to regain a sense of valuable masculinity by fighting to 'protect' 'our women' and Christian family values of the 'real Europe' against the 'other' men, the homogenised Muslim male 'in-truders'.[18] More indirectly, it calls to defend Europe and its values against the so-called gender and human rights 'craze' of civil organisations and academic institutions that are 'behind' the 'invasion' supportive of as well as supported by Soros. This appeal to defending 'Christian values' as the 'real European values' indexes the rise of a Christian Right in Hungary that can yet again implicate antisemitism intertwined with Islamo-phobia, conflating the two as if sharing the 'same' platform of threat.

Up to this point I have shown that the three intertwined narratives conceptualising 'gender' as 'dangerous ideology' at their core articulate the anti-gender politics of the Hungarian government. The constitutive elements of the meaning of 'gender' are the identity categories these discourses mobilise, namely 'intellectuals', 'liberals' and '(Is-lamic terrorist) migrants', all accused of threatening the 'Hungarians' both from 'within' and from 'outside' by way of the 'financial and ideological support' of a 'Soros plan'. Now I will focus on the fourth argument that the secretary of state for human resources presented in March 2017, situating it within the global context of anti-gender right-wing populism. The argument contends that the Hungarian government con-sidered the gender studies programme undesirable because it is against the govern-ment's view about 'the nature of the human species'.

Anti-gender propaganda has gained a lead and strengthened its position on the political horizon of right-wing populism on a global scale in response to the crisis of neo-

---

18 Cf. Barát, Populist discourses, see note 16.

liberal capitalism in 2008.[19] This global discourse has presented gender as an 'ideology' that seeks to disseminate 'gay propaganda' in order to undermine heterosexuality and thereby the reproduction of the nation. The stigmatisation of gender (and gender equality) that arguably promotes the demise of the 'traditional family' is also present in the rhetoric that is intended to legitimise the Hungarian decree. It is called upon by the reference to the 'nature of the human species'. In fact, calling the concept of gender into question is part of a larger global discourse of discreditation that can be traced back to the United Nation's Fourth Conference on Women in Beijing in 1995. Judith Butler, when exploring the historical trajectory of the meaning of sexual difference, singles out the conference as a turning point when the Vatican tried to dislodge the concept "from its foundational place" in critical feminist scholarship, arguing that the category of 'gender' for describing women's status should be removed from the United Nation's platform as it is simply a "code for homosexuality".[20] Ever since the conference, the conservative (fundamentalist) Catholic discourse has bolstered a global right-wing populist discourse to pursue the divide that positions citizens into groups where male and female are radically different. Nevertheless, as far as Europe is concerned, Hungarian state politics has until recently been unique in that it was able to mobilise a hostile consensus against 'gender' by appealing to 'Christianity' or 'God'.[21] Situated in this context, we can argue that the revocation of the gender studies degree is the climax of the current government's anti-gender politics. Its success was partly possible because the government was able to build on the legacy of a hostile anti-gender politics that emerged in Hungary in the 1990s. The first anti-feminist sentiments in the 1990s were gate-keeping strategies of the political print media associated with right-wing political forces from outside of parliament. The three main discourses of hostility against 'feminism' in the political media in the 1990s were the discourse of anti-Americanism which invested the meaning of the term feminism with that of an 'alien intruder'; the discourse of anti-communism that perceived feminism as legacy of the 'old ideology'; and, finally, the discourse of 'women's ways of knowing' that implicates Hungarian feminists as 'aggressive terrorists' who impose their man-hating 'lesbian' agenda on their 'sisters'.[22] That is, the main elements of the current government's politics of fear were already in evidence in the 1990s and were subsequently reworked and mobilised. This historical context is important in helping to explain the general support for the government's ban of gender studies.

One should also address the more embarrassing question of self-reflexivity. It is one thing that the general public was supportive of the government's ban of the decree. But

---

19 Cf. Roman Kuhar and David Paternotte (eds.), Anti-Gender Campaigns in Europe. Mobilizing against Equality, Lanham 2017.

20 Judith Butler, Undoing Gender, New York/London 2004, 181.

21 Cf. Erzsébet Barát, Stigmatization of the Analytical Concept of Gender as Ideology, in: Feminist Critique: East European Journal of Feminist and Queer Studies, 2, 2 (2019) (forthcoming).

22 Cf. Barát, The 'Terrorist Feminist', see note 7.

why was it that the protest and enormous international solidarity expressed by feminist and non-feminist professional organisations, institutions and individual scholars was not taken up more effectively by local feminist actors?[23] The complex relationship of CEU's gender studies programme with, and impact on the emergence and changes to the discipline in the Central-East European region are decisive but fall outside the scope of my reflections. Instead, I would like to look briefly at Hungarian scholars' voices in the public media over the past three decades. The dominant feminist voices in the 1990s took what I have named a "reformist" position.[24] As I pointed out, on the few occasions where feminist scholars were approached by the media on the ground of their understanding of women's life and the necessary political agenda for change, they would go on the defensive and contend that they did not reject the major elements of bourgeois family values (sic) but wanted to convince their partners to help and make life more liveable for both of them; others would reassure the journalist that they did not question the existence of innate feminine (and masculine) traits, but complained that the 'wonderful' female characteristics were acknowledged only in words but not in women's promotion and recognition. My premise in taking issue with this "reformist" agenda (both then and now) is that feminism is *not* about giving housewives their due as 'partners' who are pleasurable to live with, but it is about changing the social conditions of marriage altogether and with it the biologist binary of male/female. A feminist critique of the government's current meaning-making practices of discrediting and stigmatising gender as a hideous ideology cannot stop at validating the (little) reformist self-definition of feminism. In Rosemary Hennessy's formulation: "In positing male and female as distinct and opposite sexes that are naturally attracted to one another is integral to patriarchy. Woman's position as subordinate other, as (sexual) property, and as exploited labourer depends on [this] heterosexual matrix in which woman is taken to be man's [natural] opposite."[25] That is, what we still need to address is the effect of hegemonic power relations of gender between 'woman' and 'man' that organise sexual difference ideologically in the right-wing populist discourse. Making 'feminism' meaningful without securing a heterosexual social order by harnessing desire and labour in the interest of the expansion of the (cultural) capital and the accumulation of profits (including our own promotion or access to research funds) is at stake in the fight for reintroducing an MA in gender studies. We must revisit 'gender' and explore how far our own theoretical discourses participate in the reification of the hetero-gendered

---

23 The solidarity includes letters by EUA, European University Association (https://mailchi.mp/ 21ef8e78d60c/eua-denounces-dismantling-of-university-autonomy-in-hungary), ALLEA, All European Academies (https://www.allea.org/wp-content/uploads/2018/08/ALLEA_Statement_Hun gary_Curriculum_21082018.pdf), the 119 programmes teaching gender studies (https://www.ma stergenre.be/letter-to-hungarian-authorities/), and the National Women's Studies Association, USA (https://www.nwsa.org/statements).

24 Cf. Barát, The 'Terrorist Feminist', see note 7.

25 Rosemary Hennessy, Profit and Pleasure: Sexual Identities in Late Capitalism, New York 2000, 24.

sexual order. In short, we must be determined to recentre the concept of gender and with it the charge of 'ideology'.[26]

---

26 For the reconceptualisation of ideology that is not collapsed into meaning cf. Erzsébet Barát, Gender-ideológia kontra feminista ideológiakritika [Gender Ideology versus Feminist Ideological Critique], in: Lilla Bolemant (ed.), Nőképek Kisebbségben: Tanulmányok kisebbségben (is) élő nőkről [Women in Minority: Studies on Women Living as Minoroty], Pozsony 2015, 49–54.

Caroline Arni, Johanna Bleker, Karin Hausen,
Helga Satzinger und Regina Schulte

Nachruf auf Esther Fischer-Homberger (15. Mai 1940–21. März 2019)

Dieser Nachruf für Esther Fischer-Homberger übersetzt unser Gedenken so, wie es sich im gemeinsamen Reden und Schreiben geformt hat. Wer der Schweizerin Esther Fischer-Homberger im Laufe der Jahrzehnte persönlich begegnet ist, betont ihre mitreißende Lebendigkeit, ihren Witz, ihre Neugier, ihr scharfes Beobachten, blitzschnelles Denken, ihr Vergnügen, gegen den Strom zu schwimmen, scheinbare Selbstverständlichkeiten in Frage zu stellen, neuartige Wahrnehmungs- und Denkmöglichkeiten zu eröffnen und publik zu machen. Sie absolvierte in der Schweiz ein Medizinstudium und spezialisierte sich auf Psychiatrie und Medizingeschichte. Mit der Promotion 1968 startete sie ihre Universitätskarriere; bis 1973 war sie Assistentin an dem von Erwin H. Ackerknecht geleiteten Medizinhistorischen Institut der Universität Zürich; 1975 wurde sie dort habilitiert; 1978 folgte ihre Berufung auf den Lehrstuhl für Medizingeschichte an der Universität Bern. 1984 aber machte sie Schluss mit Professorinnendasein und Universitätskarriere. Sie erklärte in einem – von Johanna Bleker aufbewahrten – Brief an „Freunde, Kollegen und Zugewandte" diesen ‚unerhörten' Schritt mit den ihr fremden Gepflogenheiten des akademischen Betriebs und dem ‚unproportioniert' hohen Krafteinsatz, den diese erforderten. Von nun an konzentrierte sie ihr Engagement auf ihre psychotherapeutische Praxis und auf Menschen, die von ihr Hilfe erhofften. Sie schrieb außerdem Filmkritiken und meldete sich weiterhin mit Forschungen und Publikationen in der wissenschaftlichen und politischen Community zu Wort. Von 1986 bis 1990 war sie als Grossrätin im Berner Kantonsparlament tätig. Sie war Mutter dreier Kinder, Paul, Agnes und Ernst.

Johanna Bleker hatte Esther Fischer-Homberger 1972 auf dem Internationalen Kongress für Geschichte der Medizin in London kennengelernt. Als junge Ärztinnen waren beide bei ihrer Promotion von außergewöhnlichen Fachvertretern unterstützt worden; zudem strebten beide als Medizinhistorikerinnen die für Frauen damals generell nicht vorgesehene Universitätslaufbahn an und brachten diese skandalöserweise als Mütter noch kleiner Kinder zustande. Wichtig war, dass seit Mitte der 1970er-Jahre die Impulse der Neuen Frauenbewegung auch im deutschsprachigen Europa die Universitäten erreichten und mit feministischen Revisionen die Organisationen und Inhalte der etablierten Wissenschaften herausforderten. Hier wirkte Esther Fischer-Homberger als eine der herausragenden bewegten und bewegenden Frauen, als faszinierende Person vor Ort und zugleich mit ihren Veröffentlichungen. Karin Hausen und Regina Schulte erinnern entsprechende Situationen mit ihr auf dem dritten Historikerinnentreffen im April 1981 in Bielefeld und auf einer wichtigen Tagung zur Frauengeschichte im Frühling 1987 an der Evangelischen Akademie Loccum. Helga Satzinger begegnete Esther Fischer-Homberger in ihren Texten, lange bevor sie sie persönlich kennenlernte. Sie war fasziniert von der Sprache, die Assoziationsräume öffnet, verschiedene historische und aktuelle Wirklichkeiten erfasst und transzendiert, und beeindruckt von der gewissen fröhlichen Respektlosigkeit, die ihr Schreiben durchzieht. Caroline Arni hat Esther Fischer-Homberger gelesen, früh und ausführlich vor allem „Krankheit Frau" (1979), auch die „Traumatische Neurose" (1975 und 2004) und „Medizin vor Gericht" (1983) – das liebste Buch der Autorin, wie sie sagte.[1] Zur persönlichen Begegnung kam es erst 2017 anlässlich eines Vortrags im Alten Hörsaal Anatomie der Universität Bern. Dort entspann sich ein Gespräch, das bis in den Frühling 2019 anhielt, ein Gespräch darüber, wie die Epistemologie der Moderne daran gescheitert ist, Menschen in Beziehungen zu denken; ein Gespräch auch über Ungeborene, über Mütter, über Töchter und Töchtermütter. Wenn Esther in den letzten Jahren bei Regina Schulte zu einem kleinen Workshop kam, trug sie einen Rucksack auf dem Rücken und einen Zorn auf Sigmund Freud im Kopf, aber auch viel Schalk im Nacken. Voraus schickte sie manchmal zarte Skizzen von luftigen Wesen, Vögeln, Ziegenporträts aus der Auvergne. Unsere Debatten bereicherte sie mit hellwachen Beiträgen, sie konnte auch ein ganzes Gedankengebäude umstülpen oder mit Witz vom Kopf auf die Füße stellen. Ihre kritische, zugewandte und auch fröhliche Wissenschaft öffnete unerwartete Räume.

Was aber ermöglichte es ausgerechnet einer Medizinerin, nachhaltig die zum Zuge kommende feministische Kritik der Wissenschaften und innerhalb der Fachdisziplinen das Experimentieren mit innovativen feministischen Deutungs- und Darstellungsansätzen zu inspirieren? Viele Antworten bieten sich an. In den 1970er- und 1980er-Jahren standen für die Frauenbewegungen und die Anfänge feministischer Wissenschaften die Diskussionen über „Natur und Kultur" hoch im Kurs. Hierzu konnte Esther Fischer-Homberger viel beisteuern. Sie war im Studium mit den aktuellen medizinisch-naturwissenschaftlichen Definitionen von Gesundheit/Krankheit konfrontiert worden. Sie begann aber frühzeitig, in ihren Arbeiten die Subjektivität in Forschungsprozessen, die Vielseitigkeit der Perspektiven auf das Forschungsobjekt und die unvermeidbare Begrenztheit von Objektivität herauszuarbeiten. Nicht von ungefähr war für sie als Wissenschaftlerin ein Nachdenken über ihr Frau-Sein unumgänglich. Ihr erster historischer Fachartikel 1969 handelte von der Misogynie.[2] 1979 veröffentlichte sie ihr breit rezi-

---

1 Esther Fischer-Homberger, Krankheit Frau und andere Arbeiten zur Medizingeschichte der Frau, Bern 1979; Die traumatische Neurose. Vom somatischen zum sozialen Leiden, Bern 1975 (Gießen ²2004); Medizin vor Gericht. Gerichtsmedizin von der Renaissance bis zur Aufklärung, Bern 1983.

2 Esther Fischer-Homberger, Hysterie und Misogynie – ein Aspekt der Hysteriegeschichte, in: Gesnerus: Swiss Journal of the history of medicine and sciences, 26, 1–2 (1969), 117–127.

piertes Buch „Krankheit Frau und andere Arbeiten zur Medizingeschichte der Frau". Darin eröffnete sie ihren abschließenden „Epilog" mit einer Sentenz, die ihr eigenes Bemühen um Theorie, Geschichte und Praxis komprimiert und zugleich auf den Punkt bringt, was feministische Wissenschaftsrevisionen zu leisten haben: „Es fragt sich eben, was Wirklichkeit ist. Im ganzen scheint das Attribut der ‚Wirklichkeit' je nach Situation – auch nach historischer Situation – verschiedenen Dingen zuerkannt zu werden. Vielleicht ist ‚Wirklichkeit' am ehesten die Art, wie einem die Dinge erscheinen, hinter welcher die Macht und Autorität steht, der man sich unterzieht."[3]

Als Begleiterscheinungen von Professionalisierung und Spezialisierung sah Esther Fischer-Homberger die „Medizinhistoriker medizinischer Herkunft" zunehmend in die Rolle gedrängt, „im interdisziplinären Gespräch vor allem als medizinische und im engsten Sinne medizin-historische Experten zu dienen".[4] Ihre eigenen Arbeiten richten sich gegen diesen Trend. Für die Ärztin, Psychiaterin und Psychoanalytikerin Esther Fischer-Homberger war Geschichtsforschung Grundlagenforschung und ein Weg zur Klärung gegenwärtiger Probleme. In ihrem für die Medizin einflussreichsten Buch „Die traumatische Neurose" untersuchte sie, wie die psychiatrische Theorie je nach der zeitgenössischen medizinischen Agenda und den praktischen Bedürfnissen von Politik und Gesellschaft neue Begrifflichkeiten hervorbringt oder Begriffe mit neuen Inhalten füllt. Je nach Perspektive erscheint dann die traumatische Neurose als ein somatisches, ein psychologisches oder ein soziologisches Phänomen. Für die Medizin- und Psychiatriegeschichte hat dieses Buch einen Weg aus der Einseitigkeit der Dogmen- und Anstaltsgeschichte gewiesen, der vielfach im In- und Ausland genutzt worden ist. Ihr Buch „Medizin vor Gericht" (1983) erlangte vor allem für Forschungen zur Kriminalitätsgeschichte Bedeutung.

Esther Fischer-Homberger reflektierte die „Landschaft" ihrer Forschungen und den zurückgelegten Weg 1997 so:

> „Ich habe mich immer und früher vor allem für Vulkane und Gletscher, für konzeptuelle Verhärtungen und Bruchstellen interessiert und für die sich wandelnden Aggregatzustände der Sprache, erst später auch für mildere, weniger abenteuerliche Gegenden. So haben mich als junge Frau vorwiegend Psychiatrie und Psychosen fasziniert, dann die Geschichte von Psychiatrie, Medizin, Begriffen; erst mit der Zeit ist mir die psychotherapeutisch-psychische Alltagsarbeit mit der Art, wie die Menschen von sich und ihrer Welt reden, lieb geworden – die wenig auffällige Sprache in ihrer Funktion als so oder anders konstruierte, diese oder jene Lebensformen nahelegende oder behindernde, gestaltende oder verbergende Behausung des Bewusstseins im Vorgefundenen."[5]

---

3 Fischer-Homberger, Krankheit Frau, wie Anm. 1, 129.

4 Aus dem Brief (Dezember 1983) von Esther Fischer-Homberger zu ihrem beabsichtigten Rücktritt, abgedruckt in: Urs Boschung, Medizingeschichte an der Universität Bern. Von den Anfängen bis 2011, Bern 2014, 105.

5 Esther Fischer-Homberger, Hunger – Herz – Schmerz – Geschlecht. Brüche und Fugen im Bild von Leib und Seele, Bern 1997, 8.

Auf der theoretischen Ebene hat sich Esther Fischer-Homberger zuletzt intensiv mit der
Biografie und den Schriften des experimentellen Psychologen Pierre Janet und seiner
Psychoanalysekritik befasst. Anhand der berühmten Fallgeschichte der religiösen Ek-
statikerin ‚Madeleine‘, einer Patientin Janets, setzte sie sich mit der Interpersonalität der
Beziehung von Therapeut und Patientin im Heilungsprozess auseinander. Ihr Interesse
galt der Gegenbeziehung von Patientin und Arzt, dem Bild der Kranken im Text des
Therapeuten und den Porträts, die ‚Madeleine‘ wiederum von Janet, dem Arzt,
zeichnet. Esther Fischer-Homberger hat die gegenseitigen Spiegelungen als Form der
Zusammenarbeit in einer gelingenden produktiven therapeutischen Beziehung subtil
in einem Aufsatz dargestellt, der im Frühjahrsheft von „L'Homme“ erschienen ist.[6] Das
Manuskript eines Buches zu Pierre Janet, ein zentrales Projekt ihrer letzten Jahre,
konnte sie auch abschließen, bevor sie am 21. März 2019 in ihrem Haus in Bern,
umgeben von einem blühenden Garten und ihren Liebsten, starb.

---

6 Esther Fischer-Homberger, Porträt und Fallgeschichte – Relationalität und Geschichtsschreibung.
  Pierre Janets Fall ‚Madeleine‘ um 1900, in: L'Homme. Z. F. G., 30, 1 (2019), 15–35.

REZENSIONEN

Aenne Gottschalk, Susanne Kersten u. Felix Krämer (Hg.), **Doing Space while Doing Gender – Vernetzungen von Raum und Geschlecht in Forschung und Politik** (= Dynamiken von Raum und Geschlecht 4), Bielefeld: Transcript Verlag 2018, 324 S., EUR 39,90, ISBN 978-3-8376-3536-2 (E-Book Open Access ISBN 978-3-8394-3536-6).

Der von Aenne Gottschalk, Susanne Kersten und Felix Krämer herausgegebene Band „Doing Space while Doing Gender – Vernetzungen von Raum und Geschlecht in Forschung und Politik" versammelt einschließlich der Einleitung 15 Beiträge zur sozialen Konstruktion von Raum und Geschlecht sowie deren Wirkungsmacht und Verhandlung in Politik und Forschung. Die disziplinäre Breite (unter anderem Geschichte, Film-, Literatur- und Sprachwissenschaft, Soziologie) der Aufsätze rührt aus der Konferenz „Interdisciplinary Matters" einer DFG-Nachwuchsgruppe[1] und verspricht eine anregende Lektüre. Der Einleitungstext der HerausgeberInnen skizziert zwei Grundgedanken des Sammelbandes, wobei die HerausgeberInnen darauf hinweisen, dass die versammelten Aufsätze nur lose in Verbindung zur Einleitung stehen (S. 30). Ein Grundgedanke ist die sozialkonstruktivistische Perspektive auf Raum und Geschlecht, die als relationale Kategorien in Bezug zueinander (ent-)stehen. Entlang des praxeologischen Begriffs der „Raumkörperpraktiken" untersuchen die Beiträge die Produktion des Sozialen als Formen von Subjektivierung, Materialisierung, Verortung und Verkörperungen. Weiterhin ist die Einleitung vom Netzwerkgedanken und von dem Raumverständnis von Deleuze und Guattari geprägt. In der Kombination dieser beiden Zugänge stehen dann die „Vernetzungen von Raumkörperpraktiken" im Zentrum der Einleitung. Damit liefern Gottschalk, Kersten und Krämer eine willkommene sozialphilosophische Erweiterung der theoretischen Zugänge auf Geschlechterverhältnisse in Raumkonfigurationen. Deren Analyse sei, so die HerausgeberInnen, trotz des *spatial turns* in den Sozialwissenschaften ein noch immer wenig bearbeitetes Gebiet. In einem disziplinär so breit angelegten Sammelband hätte man sich jedoch auch einige Arbeiten von GeografInnen und PlanerInnen gewünscht, die sich in der Vergangenheit durchaus mit der Ko-Konstitution von Raum und Geschlecht beschäftigt haben.[2]

Der erste Teil („Fluchtlinien von Raum und Geschlecht") enthält sieben theoretisch-philosophische Essays, die einerseits die Entwicklung grundlegender Begrifflichkeiten wie „Körper" oder „Materialität" nachzeichnen und sich gut als Einführungstexte in die Thematik eignen, und andererseits mit Konzepten wie „Visualisierung" oder „Expo-

1 DFG-Graduiertenkolleg 1599 „Dynamiken von Raum und Geschlecht" der Universitäten Kassel und Göttingen, vgl. www.raum-geschlecht.gwdg.de.

2 Vgl. Sybille Bauriedl, Michaela Schier u. Anke Strüver (Hg.), Geschlechterverhältnisse, Raumstrukturen, Ortsbeziehungen. Erkundungen von Vielfalt und Differenz im *spatial turn*, Münster 2010; Doris Wastl-Walter, Gender Geographien. Geschlecht und Raum als soziale Konstruktionen, Stuttgart 2010.

sure" Zugänge beziehungsweise neue Perspektiven auf die Dynamik und Unvorher-
sehbarkeit des Sozialen eröffnen.

Heiko Stoff setzt sich mit der zeitlichen Abfolge der Spielarten des Materialismus im
20. Jahrhundert auseinander. Sowohl für VertreterInnen des *practice turns* als auch des
linguistischen Paradigmas zeigt er auf, welche Relevanz Materialität jeweils hat und wie
Körperlichkeit in dem Zusammenhang verstanden wird. Imke Schmincke betrachtet
ebenfalls den menschlichen Körper in seiner Dualität von kulturell geformter und
vorgefundener beziehungsweise gegebener ,Natur' und zeichnet die Entwicklung der
Thematisierung des Körpers in verschiedenen sozialkonstruktivistischen Ansätzen
nach. Marian Füssels Aufsatz reiht sich hier ein, indem er Historisierung, also die
Entwicklungsgeschichte bestimmter Phänomene, als überzeugenden Weg ausweist, um
scheinbare Gewissheiten, beispielsweise über Geschlecht und Raum, als sozial konstruiert zu entlarven und die nötige Fremdwerdung vor dem Untersuchungsgegenstand
zu erzielen. Der Beitrag zu Transsektionalität (Björn Klein und Felix Krämer), die im
Dialog mit Intersektionalität bearbeitet wird, skizziert das Spanungsverhältnis zwischen der Auflösung des Körpers als dichotome Kategorie bei gleichzeitiger Herstellung
desselben durch vielfältige Differenz- und Statuskategorien.

Christine Hentschel und Susanne Krasmann betrachten die islamistischen Terror-
anschläge in Berlin, Paris und auch außerhalb Europas als Akte der Exposure, als
kurzfristige, schockartige Veränderung des urbanen Gefüges. Aber auch die Massen-
proteste im Zuge der Kandidatur Donald Trumps zum US-Präsidenten zeigen beispielhaft auf, wie affektive Momente eine Kollektivität herstellen und bestehende
Kräfteverhältnisse zur Disposition stellen können. Visualisierung ist, so Silke Förschler,
in seiner Begrifflichkeit der „kleinste gemeinsame Nenner" (S. 117) verschiedenster
theoretischer Zugänge auf die Vielfalt bildlicher Darstellung. Dabei sind diese visuellen
Repräsentationen als eine Form gesellschaftlicher Sinnproduktion und ihre Rezeption
beziehungsweise die Wahrnehmungsmuster von Visualisierung ebenfalls als kulturell
verankerte und geschlechtlich und räumlich konnotierte Praxis zu verstehen. Ähnlich
zeigt der Beitrag Medialität von Maria Fritsche die Verräumlichung von Zeit beziehungsweise die Materialisierung und insbesondere Visualisierung eines bestimmten
Zeitgeistes und dessen emotionale Wirkung im deutschsprachigen Nachkriegskino auf.
Die unterschiedlichen, geschlechtlich bedingten Coping-Strategien sowie die Widersprüche und Ungleichheiten im Geschlechterverhältnis der Nachkriegsjahre werden
überzeugend dargestellt. Dementsprechend würde man den Text auch eher im zweiten,
empirischen Abschnitt des Sammelbandes erwarten. Die hier versammelten und als
„Studien zu Raum und Geschlecht" betitelten Beiträge thematisieren überwiegend den
menschlichen Körper und die, immer auch begrenzte, gesellschaftliche und individuelle Gestaltungs- und Interpretationsmacht über diesen.

Tamara Frey untersucht Heiratsanzeigen körperlich beeinträchtigter Menschen im
deutschen Kaiserreich. Die Historikerin führt anschaulich aus, wie die in den An-
noncen präsentierten Personen ein „sich gegenseitig bedingendes ,doing class while

doing ability while doing gender'" (S. 142) vollführen und ihre Funktionsfähigkeit als vollwertige EhepartnerInnen im Sinne einer heteronormativen bürgerlichen Gesellschaft unter Beweis stellen. Der gut strukturierte Text von Björn Klein behandelt die Körper- und Raumpraktiken von „Androgynes, Fairies und Female Impersonators" zu Beginn des 20. Jahrhunderts in New York. Klein geht anhand der autobiografischen Schriften eines Androgynen der Frage nach, wie Identität in einer Gesellschaft hergestellt wird, die über keine entsprechenden normativen Subjektpositionen verfügt. Gabriele Hassler beschäftigt sich mit dem Konzept der Mutterschaft bei Gloria Fuertes und zeigt, wie diese vergessene spanische Dichterin und Kinderbuchautorin ein subversives, alternatives und durchaus auch queeres Frauenbild in ihren Werken geschaffen hat. Die Umdeutung der Lebensgeschichte der homosexuellen Schriftstellerin zur „Mutter aller Kinder" durch das Franco-Regime illustriert, wie „Mutterschaft" losgelöst von körperlichen Praktiken konstruiert werden kann. Die Marke Disney gilt als Synonym für traditionelle und heteronormative „family values", so Beatrice Frasl. Durch ein „queeres", also widerständiges und kritisches Lesen von Disney-Filmen ergänzt die Anglistin dieses Bild um die Aspekte des „monströsen Weiblichen" und neuer, das heißt vor allem kooperativer Frauenbilder in aktuellen Produktionen sowie deren räumliche Verortung.

Marei Schmoliner diskutiert sexualisierte Gewalt auf dem Kölner Bahnhofsvorplatz und dem Tahrir-Platz in Kairo und zeigt, wie der öffentliche Raum zum Verhandlungsort und Frauen*körper zur Verhandlungsfläche gesellschaftlicher und politischer Macht und hegemonialer Männlichkeit werden. Joana Coppis origineller Beitrag betrachtet die Konstruktion von Raum und Geschlecht in Diskursen über Rationalisierungsmaßnahmen im öffentlichen Nahverkehr. Die Soziologin fokussiert auf das implizite Geschlechterwissen des Personals in der Verkehrsplanung und macht so Verwaltungshandeln als eine Praxis offensichtlich, die den öffentlichen Raum (mit-)konstituiert.

Der Band schließt mit der wörtlichen Wiedergabe der auf der eingangs erwähnten Tagung geführten Abschlussdiskussion. Diese stand im Zeichen aktueller Herausforderungen wie Flucht, Rassismus und Diffamierung der Geschlechterforschung. Bezeichnenderweise wird hier die Frage aufgeworfen, wann und für welche Fragestellungen eine raumtheoretische Betrachtung neue Erkenntnisse birgt (S. 294). Diese Frage stellt sich mitunter auch beim Lesen des insgesamt sehr interessanten Bandes, da „Körper", „Medium" und „Handlungsort" mitunter als Synonym für Raum erscheinen. Der Herstellung von Raum, der eben auch Verstetigung von Praktiken, Materialisierung, Actant und Dispositiv ist, hätte, auch aufgrund des Titels, mehr Aufmerksamkeit geschenkt werden können.

Gesine Tuitjer, Braunschweig

Katharina Eck, Kathrin Heinz u. Irene Nierhaus (Hg.), **Seitenweise Wohnen: Mediale Einschreibungen.** FKW. Zeitschrift für Geschlechterforschung und Visuelle Kultur, 64 (September 2018), 127 S., ISSN 2197-6910.

Welchen zentralen Stellenwert das Wohnen in unserem Leben einnimmt, offenbart ein Blick auf die unzähligen Medien- und Zeitschriftenformate, die sich dieses Themas annehmen. Neben dezidierten Wohnzeitschriften – die ersten entstanden bereits im späten 18. Jahrhundert – vermitteln auch Familien-, Frauen-, Design- und Architekturzeitschriften bis hin zu Society- und Männermagazinen Wissen vom und Wünsche nach „schöner Wohnen".

Die Art, wie wir wohnen, drückt aus, wer wir sind und sein wollen. Doch Wohnen fungiert nicht nur als Repräsentation des Subjekts, sondern konstituiert es auch, wie das Themenheft „Seitenweise Wohnen" der „Zeitschrift für Geschlechterforschung und Visuelle Kultur" deutlich machen will. Wohnzeitschriften sind sowohl Produkt als auch Vermittler von Wohndiskursen, die „Wohn-Wissen" (S. 22) und damit Macht (re)produzieren und auf diese Weise politische, soziokulturelle und geschlechtliche Normen in das Subjekt und die Gesellschaft einschreiben: „die Ein-Richtung des Wohnens korreliert mit der Ein-Richtung des Subjekts und seinen sozialen Beziehungen." (S. 5)

Das Themenheft „Seitenweise Wohnen" ist Produkt eines laufenden Forschungsprojekts, das sich mit der Frage auseinandersetzt, wie ideale Formen und Handlungsweisen des Wohnens und die damit verknüpften Beziehungsräume medial konstruiert und vermittelt wurden und werden.[1] Es versammelt Aufsätze von sechs Autorinnen, die aus kunstwissenschaftlichen Perspektiven analysieren, wie mittels Repräsentationen und bildtechnischen Strategien Wissen vom idealen Wohnen erzeugt, zu sehen gegeben und didaktisch vermittelt wird. Nach einer kurzen Einleitung der drei Herausgeberinnen Katharina Eck, Kathrin Heinz und Irene Nierhaus skizziert Nierhaus in ihrem dichten theoretischen Beitrag die gesellschaftliche und gesellschaftspolitische Bedeutung der Wohnsphäre, die durch Wohnzeitschriften mitproduziert, gestaltet, normiert und vermittelt wird. Sie definiert „Wohn-Wissen" als Schaltstelle, die Diskurse zu gesellschaftlichem Zusammenleben, sozioökonomischer Aufgaben- und Machtverteilung und gesellschaftspolitischen Vorstellungen zu Familie, Ehe oder Sexualität versammelt, ordnet und verknüpft. Wirkmächtig wird dieses Wissen allerdings erst durch ein Zeigesystem: Hochglanzillustrationen von Designerwohnungen, Expert_innenratschläge zur Einrichtung und Renovierung oder Home-

---

1 Das von Irene Nierhaus und Kathrin Heinz geleitete Projekt „Wohnseiten. Deutschsprachige Zeitschriften zum Wohnen vom 19. Jahrhundert bis zur Gegenwart und ihre medialen Übertragungen" ist Teil des Forschungsfelds „wohnen+/-ausstellen", das am Mariann Steegmann Institut und am Institut für Kunstwissenschaft – Filmwissenschaft – Kunstpädagogik der Universität Bremen angesiedelt ist. – Das Themenheft „Seitenweise Wohnen" ist online verfügbar unter: https://www.fkw-journal.de/index.php/fkw/issue/view/76.

storys, die mit intimen Einblicken in das Private von Prominenten locken, wecken beziehungsweise halten ein (niemals stillbares) Begehren nach „besserem" (S. 20) Wohnen wach und propagieren gleichzeitig Vorstellungen vom ‚richtigen' Wohnen. Diese Text- und Bildsorten fungieren als mediale Displays, die Vielfalt und Individualisierung versprechen und Wohnen als identitätsstiftendes Element des modernen Menschen definieren. Wohnen wird, so die Autorin, „als eigentlicher und selbstidentischer Ort des Individuums essenzialisiert" (S. 22). Nierhaus' Überlegungen zu Wohnwissen, Schau_Platz und Wohndidaktik werden von den nachfolgenden Beiträgen aufgenommen und nutzbar gemacht, was dem Heft eine erfreuliche Kohärenz verleiht.

Dass Wohnzeitschriften kapitalistischen Logiken folgend das Begehren nach Mehr und Besserem anfachen, belegt bereits der Titel der 1960 gegründeten deutschen Zeitschrift „Schöner Wohnen", der gleich zwei Aufsätze gewidmet sind. Anna-Katharina Riedels Beitrag analysiert die Titelseiten der Zeitschrift in den 1980er- und 1990er-Jahren und unterstreicht den normativen Charakter des Formats, das Pluralismus und Individualität suggeriere, aber ganz konkrete Entwürfe des ‚richtigen' Wohnens forciere. Riedel demonstriert überzeugend, wie die Zeitschrift mittels Bildsprache und serieller Wiederholung Imaginationen und Wünsche nach ‚besserem' Wohnen befeuert und sich dabei auch den Zwang der Moderne zur Selbstoptimierung nutzbar macht. Auf diese Weise wird das Subjekt in die Verantwortung genommen, diese „idealisierten Räumlichkeiten" (S. 40) und die in ihnen eingeschriebenen Normen zu verwirklichen. Wer allerdings das konkrete Subjekt ist, an das sich die Optimierungsaufforderungen der Zeitschrift richten, beziehungsweise wie die implizierten Vorstellungen von Geschlecht oder Nation in die Räume – und damit auch in die Menschen – eingeschrieben werden, beleuchtet der Beitrag nicht.

Wie „Schöner Wohnen" in den 1970er-Jahren „ge_wohnte Geschlechterdifferenz" (S. 44) (re)produzierte, erfährt man im lesenswerten Aufsatz von Rosanna Umbach über den Umweg einer in der Zeitschrift publizierten Waschmaschinenwerbung. Diese zeigt einen Frauenkopf auf eine Candy Waschmaschine montiert und wird in Umbachs scharfsinniger Analyse einer Fotocollage der Künstlerin Valie Export gegenübergestellt. Umbach deutet die visuelle Verschmelzung von Frauenkopf und Waschmaschine als Unsichtbarmachung der auch in den 1970ern noch weitgehend weiblichen Hausarbeit. Sie verweist auf die doppelte Symbolik der Werbung: Der weibliche Cyborg will nicht nur die Mühsal der Frauenarbeit vergessen machen, sondern ersetzt auch den unreinen Frauenkörper durch eine glänzende, blitzsaubere Maschine. Es wäre interessant gewesen zu erfahren, wie sich der Wohn- und Geschlechterdiskurs der Zeitschrift verändert, wenn die Frauen von der Hausarbeit abgekoppelt und durch Maschinen ersetzt werden.

Vom Inneren des eingerichteten Raums ins Außen der gebändigten Natur führt Nora Huxmann in ihrem Beitrag zur Gartenzeitschrift „Gartenschönheit", die 1920 erstmals erschien und den „Wohngarten" zum erweiterten Wohnraum und Ideal mo-

dernen Wohnens erhob. Huxmann untersucht die bildästhetischen Entwicklungen der
Gartenzeitschrift von 1920 bis 1941. Titelblätter und der serielle Charakter der Zeitschrift ahmten den jahreszeitlichen Rhythmus der Natur nach und argumentierten
damit, dass ‚richtiges' Wohnen nur im Einklang mit dem Wandel der Natur stattfinden
könne. Indem die Zeitschrift der Frau die Aufgabe übertrug, die Einhaltung dieses
Rhythmus sicherzustellen, behauptete sie gleichzeitig eine ‚natürliche' Verknüpfung
von Natur, Frau und Heim. Besonders spannend zu lesen ist der Abschnitt über die
Veränderungen der Titelillustrationen: Während in den Anfangsjahren detailgenaue
oder abstrahierte Darstellungen von Blüten oder Blättern die Titelseiten zierten, rückte
in den 1930er-Jahren das Haus beziehungsweise das Wohnliche immer mehr ins
Zentrum. Leider lässt der Beitrag den politischen Kontext völlig außer Acht und fragt
auch nicht nach Anknüpfungspunkten zur Gartenstadtbewegung oder zur Blut-und-
Boden-Ideologie des Nationalsozialismus.

Einer der frühesten Wohnzeitschriften, dem von 1786 bis 1827 monatlich in
Weimar publizierten „Journal des Luxus und der Moden" (JLM), widmet sich Katharina Ecks lesenswerte Analyse. Die Zeitschrift bestand aus einem Textteil und einem
Bildteil mit teilweise handkolorierten Bildtafeln. Eck argumentiert, dass diese detail-
getreuen Zeichnungen als eigenständige und durch ihre spezifische ästhetische Form
äußerst wirkungsvolle Zeigesysteme zu verstehen sind, welche Vorstellungen von
idealem Wohnen, aber auch von idealen Körpern und Körperhaltungen schufen und
vermittelten. Am Beispiel einer Bildtafel, die verschiedene Objekte aus unterschiedlichen Perspektiven zeigt, legt Eck überzeugend dar, wie die Abbildungen nicht nur
Wohn- und Einrichtungsnormen produzierten, sondern auch Subjektwissen gene-
rierten. Obwohl keinerlei Körperteile zu sehen sind, erzeugen die zur Schau gestellten
Accessoires Vorstellungen von Körpermaßen, die zu den gezeigten Schuhen, Hand-
schuhen oder Möbeln passen.

Der letzte, von Silke Betscher verfasste Beitrag zur Flüchtlingskrise in Europa scheint
durch seinen Fokus auf die Darstellung tatsächlicher Behausungen von Asylsuchenden
und Flüchtenden aus dem thematischen Rahmen zu fallen. Doch Betscher verknüpft
geschickt die Frage nach den Bildstrategien der deutschen Tagespresse mit jener nach
der politischen Rolle von Wohnzeitschriften. Anhand der Bildberichterstattung über
die Flüchtlingskrise von 2015 bis 2018 illustriert sie anschaulich, wie mittels Bildstrategien „Wissen" über die Flüchtlinge produziert, Gefühle des Mitleids und der
Unsicherheit angefacht, aber auch die Botschaft vermittelt wurde, dass das Problem
„gelöst" sei. Die Fotos aus der früheren Flüchtlingsphase zeigten geflüchtete Menschen
auf der Straße, die in bunten Kuppelzelten temporären Schutz vor den Naturgewalten
fanden. Diese Bilder wurden allmählich durch eine bildpolitische Ordnung ersetzt,
welche die Flüchtlingsströme in rechteckig strukturierte Wohncontainer, Turnhallen
und Kasernen einpasste, ordnete und durch Gegenlichtaufnahmen oder die Darstellung leerer Unterkünfte weitgehend unsichtbar machte. Betschers engagierter Beitrag
belässt es nicht bei der Analyse, sondern prangert die Doppelbödigkeit der Flücht-

lingsdebatte an, welche die gesellschaftliche Integration nach bürgerlichen Normen verlangt und gleichzeitig die Flüchtenden an einen Nicht-Ort verbannt. Dabei sieht sie auch Macher_innen der Wohnzeitschriften in der Verantwortung, die, so Betscher, ein potenziell beträchtliches Kund_innensegment schlichtweg ignorieren und damit die mediale „Invisibilisierung" der Geflüchteten verstärken und dadurch normalisieren.

Das Themenheft eröffnet eine Vielfalt von Perspektiven und Fragestellungen auf das Thema Wohnen. Die Beiträge illustrieren überzeugend den Stellenwert des Wohnens in der Moderne und zeigen auf, wie über das scheinbar private Thema Wohnen politische Ordnungsvorstellungen und Normen formuliert und wirkmächtig werden. Bedauerlich ist, dass viele Thesen, wie jene nach der Einschreibung von geschlechtlichen und sozialen Normen, nicht detaillierter ausgeführt und die visuellen Diskurse kaum in die konkreten historischen Kontexte eingebettet wurden. Somit ist „Seitenweise Wohnen" ein anregendes Heft, dass – durchaus der Logik von Wohnzeitschriften folgend – Neugier weckt und Lust auf mehr „Wohn-Wissen" macht.

Maria Fritsche, Trondheim

Julie Le Gac u. Fabrice Virgili u. a., **L'Europe des femmes, XVIIIᵉ–XXIᵉ siècle. Recueil pour une histoire du genre en VO**, Paris: Perrin 2017, 351 S., EUR 23,50, ISBN 978-2-262-06666-6.

„Das Europa der Frauen", ein Sammelband zur Geschichte der Frauen vom 18. bis zum 21. Jahrhundert anhand von Originaldokumenten und in französischer Übersetzung entfaltet, ist mehr als ein spannendes und animierendes Lese- und Lernbuch. Es ist das Ergebnis langjähriger Forschungsarbeiten und ein Gemeinschaftswerk von zwei Gruppen von Historikerinnen:[1] des Vereins Mnémosyne – dies ist der Name einer Göttin der griechischen Mythologie, die für Gedächtnis, Erinnerung steht – und von Wissenschaftler_innen der Arbeitsgruppe Genre & Europe im Excellence-Cluster „Ècrire une nouvelle histoire de l'Europe", das seit 2012 an den Universitäten Paris I, Paris IV und der Universität Nantes betrieben wird. Mit dem Ziel, eine neue Geschichte Europas zu schreiben, ist inzwischen eine Enzyklopädie mit bisher 600 Beiträgen entstanden, die auf der Internetplattform www.labex-ehne.fr auf Französisch und Englisch zu lesen sind. Es sind die Früchte dieses bewundernswerten und ehrgeizigen Projekts, die der vorliegenden Textsammlung zugutekommen. Sie enthält neben Dokumenten in der jeweiligen europäischen Originalsprache (vom Russischen bis zum Portugiesischen und Englischen usw.) immer auch eine französische Übersetzung und eine anregende wissenschaftliche Kommentierung. Doch die Übersetzung oder Lesbarkeit sind das eine, entscheidend ist, dass wir mit diesem Buch Kenntnisse über die Geschichte/n von Frauen erhalten, die sonst im Mainstream historischer Forschung untergehen oder an Sprachgrenzen und hegemonialen Diskursen scheitern. Der Band „Das Europa der Frauen" ist nicht zuletzt ein integratives europäisches Projekt, das – so die Einleitung – den Dialog um die Vielfalt und die Gemeinsamkeiten europäischer Stimmen und Kulturen fördern will, aber auch um die Fremdheiten, die Distanzen und die Ungleichzeitigkeiten in Raum und Zeit weiß.

Die insgesamt zwölf Autorinnen und Autoren haben diese Quellensammlung, ihre Zielsetzung und Struktur im Kollektiv erarbeitet und arbeitsteilig kommentiert. Ihr Ausgangspunkt war die Idee, bisheriger „konservativer paternalistischer" Geschichtsschreibung die Erzählung ganz anderer europäischer Geschichten über Gleichheit und Differenz in den Geschlechterbeziehungen gegenüberzustellen. Dabei werden alle Aspekte des sozialen, politischen, alltagsweltlichen Lebens sowie literarischen und künstlerischen Schaffens aufgerufen. Weil damit mehr als ‚die Hälfte der Menschheit', eigentlich die ganze Welt zur Disposition steht, musste klug ausgewählt werden. Doch es gelingt den Autor_innen, aus der Fülle nationaler beziehungsweise länderspezifischer und grenzüberschreitender Diskurse und Interventionen zur Frauenfrage genau die

---

1 Die Autor_innen sind Peggy Bette, Sonja Bledniak, Myriam Boussahba-Bravard, Anne-Laure Briatte, Véronique Garrigues, Louis-Pascal Jacquemond, Julie Le Gac, Amandine Malivin, Dominique Picco, Yannick Ripa, Mélanie Traversier und Fabrice Virgili.

Thematiken und historischen Zeugnisse auszuwählen, die die strittigen und wunden Punkte im Geschlechterverhältnis beschreiben. Im Ergebnis ist es daher verblüffend, wie treffend die Texte über die vergangenen drei Jahrhunderte und nationale Grenzen hinweg ähnliche Erfahrungen sowie Protest und Widerstand spiegeln, die unzweifelhaft als feministische zu kennzeichnen sind.

Der in elf Kapiteln gegliederte Stoff und ihre prägnanten Überschriften machen neugierig. Innerhalb der jeweiligen Abschnitte werden die Texte chronologisch geordnet. Die ausgewählten Quellen werden knapp, aber sehr informativ aus dem jeweiligen historischen Kontext interpretiert und kommentiert. Einschlägige Literaturhinweise regen zum Studieren und Weiterlesen an.

Kapitel I (S. 23–30) hebt an mit der alle neuzeitlichen Feminismen tragenden Erkenntnis „Man wird nicht als Frau geboren, man wird es" mit Beiträgen von und zu Mary Wollstonecraft, von Concepción Cardenal, einer Pionierin des spanischen Feminismus in der Zeit um die sechs revolutionären beziehungsweise demokratischen Jahre in Spanien zwischen 1868 und 1874, mit Otto Weinigers „Geschlecht und Charakter" und der Neuen Frau bei Alexandra Kollontai, um mit Simone de Beauvoirs „Das andere Geschlecht" eine verbindende Analyse und Sprache zu finden. Besonders verdienstvoll, auch in den folgenden Kapiteln, ist die Vorstellung von Texten, die bisher außerhalb mitteleuropäischer Perspektiven liegen, wie das Pamphlet der „Drei Marias", die 1971 in einem Rekurs auf eine berühmte literarische Vorlage, die „Letttres portugaises" von 1669, gegen die konservative Moral und die politische Repression des Salazar-Regimes opponierten (S. 43 f.).

Kapitel II, „Zugang zur Politik" (S. 51–79), gerät auf den ersten Blick sehr knapp, aber was heißt das? War es nicht das Ziel aller feministischen Kritik, den Begriff des Politischen neu zu definieren, die herkömmlichen Gewichtungen und hierarchischen Trennungen zwischen Privatem und Politischem aufzuheben? Dies wird nicht ausdrücklich thematisiert, trägt aber die Auswahl auch in den anderen Kapiteln. Zunächst folgen Auszüge aus den bekannten politischen Manifestationen von Nicolas de Condorcet, Olympe de Gouges, William Thompson, Hedwig Dohm und anderen sowie Stimmen der englischen Suffragetten und ihrer Gegner_innen oder das Interview mit einer der ersten weiblichen Abgeordneten im türkischen Parlament von 1935. Dank der kenntnisreichen Kommentare verschaffen insbesondere solche Texte zur Frauengeschichte einen Einblick in bisher unbekannte Erfahrungen und Regionen, in diesem Fall in die sozialen, kulturellen und politischen Probleme der kemalistischen Republik nach 1923 (S. 72 f.). In Kapitel III, „Der Krieg, eine Angelegenheit von Frauen" (S. 81–109), wird offenbar, wie männliche und weibliche Rollenzuschreibungen in unterschiedlichen Formen der Betroffenheit und nationaler Heroisierung ebenso befestigt wie obsolet werden. Eindrücklich sind die literarischen Dokumente und ihre historische Interpretation. Beispielhaft wird hier ein Revolutionslied von 1794 in der Gegenüberstellung zur berühmteren Marseillaise dokumentiert, das mit der Hymne auf den männlichen Kriegshelden zugleich die allein männliche Staatsbürgerschaft begründet und feiert. Selbst nachdem im Zweiten Weltkrieg sowjetische Soldatinnen anscheinend gleichberechtigt in der Armee gedient haben, wird ihnen – wie Leutnant Nina Lobkovskaia beklagt – doch verwehrt, mit dem Einmarsch in Berlin am Sieg teilzuhaben (S. 106f.). Daneben aber wird in diesem Kapitel der Akzent auf Zeugnisse des Widerstands und pazifischen Engagements gelegt (Florence Nightingale, Bertha von Suttner, in Plakaten zu Heldinnen des Spanischen Bürgerkrieges 1936–1937 oder einem Auszug aus Anne Franks Tagebuch).

Es folgen Kapitel zu Themen wie Religion, Bildung und Erziehung, den Arbeiterinnen aller Länder, Künstlerinnen und Frauen in der Wissenschaft. Einige Kapitelüberschriften sind nicht ohne weiteres ins Deutsche zu übersetzen, weil sie Redewendungen, vieldeutige und hintersinnige Anspielungen enthalten, die nur im kulturellen französischen Kontext verständlich sind, wie zum Beispiel „À corps perdus" (S. 111–137). Es geht um den Körper der Frau und alle Politik, die symbolisch und praktisch seit mehr als zwei Jahrhunderten die Existenzweise von Frauen bestimmt, einschränkt und kontrolliert. Entsprechend vielseitig sind die vorgestellten historischen Zeugnisse. Sie reichen von der Abbildung des Lehrmaterials für die Geburtshilfe der Hebammen (in Stoffmodellen von Uterus und Embryo) aus dem 18. Jahrhundert (S. 112) über den Diskurs zu Homosexualität und zum Dritten Geschlecht am Beginn des 20. Jahrhunderts (zum Beispiel Magnus Hirschfeld) bis zu den großen europäischen Debatten um Geburtenkontrolle, um die Selbstbestimmung der Frau über ihren Körper und den Kampf gegen die Strafbarkeit des Schwangerschaftsabbruchs seit der Mitte des 20. Jahrhunderts. Dass hierbei auch ein Auszug der Enzyklika „Humanae Vitae" von Papst Paul VI. aus dem Jahr 1968 abgedruckt wird (S. 128f.), mit der die Anwendung der Pille verboten ist, wird im Kommentar wohl begründet und belegt zugleich, welche Bedeutung die Kirche in Fragen der Geburtenkontrolle in katholischen Ländern bis heute hat.

Wie auch im Kapitel „Féminismes en tous genres" (*genre* in der Bedeutung von ‚Geschlecht oder *gender* oder auch aller Arten und Weisen') (S. 139–170) oder im interessanten Kapitel zu Religion unter dem Titel „Und Gott schuf die Frau" („Et Dieu créa la femme", S. 171–195) charakterisiert diese Quellensammlung eine beeindruckende Vielfalt und Vielseitigkeit der Themen, die hier nur beispielhaft angedeutet werden können. Entfaltet wird ein Panorama gleichzeitiger und ungleichzeitiger Diskurse und Geschichten sowie ein reicher Schatz gemeinsamer historischer Forschung, der sowohl in der Auswahl als auch in der professionellen und anregenden Kommentierung zum Ausdruck kommt. Ein besonderes intellektuelles Vergnügen bereiten die Interpretationen des Bildmaterials (von Illustrationen oder Plakaten, S. 349f.) oder literarischer Quellen wie zum Beispiel Astrid Lindgrens „Pippi Langstrumpf", das befreiende Rollenmodell einer ganzen Mädchengeneration des 20. Jahrhunderts (S. 156f.), oder die knappe, aber kluge Situierung des Klassikers weiblichen Schreibens, von Virginia Woolfs „Ein Zimmer für sich allein" (S. 296f.).

Was als bunte oder gelegentlich willkürliche Mischung erscheint, in der anscheinend gelegentlich der ‚rote Faden' oder die Auswahlkriterien verloren gehen, ist doch gleichzeitig eine Akzentsetzung, eine französische Perspektive, die zu weiteren, vertiefenden Studien anregt. Insofern wäre das Ganze ein auch für andere Sprachräume nachahmenswertes Projekt. In jedem Fall ist es ein inspirierendes, bildendes und lesenswertes Buch, das über die Vielfalt und Geschichte europäischer Kulturen aus einer feministischen Perspektive aufklärt und damit einen weiten Raum für einen genuin europäischen Dialog und lohnenswerte historische Forschung eröffnet. Wenn im letzten Beitrag auf die Abbildung der Europa – die mythologische Gestalt der „schönen Fremden" nach der Erzählung des griechischen Dichters Hesiod aus dem 7. Jahrhundert v. Chr. – Bezug genommen wird, so verweist diese Allegorie nicht nur auf eine lange Erzähltradition, sondern enthält im Bild der Veränderbarkeit und Überwindung der Grenzen des europäischen Kontinents zugleich eine politische Utopie.

Ute Gerhard, Bremen

Anna Clark, **Alternative Histories of the Self. A Cultural History of Sexuality and Secrets, 1762–1917**, London/New York: Bloomsbury 2017, ca. EUR 107,–, ISBN 978-1-3500-3063-3.

Wie konstruierten Menschen, die gesellschaftliche Konventionen nicht erfüllten, ein Verständnis ihres eigenen Selbst? Diese Frage bildet den Kern des Buches von Anna Clark, Historikerin an der University of Minnesota. Clark geht ihr anhand von fünf Fallstudien nach, welche die Zeitspanne vom Ende des 18. bis zum Beginn des 20. Jahrhunderts umfassen. Diese haben jeweils eine unkonventionelle Persönlichkeit und deren intimes Geheimnis zum Gegenstand: den französischen Diplomaten Chevalier d'Eon (1728–1810), der beschloss, als Frau zu leben. Die Yorkshire Gentlewoman Anne Lister (1791–1840), die in ihren Tagebüchern verschlüsselt über ihre Gefühle für Frauen schrieb. Den Angestellten der British East India Company Richard Johnson (1753–1807), der heimlich den Kolonialismus kritisierte. Den viktorianischen Sozialreformer James Hinton (1822–1875), der zur selbstlosen Hilfe für die Armen aufrief und im Privaten die Polygamie befürwortete. Und schließlich die sozialistische Schriftstellerin Edith Ellis (1861–1916), die mit dem berühmten Sexualwissenschaftler Havelock Ellis verheiratet war und gleichzeitig Beziehungen zu Frauen unterhielt.

In der Einleitung hebt Clark hervor, sich bei ihrer Analyse nicht auf die Ideen großer Denker zu konzentrieren, wie dies Studien zum modernen Subjekt zumeist täten. Vielmehr untersuche sie, wie sich einzelne AkteurInnen jene Ideen angeeignet hätten, um die eigene Lebensweise nicht zuletzt für sich selbst zu ergründen und zu begründen. Quellentechnisch stützt sie sich daher auf eine Vielzahl an Ego-Dokumenten, von

Tagebüchern über Notizhefte bis hin zu Briefen. Gleichwohl macht Clark deutlich, dass es sich hier keineswegs um authentische Einblicke in die Psyche der ProtagonistInnen handele, sondern um spezifische Konstruktionen des Selbst. Diesbezüglich spricht sie von einer „queer method of reading" (S. 2), bei der Texte umgedeutet und ihre inhärenten Widersprüche ausgenützt werden, um mit ihrer Hilfe ein neuartiges Verständnis des eigenen Selbst zu erschaffen. Von besonderem Erkenntnisinteresse für Clark ist, wie sich dies zum Konzept des einzigartigen Selbst verhielt, das um 1800 in Widerstreit mit dem älteren Konzept der Person geriet, welches auf festen Rollenzuteilungen gemäß der ständischen Gesellschaftsordnung basierte.

Eindrücklich zeigt Clark dies in den ersten beiden Kapiteln auf. So berief sich der Chevalier d'Eon auf Jean-Jacques Rousseau, den wirkmächtigen Begründer des Konzepts eines einzigartigen, expressiven Selbst. Unter Bezugnahme auf dessen Schriften verteidigte er respektive sie den Entschluss, fortan als Frau zu leben. Dies entspreche nun mal ihrer ‚wahren' Natur, weshalb man sie auch nicht moralisch verurteilen könne. Allerdings erfüllte sie mitnichten das gängige Weiblichkeitsideal, da ihr Auftreten wenig feminin gewesen sei und sie männlich konnotierte Verhaltensweisen beibehalten habe. Clark erkennt darin eine fluide Auffassung von Geschlecht, die sich stabilen Kategorisierungen entzog. Auf ähnliche Weise verteidigte die englische Dame Anne Lister Anfang des 19. Jahrhunderts ihr Selbstverständnis gegen dominierende Geschlechtervorstellungen, die zu ihrem Bedauern Frauen sowohl von höherer Bildung ausschlossen, als auch auf die Rolle der Ehegattin und Mutter festlegten. Abgesehen von Rousseau bediente sich Lister religiöser Texte, der Literatur der Romantik sowie der Werke antiker Schriftsteller, um sich selbst ihr gleichgeschlechtliches Begehren in einer Zeit verständlich zu machen, die hierfür noch keine Begriffe zur Hand hatte. Indem sie ihr männliches Erscheinungsbild von einem sozialen Stigma in ein Instrument sexueller Selbstermächtigung umfunktionierte, habe sie sich laut Clark nicht in gewöhnliche dichotome Geschlechterkategorien einteilen lassen.

Galt das Augenmerk der Studie bislang der Transgression von Geschlechter- und Sexualitätsnormen im Namen einer auszulebenden ‚wahren' Natur, weitet sich der Blick der Studie in den zwei folgenden Kapiteln auf andere Identitätskategorien sowie auf alternative Konzepte des Selbst. Richard Johnson war im letzten Drittel des 18. Jahrhunderts für die Ostindien-Kompanie tätig. Gleichzeitig befasste er sich eingehend mit den Gedanken der Aufklärung und hegte ein schwärmerisches Interesse an nicht-westlicher Kunst und Kultur. Aufgrund dieser Einflüsse und persönlicher Erfahrungen in Indien entwickelte er sich zu einem profunden Kritiker des Kolonialismus, behielt seine Meinung diesbezüglich allerdings für sich. Clark identifiziert hier einen Gegenentwurf zum Konzept des einzigartigen Selbst, da Johnson bewusst zwischen öffentlicher und privater Persönlichkeit getrennt und nicht nach seinem ‚innersten Wesen' gesucht habe. Anstelle Rousseaus sei Adam Smith sein zentraler Gewährsmann gewesen, der ein hierzu passendes Konzept des fragmentierten Selbst vertreten habe.

Der Londoner Arzt und einflussreiche Sozialreformer James Hinton predigte Mitte des 19. Jahrhunderts den Altruismus zugunsten der Armen. Damit reihte er sich nur scheinbar in die mehrheitlich protestantischen Reformbewegungen seiner Zeit ein, die den Auswüchsen der Moderne mit strenger Selbstzucht und ostentativem Verzicht begegneten. Im Gegensatz zu ihnen schmähte Hinton die Opferung des eigenen Selbst, sofern sie nicht anderen diente, und verteidigte den maßvollen Genuss, egal ob es sich nun um Alkoholkonsum oder die Freuden der Sexualität handelte. Er ging so weit, die Lösung des drängenden sozialen Problems der Prostitution in der Polygamie zu sehen. Dabei berief er sich auf fernöstliche Philosophien, die gerade in der Sexualreformbewegung viele AnhängerInnen fanden. Obschon Hinton mit seiner Meinung für gewöhnlich nicht hinter dem Berg hielt, machte er seine polygamen Überzeugungen, die offenkundig mit dem christlichen Ehemodell überkreuzlagen, zeitlebens nicht publik.

Im Unterschied zu Hinton vertrat die Schriftstellerin Edith Ellis einen sozialistisch und feministisch grundierten Individualismus. Ihr zentraler Referenzpunkt war Friedrich Nietzsche, dessen Kritik am christlichen Konzept der Nächstenliebe sie entsprechend umdeutete, wie Clark in Kapitel 5 darlegt. In den 1880er-Jahren war Ellis Mitglied der kurzlebigen Vereinigung Fellowship of the New Life, deren lebensreformerischen Geist sie in ihrer offenen Beziehung zu Havelock Ellis praktisch umzusetzen suchte. So verfügte das Ehepaar über getrennte Wohnsitze, um ihre Gewohnheiten und individuellen Bedürfnisse nicht einschränken zu müssen, wozu auch (auf beiden Seiten) sexuelle Beziehungen zu anderen Frauen gehörten. Das gleichgeschlechtliche Begehren seiner Gattin nutzte Havelock Ellis überdies für seine Forschung, indem er sie penibel untersuchte und an ihr die Figur der Invertierten beschrieb. Edith Ellis griff ihrerseits die Erkenntnisse der Sexualwissenschaft wie auch der Eugenik für ihr Selbstverständnis auf, indem sie sich gegen jedwede Pathologisierung verwahrte und im Abnormalen das potenzielle Genie feierte.

Ungeachtet der mit Gewinn zu lesenden Einzelstudien und der interessanten Einblicke in die intersektionale Dimension von Subjektivitäten sind drei Punkte kritisch anzumerken: Erstens bleibt Anna Clark trotz anderslautender Bekundungen meines Erachtens einer ideengeschichtlichen Perspektive verhaftet, nur dass es ihr um Aneignungsweisen der Werke großer Denker geht. Ein Grund hierfür liegt in der analytischen Beschränkung auf schriftliche Selbstentwürfe, wohingegen andere Praktiken der Subjektivierung ausgeblendet werden. Zweitens wird durch den Fokus auf nonkonforme Individuen, deren kreative Lektürestrategien sowie den sich darin manifestierenden Eigensinn en passant die moderne Erzählung des autonomen Subjekts fortgeschrieben. Demgegenüber wäre die konstitutive Funktion von Normen, die dem Subjekt eben nicht äußerlich sind, und die Ermöglichung von Agency innerhalb konfligierender Diskurse zu betonen. Drittens weiß das Konzept des einzigartigen Selbst nur bedingt zu überzeugen. Zunächst wird nicht klar, ob damit allgemein das moderne Subjekt gemeint ist oder nur eine historisch-spezifische Ausprägung. Ferner hätte man etwa mittels des Hegemoniebegriffs die Vielfalt gesellschaftlich umkämpfter

Subjektkulturen hervorheben und systematischer betrachten können. Schließlich scheinen mir die Fallstudien unterschiedliche Formen der Konstruktion von Verhältnissen zum eigenen Selbst zu behandeln, die nicht in der gleichen Art und Weise mit dem Konzept des einzigartigen Selbst zusammenhängen. So mussten Richard Johnson und James Hinton dies gar nicht anstreben, da ihr einzigartiges Selbst wegen ihrer privilegierten Stellung als weißes, männliches und heterosexuelles Subjekt nie zur Disposition stand.

Jens Elberfeld, Halle

Heidrun Zettelbauer, Stefan Benedik, Nina Kontschieder u. Käthe Sonnleitner (Hg.), **Verkörperungen · Embodiment. Transdisziplinäre Analysen zu Geschlecht und Körper in der Geschichte · Transdisciplinary Explorations on Gender and Body in History,** Göttingen: V&R unipress 2017, 375 S., 26 Abb., EUR 45,–, ISBN 978-3-8471-0676-0.

Die tief in der feministischen Bewegung verwurzelten Anfänge der körperhistorischen Forschung liegen bereits über dreißig Jahre zurück. Ausgehend von der Unterscheidung zwischen Sex und Gender geriet die erste Kategorie durch den radikal konstruktivistischen Ansatz Judith Butlers Anfang der 1990er-Jahre ins Zentrum einer hitzigen, bald auch die Naturwissenschaften erreichenden und bis heute andauernden Debatte um die Frage nach Materialität oder Konstruktivität von Körper(lichkeit) als Ort beziehungsweise Verortung von Geschlecht und (Geschlechts-)Identität. Diese Entwicklung zeichnet Heidrun Zettelbauer in ihrem instruktiven einleitenden Beitrag aus historisch-methodologischer Perspektive nach und betont dabei das Ringen, „Diskurs und Materialität in Hinblick auf Körper und Geschlecht zusammenzudenken" (S. 20). Dabei werden Körper im Sinne Butlers als Zeichensysteme, aber auch als individuelle Erfahrungsräume betrachtet, die zwar „vorsprachlich" erlebt, aber nie außersprachlich kommuniziert und (selbst) analysiert werden können. Als Ausgang aus diesem Dilemma offeriert der Band den mehr bewegungs- als theoriebasierten Ansatz des „embodiment" des „third wave feminism", die „gelebte Körperlichkeit", „den kulturell wahrnehmenden und handelnden Leib", der in Interaktion mit seiner Umwelt „beständig neu hergestellt wird" (S. 21). Zettelbauer nimmt zwar keinen direkten Bezug auf die gegenwärtigen globalen reaktionär-essentialistischen Entwicklungen, doch sie betont wiederholt die „Effekte der Kämpfe um Bedeutungen und Zuschreibungen in den Sexualitäts- und Körperdiskursen" (S. 18), bezeichnet Körper als Orte „des Widerstandes und der Widerspenstigkeit" (S. 21) und stellt die Anthologie in die emanzipatorische Tradition der Geschichte des ‚Eigen-Sinns' der 1990er-Jahre. Sie rückt das Umdeuten und Aneignen neuer Körper- und Selbstbilder als politisches Anliegen für Kollektive wie Individuen ins Zentrum. Gefragt wird nach der Selbster-

mächtigung als „enactment" vor dem Hintergrund der „Gleichzeitigkeit von Norma-
lisierungstendenzen und Tabubrüchen" (S. 23). Der Fokus liegt damit auf der Defi-
nitions- und Deutungsmacht sowie den Spielräumen zwischen Internalisierung und
normüberschreitender Selbstermächtigung. Diese Fokussierung bildet die Klammer
der 15 anderen Beiträge, die in vier Kapiteln („Positionierungen", „Aushandlungen",
„Überschreitungen", „Handlungsräume") gemäß ihrer primären Forschungsperspek-
tive gruppiert werden.

Selbstverständlich kann hier nicht auf jeden Artikel eingegangen werden. Deren
zeitliche Spanne reicht vom 13. bis ins 21. Jahrhundert, geografisch geht es neben
Österreich und Deutschland um Belgien, die Niederlande, Tschechien, die Schweiz
und die Türkei. Außer den mehrheitlich historischen Texten wurden zwei literatur-
wissenschaftliche, ein umfassend bebilderter kunsthistorischer, ein religionssoziologi-
scher sowie ein filmwissenschaftlicher Beitrag aufgenommen. Die meisten Aufsätze
stellen, wie bei solchen Sammelbänden üblich, empirische, das heißt dicht an den
Quellen/Objekten entlang erzählte Fallstudien aus größeren Forschungsprojekten dar.
Nur Hanna Hacker und Kerstin Palm fokussieren gleich zu Beginn dezidiert auf
methodisch-theoretische beziehungsweise epistemologische Probleme. Fünf Beiträge
wurden identisch oder in leicht überarbeiteter Form bereits andernorts publiziert: Aus
dem Englischen übersetzt wurde Willemijn Rubergs Studie zur Menstruation in der
gerichtsmedizinischen Gutachtung der Niederlande, Hanna Hacker überarbeitete und
erweiterte ihre dezidiert körperpolitischen Reflexionen zu transgressiven Körpern.
Tendenziell Nachdrucke sind auch Libora Oates-Indruchovás Ausführungen zur
Schaffung möglichst ‚entgenderter' Körper in Lehrbüchern der sozialistischen Sport-
wissenschaften der Tschechoslowakei der 1970er-Jahre sowie Angelika Baiers Analyse
eines österreichischen Dokumentarfilms über Intergeschlechtlichkeit. Marina Hilbers
Text zu Vorstellungen von Schwangerschaft in Habsburgischen Gebärhäusern des
19. Jahrhunderts ist eine englische Übersetzung von Teilen ihrer bereits 2012 publizierten deutschsprachigen Dissertation.

Solch divergente Anthologien können entweder als Potpourri kritisiert oder als
Horizonterweiterung betrachtet werden. Die Rezensentin entschied sich für letzteres.
Die meisten Beiträge eröffnen, gerade weil sie ein breites Spektrum an kaum ver-
gleichbaren Spezialthemen, Quellen(zwängen) und methodischen Zugängen ausbrei-
ten, nicht nur körperhistorisch Interessierten neue Blickwinkel und vergleichende
Perspektiven auf ‚fremde' Kulturen und Zeitfenster jenseits des eigenen ‚Tellerrandes'
und ermöglichen so die Reflexion über die Reichweite und Grenzen der eigenen
Forschung. Die Fruchtbarkeit solcher Blickwechsel führt zunächst Hacker vor, indem
sie begriffstheoretisch die Relevanz des terminologischen Wandels der „Transgression"
durch drei Felder und Zeiten verfolgt. Den Diskurs über bedrohte „Entitäten" zeigt sie
am Beispiel des „Mannweibs" um 1900, schlägt den Bogen über den Cyberfeminismus
der 1990er-Jahre hin zu neueren postkolonialen feministischen Ansätzen und zeigt
dabei, wie auch in antirassistischen Texten (hier der Chicana-Feminismus der USA) auf

der Suche nach neuen Identifikationsangeboten die angeblich überwundenen Essentialismen von Natur und Rasse ‚überleben'. Ihre Forderung nach „geopolitischem Dezentrieren", um bestimmte Dispositive nicht an den „geopolitischen Rändern" zu wiederholen, bleibt dabei allerdings recht unbestimmt (S. 60–63). An Relevanz kaum zu überbieten, dabei stringent konzipiert und auch sprachlich ein Musterbeispiel für wissenschaftlichen Transfer ist der Beitrag Kerstin Palms zur aktuellen epigenetischen Forschung. Seit der Antike über Lamarck wird bis heute immer wieder über die Vererbung sozial erworbener Eigenschaften diskutiert; im 21. Jahrhundert scheint der Effekt nun kaum noch bestreitbar. Luzide führt Palm in den aktuellen Stand der genetischen Nature/Nurture-Debatte ein, um dann die biochemischen, aber auch epistemologischen Chancen und Risiken eines evolutionstheoretischen ‚Turns' vom „biologischen" zum „bio-sozialen embodiment" aus spezifischer Genderperspektive aufzuschlüsseln.

Das Problem der „Verkörperung" von Grenzziehungen, der Transgression, der Prozesshaftigkeit, des Uneindeutigen, mit ihrer Möglichkeit zu Freiräumen, aber auch Normierungen steht im Mittelpunkt aller Beiträge. An einem Kartenlegespiel für Kinder mit fragmentierten, geschlechtlich durch Tracht, Haar/Hut und Fußbekleidung klar markierten Körpern aus der Zeit um 1900 führt Stefan Benedik anschaulich vor, wie Normierungen und das Einüben derselben auch und gerade durch deren scheinbare Transgression funktionieren. Noch 100 Jahre später versucht auch der konditionierte Blick der Rezensentin automatisch, Ordnung in das ‚Chaos' der geschlechtlich konnotierten Berufe und Bekleidungen zu bringen.

Auffällig, wenn auch nicht mehr überraschend ist, wie häufig in den verschiedenen Beiträgen die Verschmelzung nationaler und/oder religiöser beziehungsweise konfessioneller Normen mit Körpernormen, insbesondere im Sport und in der Kinder- und Jugenderziehung, konstatiert wird. Während es bei Libora Oates-Indruchová die Nivellierung von Zweigeschlechtlichkeit bei der Schaffung eines sozialistischen Einheitskörpers im Kalten Krieg ist, stellt Gökçen B. Dinç die Normierung der Körper und Körpervorstellungen junger Türkinnen in der staatlichen Hebammenausbildung der jungen Republik vor, die so gezielt vor den Karren der Bevölkerungspolitik des neu zu legitimierenden Vielvölkerstaates gespannt wurden. Diese Form der außersprachlichen ‚Inkorporierung' und Normierung ist auch das Thema von Andrea Meissner (wieder im Sport) und Nina Kontschieder (Erziehungsliteratur), die sich jeweils dem Zusammenhang von gegenderten Körperpraktiken in der katholischen Jugenderziehung widmen. Ganz aktuell und innovativ liest sich auch die vorwiegend interviewbasierte Studie von Susanne Leuenberger zu Schweizer Konvertitinnen zum radikalen Islam, die in speziellen Kursen, auch durch die neue Kleidung bedingt, ‚korrekte' weibliche Gestik, Blicke und Bewegungen zu ‚inkorporieren' lernen.

Ein anderes, noch viel zu selten historisch untersuchtes Körperthema bearbeitet Josephine Hoegarts. Anhand der patriotischen Erziehung belgischer Kinder des 19. Jahrhunderts zeigt sie, wie stark Stimmen im Musikunterricht kulturell und geschlechtlich konditioniert und standardisiert und welche gesellschaftlichen Rollen und Verhaltensweisen dadurch geformt werden.

Je nach Quellenspektrum (normative Quellen oder Ego-Dokumente) steht bei allen Untersuchungen die Agency, das heißt die Handlungsfähigkeit, das Ausloten von Handlungsräumen mehr oder weniger im Vordergrund. Angesichts der Renaissance rechts-populistischer, aber auch fundamentalistisch-(national)religiöser Gruppierungen weltweit, die sich massiv und aggressiv an der Geschlechterfrage abarbeiten und nach historischen sowie aktuellen naturwissenschaftlichen Legitimationen suchen, erscheint weiterhin dringend geboten, dass auch die Kulturwissenschaften – empirisch und vor allem auch epistemologisch präzise begründet – ihren Platz in der Arena der Deutungskämpfe behaupten. Einige der Beiträge des Bandes können dazu gerade in der universitären Lehre einen Beitrag leisten.

Maren Lorenz, Bochum

Joan Wallach Scott, **Sex and Secularism,** Princeton/Oxford: Princeton University Press 2018, xiii + 240 S., EUR 23,70, ISBN 978-0-6911-6064-1.[1]

Gut zehn Jahre nach ihrem Buch „The Politics of the Veil" (2007) hat sich Joan Scott in „Sex and Secularism" erneut dem Thema Feminismus und Religion zugewandt und dabei auch den Blick geweitet. Nun geht es nicht nur um den (in Hinblick auf die Trennung von Religion und Staat einzigartig radikalen) französischen Republikanismus, sondern sie betrachtet die komplexen Beziehungen zwischen Säkularismus, Geschlechterdifferenz und Sexualität in einer globalen wie postkolonialen Perspektive. Scott entschloss sich zu diesem Buch, weil ihr die Selbstbeschreibung des ,säkularisierten' Westens als Hort von Geschlechtergleichheit und -freiheit einerseits, der Zuschreibung von Geschlechterdifferenz und -unterdrückung an den Islam andererseits als Geschlechterhistorikerin zunehmend suspekt, ja widersinnig und sogar gefährlich erschien. Sie verweist auf die Säkularisierungsdebatte im 19. Jahrhundert, während der es zu einer regelrechten Verweiblichung von Religion kam. Die Trennung zwischen (weiblicher) privater Religiosität und (männlicher) öffentlicher Politik sei insbesondere in Frankreich nicht nur extrem sichtbar debattiert worden, sondern sie ging auch Hand in Hand mit einer Festschreibung von Geschlechterdifferenzen im Konzept der „separate spheres" und dem damit verbundenen Ausschluss der Frauen von politischen Rechten und der ,politischen Sphäre'. Anlässlich der heftigen Debatten über ein Verbot der (Voll-)Verschleierung von Musliminnen wird aktuell die Trennung von Religion und Staat erneut, aber diesmal mit völlig anderen Vorzeichen debattiert.

---

1 Laut Verlagsankündigung erscheint das Buch im November 2019 auch als Taschenbuch.

Dies ist für Scott der Anlass, über „sex and secularism" beziehungsweise den Säkularismus-Diskurs der Gegenwart auf weiter ausgreifende Weise nachzudenken. Sie sieht hier eine ‚orientalistische' Logik und Rhetorik am Werk, die fälschlicherweise Säkularismus und Geschlechteregalität gleichsetzt – und damit das eigene westliche Modernisierungsprojekt deutlich (und positiv) vom ‚Orient' beziehungsweise Islam abgrenzt, der dadurch als rückständig und Frauen oder sexuelle Minderheiten diskriminierend erscheint. Mittels dieses Narrativs könnten einerseits die Gleichheitsforderungen von Frauen und Minderheiten im Westen zum Schweigen gebracht und andererseits die Gemeinsamkeiten zwischen westlichen und nicht-westlichen (religiösen wie Geschlechter-)Politiken unsichtbar gemacht werden:

> „The book's arguments can be briefly stated this way: first, the notion that equality between the sexes is inherent to the logic of secularism is false; second, this false historical assertion has been used to justify claims of white, Western, and Christian racial and religious superiority in the present as well as in the past; and third, it has functioned to distract attention from a persistent set of difficulties related to differences of sex, which Western and non-Western, Christian and non-Christian nations share, despite the different ways in which they have addressed those difficulties. Gender equality is not simply the by-product of the emergence of modern Western nations, characterized by the separation between the public and the private, the political and the religious; rather, that inequality is at its very heart. And secularism is the discourse that has served to account for this." (S. 3 f.)

Unter „secularism" versteht Scott „not an objective description of institutions and policies", sondern einen Diskurs (im Sinne Foucaults), also einen Machtapparat, in dem Sprechweisen und Institutionen eine untrennbare Einheit darstellen und gemeinsam beziehungsweise wechselweise wirken.

In insgesamt fünf Kapiteln führt Joan Scott die Leser*innen durch ein breit angelegtes Szenario, in dem die komplexe Entwicklung von Gleichheitsansprüchen und -rechten von Frauen (und Minderheiten beziehungsweise nicht-weißen Personen/gruppen) formuliert, verworfen und re-integriert wurden. Sie erläutert, wie diese Ansprüche sich immer mehr von „gender differences" beziehungsweise „gender equality" zu solchen sexueller Emanzipation und individuellem „empowerment" wandelten und dabei – im Kontext neo-liberaler Politiken und Ökonomien – zunehmend ihr kritisches Potenzial einbüßten, da die Frage nach gesellschaftlichen Machtverhältnissen immer stärker in den Hintergrund trat.

Im ersten und zweiten Kapitel zeigt Joan Scott knapp und in beeindruckender Prägnanz, wie Frauen in Westeuropa und den Vereinigten Staaten im Laufe des 19. Jahrhunderts immer mehr mit Religion und gleichzeitig und zunehmend (das ist besonders im Kapitel 2 nachzulesen) mit Reproduktion und ‚Natur' identifiziert wurden, das heißt, wie die europäische politische (Geschlechter-)Ordnung zunehmend naturalisiert und verwissenschaftlicht wurde. Dies hatte wiederum Folgen für die Verortung von Frauen in der Rechtskultur und im politischen System der genannten Länder. Das dritte Kapitel mit dem Titel „Political Emancipation" widmet sich den

Kämpfen von europäischen und nordamerikanischen Frauen um Staatsbürgerrechte nach 1789 und der damit verbundenen Abtrennung und Neuordnung von ‚innen' und ‚außen': Die Abtrennung und geschlechterspezifische Zuweisung von Privatheit und Öffentlichkeit führte zu einer ‚Vermännlichung' der Bürgerrechte in den modernen europäischen Nationalstaaten im 19. Jahrhundert und damit letztlich auch zu einer Sexualisierung von Staatlichkeit und politischer Geschlechterordnung. Diese ‚Vermännlichung' und damit Sexualisierung sei aber, so Scott weiter, auch nach der Öffnung der Bürgerrechte für Frauen seit dem frühen 20. Jahrhundert nicht aufgehoben, sondern bestehe zumindest indirekt beziehungsweise symbolisch bis heute weiter als ein Grundpfeiler auch der modernen Demokratien.

Scott beschränkt sich nicht auf diese Analyse westlicher Nationalstaaten und deren (‚unbewussten' beziehungsweise symbolischen) Geschlechterprinzipien, sondern richtet den Blick auf die nach europäischem Vorbild erfolgte politische Modernisierung in islamischen Ländern, besonders in den Folgestaaten des Osmanischen Reiches. Diese Modernisierung bildet die Grundlage für die durchaus erstaunliche Entwicklung „From the Cold War to the Clash of Civilizations", die Thema des vierten Kapitels ist. Hier wendet sich Scott der Phase des Kalten Krieges zu, in der sich zunächst ein – von religiösen oder anderen kulturellen Differenzen weitgehend unabhängiges – Auseinanderdriften von Geschlechterregimen feststellen lässt – also etwa die Begründung sozialer und politischer Gleichstellung der Geschlechter im kommunistischen Osten beziehungsweise individueller Freiheits- und politischer Gleichheitsrechte im kapitalistischen Westen. Mit dem Ende des Kalten Krieges wurde aus der Ost-West-Konfrontation sukzessive eine von ‚Orient' versus ‚Okzident' – und in dieser Auseinandersetzung werden die Karten nicht nur in Hinblick auf Geschlechter(un-)gleichheit, Trennung von ‚Privatsphäre' und (männlicher) Öffentlichkeit neu gemischt, sondern vor allem auch in Hinblick auf Religion und Säkularisierung. Aus dieser Zeit nach 1989 stammt, so Scotts Beobachtung, die neue Rede vom ‚säkularisierten' (ehemals christlichen) Westen, der angeblich den Frauen einen weit besseren Platz einräume als der religiöse, traditionsverhaftete und rückständige (muslimische) Osten: „In this new discourse, the secular and the Christian were increasingly considered synonymus, and women's sexual emancipation became a primary indicator of gender equality". (S. 28)

Im fünften und letzten Kapitel („Sexual Emancipation") schließt Joan Scott den Kreis zu den heutigen Verhältnissen und Diskussionen. Hier kommt sie dann auch auf Redeweisen und Argumentationen rund um die Verschleierung – ja, schlimmer noch, Versklavung – von Musliminnen und die ‚Zur-Schau-Stellung' von Frauen und ihren (fast nackten) Körpern im Westen (bzw. in den westlichen Medien) als besondere Problematik der aktuellen politischen Debatten zu sprechen. Ihrer Auffassung nach verkommt die Forderung nach ‚sexueller Befreiung' im neo-liberalen westlichen Konsum-Kapitalismus zu einer besonders raffinierten Werbe- und Verkaufsstrategie für Waren und Dienstleistungen aller Art und gleichzeitig zum Instrument im Kulturkampf: Die „sexual democracy", die von (westlichen) Feministinnen wie von Homosexuellen gefordert wurde, ist hier letztlich wenig mehr als integraler Bestandteil des aktuellen – und eindeutig gegen den Islam gerichteten – Säkularisierungsdiskurses.

Zu Recht betont Joan Scott, dass es sich bei dem Hauptanliegen ihres Buches um eine höchst komplexe Geschichte handelt, die sie auf knappen 200 Textseiten abhandelt: „The story is anything but straightforward and involves the insistence on sex as a public matter, and on women's sexuality (and by extension, nonnormative sexualities) as a right of individual self-determination." (S. 28) Tatsächlich sind viele dieser Ent- beziehungsweise Verwicklungen hier nur sehr knapp angerissen – und manches, was Scott aus den (wenigen und nicht immer ganz nachvollziehbaren) Quellenbeispielen herausarbeitet, könnte durch andere Quellenbelege in Frage gestellt oder doch wenigstens relativiert werden.

Scotts Kernthese löste in den USA bereits empörte oder zumindest irritierte Reaktionen aus und kann im Extremfall durchaus als ein Plädoyer gegen die allzu einseitige ‚Liberalisierungspolitik' des Westens in Sachen sexuelle Minderheiten verstanden werden. Doch das ist sicherlich nicht das Anliegen Scotts, die mit ihrem Buch vielmehr auf die Sichtblenden hinweisen will, die dem neo-liberalen, post-postmodernen und häufig höchst ‚orientalistischen' Säkularisierungsdiskurs inhärent sind. Ähnlich wie Luisa Passerini, die in einem in „L'Homme. Z. F. G." publizierten Interview eindringlich darauf hinwies, wie ‚verdreht' der (postmoderne) Gleichheitsdiskurs in seinem neo-liberalen Gewand nun daherkommt,[2] ist auch Joan Scott vor allem daran interessiert, der selbstgefälligen Selbst-Überhöhung des Westens einen entlarvenden Spiegel vorzuhalten und damit letztlich auch Denk- und Handlungsmöglichkeiten für FeministInnen zurückzugewinnen:

> „The contemporary discourse of secularism, with its insistence on the importance of ‚un-
> covered' women's bodies equates public visibility with emancipation, as if that visibility were
> the only way to confirm women as sexually autonomous beings (exercising the same rights in
> this domain as men). The contrast with ‚covered' Muslim women not only perpetuates the
> confusion between Western women as subjects and objects of desire, it also distracts attention
> from (or flatly ignores) persisting racialized gender inequalities in markets, politics, jobs and
> law within each side. […] By conceiving of these women in starkly oppositional terms, we fail
> to see the difficulties that sexual difference poses in many contexts, and we then underestimate
> or mischaracterize the challenges those difficulties present to the achievement of the (perhaps
> ultimately utopian) goal of gender equality". (S. 29)

---

2 Luisa Passerini sagt da u. a.: „Aus der Forderung nach Freiheit am Arbeitsplatz wurde der Druck zur globalen Flexibilisierung von Arbeit, was prekäre Arbeitsverhältnisse vor allem für die Jungen bedeutete. Die Forderung nach sexueller Befreiung wurde zum freien Markt von Sex umgewandelt, ein Kommerz, der alle Felder einschließlich der Politik durchdringt. Die Leitbegriffe der 68er wurden unwirksam, weil sie pervertiert in die Praxis umgesetzt wurden." Almut Höfert im Gespräch mit Luisa Passerini. Politik, Geschichte und Subjektivität, in: L'Homme. Z. F. G., 28, 2 (2017): Schwester- figuren, hg. von Almut Höfert, Michaela Hohkamp u. Claudia Ulbrich, 91–99, 98 f.

Insofern ist Scotts Buch weit mehr als eine (Diskurs-)Geschichte von Säkularismus und
Geschlecht. Es ist eine politische Streitschrift, ein Versuch, auf der Grundlage eines
breiten historischen Wissens und einer dadurch begründeten kritischen Infragestellung
aktueller Selbstverständnisse und Identitäten neue feministische Handlungsmöglichkeiten zu gewinnen – oder zumindest zu einer grundlegenden Infragestellung alter wie
neuer Selbstverständlichkeiten ,des Westens' beizutragen.

Claudia Opitz-Belakhal, Basel

Martina Bitunjac, **Verwicklung. Beteiligung. Unrecht. Frauen und die Ustaša-Bewegung** (= Gewaltpolitik und Menschrechte 2), Berlin: Duncker & Humblot 2018,
252 S., 28 Abb., EUR 44,90, ISBN: 978-3-428-15338-1.

Martina Bitunjac, Historikerin am Moses-Mendelssohn-Zentrum der Universität
Potsdam, forscht seit Jahren zu den Themen Zweiter Weltkrieg und Holocaust in
Südosteuropa sowie Täterforschung und Erinnerungskultur. Mit der vorliegenden
Publikation über „Frauen und die Ustaša-Bewegung" (von kroatisch *ustanak*, Aufstand), die 2013 bereits auf Italienisch erschienen ist,[1] schließt sie eine Forschungslücke, die über Jahrzehnte offengeblieben ist.
    In ihrer Einleitung (A) stellt Bitunjac einige wichtige Überlegungen an. So erwähnt
sie die bereits weitreichenden Forschungen über Frauen im Nationalsozialismus beziehungsweise in der SS. Auf diese Studien hätte die Autorin etwas näher eingehen
können, da sich zahlreiche Parallelen zu den Frauen im seit 1941 bestehenden Unabhängigen Staat Kroatien (USK) und ihrer Beteiligung in der Ustaša-Bewegung und
deren Verbrechen ergeben. Bitunjac hat neben herkömmlichen historischen Metho-
den, wie Archivrecherchen und dem Studium von Primär- und Sekundärliteratur,
ergänzend Interviews sowohl mit Ustaša-Frauen als auch mit solchen, die durch die
Ustaša verfolgt wurden, geführt. Ihren Fokus legte Bitunjac dabei auf die Prägung im
Kindes- und Jugendalter, in welchem sich die interviewten Frauen zum Zeitpunkt der
Existenz des USK befanden.
    Im darauffolgenden Kapitel (B) zeichnet Bitunjac die Entwicklung der Ustaša-
Bewegung seit 1918 nach, die sich zunächst als Geheimbund konstituierte, sich dann in
eine kroatische Unabhängigkeitsbewegung gegen die serbische Vormacht in Jugosla-
wien wandelte und sich zuletzt im USK als faschistische Bewegung präsentierte. Ante
Pavelićs Rolle als „Führer" *(„Poglavnik")* des USK von 1941 bis 1945, das Unvermögen
der Ustaša, sich zur Mehrheitsbewegung zu entwickeln, und Pavelićs Absicht, die
Ustaša nicht als politische Partei, sondern als militärische Organisation – ähnlich der
Waffen-SS oder den Camicie Nere – zu etablieren, stehen dabei im Vordergrund.

---

1 Martina Bitunjac, Le donne e il movimento ustascia, Roma 2013.

Bitunjac spricht in Bezug auf den Aufbau des USK von einer Imitierung der deutschen und italienischen Verhältnisse (S. 35), betont allerdings, dass es sich bei den Zielen um national-kroatische und nicht um nationalsozialistische oder faschistische gehandelt habe (S. 34 f.). Obwohl auch im USK nach NS-Vorbild „Rassengesetze" erlassen sowie Arbeits- und Konzentrationslager errichtet wurden, werden in der Forschung bislang vor allem die Unterschiede und Spezifika des Ustaša-Staates hervorgehoben.

In den anschließenden Kapiteln untersucht Bitunjac verschiedene Frauenrollen in der Ustaša-Bewegung von 1930 bis 1945. Die als „Erstkämpferinnen" (*„Prve borace"*) bezeichneten Gefolgsfrauen der ersten Stunde in der „Kampfzeit" der Ustaša vor 1941 (Kapitel C) waren, wie die Autorin betont, mitnichten nur Zuschauerinnen, sondern aktive Teilnehmerinnen im Untergrundkampf (S. 44). Obwohl die Ustaša nicht die Mehrheit der Bevölkerung für sich gewinnen konnte und bis 1941 nur wenige tausend Mitglieder zählte, sprach sie als Bewegung Frauen aus allen Milieus an. Wichtige Positionen innerhalb der Ustaša wurden aber nur von Frauen mit höherer Bildung besetzt (S. 50). Die Rolle Marija Pavelićs, der Ehefrau des *Poglavniks* und eine der zentralen Personen der Bewegung, wird ausführlich erörtert (S. 62–69, 174–180). Die junge Marija war zwar bereits zum Zeitpunkt, als sie Pavelić kennenlernte, politisiert. In Aktion trat sie allerdings erst, als ihr Mann im Turiner Gefängnis saß. Selbst ihre Kinder, vor allem die älteste Tochter Višnja, waren als Kuriere in und aus dem Gefängnis aktiv. Ein delikates Detail bildet die Herkunft Marijas, deren Mutter Jüdin war (S. 62), denn aufgrund von Antisemitismus und den erlassenen „Rassegesetzen" gehörte die jüdische Bevölkerung auch im USK zu den Verfolgten.[2]

Im Teil D untersucht Bitunjac das Spannungsfeld zwischen Glorifizierung und Mutterkult auf der einen, Instrumentalisierung, Anfeindung und Gewalt gegenüber Frauen auf der anderen Seite. Ehefrauen der Führungspersönlichkeiten im USK wurden als kroatisch-katholische Idealfrauen stilisiert (S. 85); als Vorbild galt die Frau als Mutter und Ehefrau (S. 79), die keine kurzen Röcke trug und sich kaum in der Öffentlichkeit zeigte (S. 107). Dieses von der Ustaša propagierte Frauenideal blieb aber Fiktion, wie Bitunjac betont, denn schon allein die durch den Krieg verursachte Verknappung von männlichen Arbeitskräften führte zur Teilnahme von Frauen am Arbeitsleben, und der Bürgerkrieg riss Familien eher auseinander, als dass er traditionelle Familienstrukturen festigte (S. 77). Kritik am öffentlichen Auftreten von Frauen in Ustaša-Uniform, jenem „neuen militarisierten Frauentyp", der so gar nicht zum oben erwähnten traditionellen Frauenbild der Bewegung passen wollte, begegnete die Ustaša mit dem Argument, dass es sich dabei um ein positives „äußeres Merkmal der Zugehörigkeit" handle (S. 110).

Aufschlussreich ist das Unterkapitel über die Bestrafung von Frauen, die sich mit italienischen Soldaten einließen. Denn obwohl Pavelić seine Exiljahre im faschistischen

---

2 Vgl. hierzu ausführlich Alexander Korb, Im Schatten des Weltkriegs. Massengewalt der Ustaša gegen Serben, Juden und Roma in Kroatien 1941–1945, Hamburg 2013.

Italien verbracht hatte, erkannte die Ustaša nun im „italienischen Besatzer" einen ihrer Feinde (S. 111–115), da sie die Souveränität des USK durch die deutsche und italienische Militärpräsenz eingeschränkt sah.[3] Eine sowohl bei den Ustaše als auch den kommunistischen Partisanen verbreitete Strafe für Kollaborateurinnen war das Rasieren der Haare. Mit der Kapitulation Italiens und dem zunehmenden Erfolg der Partisanenbewegung wurden auch die Strafen härter: Kollaboration von kroatischen Frauen mit den Besatzern wurde nun oft mit Gefängnis oder sogar mit dem Tod bestraft.

Im Unterkapitel „Die Frau als ‚Volkskörper' und Eroberungsterrain" spricht Bitunjac einen in der bisherigen Forschung ungenügend untersuchten Aspekt an: sexuelle Gewalt und Ausbeutung der Ustaše und ihrer Verbündeten. Bitunjac schreibt, dass „sexuelle Gewalt […] in Alltagssituationen, Eroberungskämpfen und Gefangenschaft im Unabhängigen Staat Kroatien an der Tagesordnung" war und belegt diesen Umstand mit verschiedenen Beispielen (S. 115 f.). Wie in anderen bewaffneten Konflikten ging es dabei nicht nur um die physische und psychische Schädigung weiblicher Individuen, sondern darum, über Vergewaltigung Familien- und Sozialstrukturen zu zerstören und damit den Gegnern zu zeigen, dass sie nicht fähig waren, ihre Frauen zu beschützen.

Aber auch Vergewaltigungen durch deutsche und italienische Soldaten an kroatischen Frauen, welche nicht den Partisanen oder einer der stigmatisierten Bevölkerungsgruppen angehörten, können nachgewiesen werden (S. 116 f.). Selbst in den eigenen Reihen kam es zu sexuellen Vergehen von Ustaše an Frauen. Die Täter hatten aber nur dann mit harten Strafen zu rechnen, wenn sie auch sonst bereits politisch in Ungnade gefallen waren. Sexueller Missbrauch an „als feindlich definierten Frauen" – Jüdinnen, Serbinnen, Romnija und Kommunistinnen – blieb ungesühnt (S. 117). Das Repertoire der Ustaša bezüglich sexueller Gewalt war groß und reichte vom nackte Frauen durch die Straßen jagen, Verbrennen von Geschlechtsteilen bis hin zu Massenvergewaltigungen und -morden in von der Ustaša geführten Konzentrationslagern (S. 118).

In Kapitel E kommt Bitunjac wieder zurück auf die in der Ustaša aktiven Frauen, die sich je nach Alter in verschiedenen Jugendorganisationen, der „Ustaša-Hoffnung", der „Ustaša-Heldin" und der „Ustaša-Starčević-Jugend", engagierten (S. 122). Das Hauptziel dieser Organisationen bestand darin, die Mädchen auf ihre Rolle als Mütter und überzeugte Anhängerinnen des USK vorzubereiten.

Im Teil F, dem wohl spannendsten Kapitel des Buches, gewährt Bitunjac Einblicke in den brutalen Alltag der Lager Jasenovac und Stara Gradiška unter spezieller Berücksichtigung des weiblichen Personals, das häufig noch sehr jung war (S. 200–224). Insbesondere das detaillierte Nachzeichnen der ‚Karrieren' und Verhaltensweisen der

---

3 Seit dem deutsch-italienischen Balkanfeldzug vom 6.–17. April 1941 und der damit einhergehenden Gründung des USK war dieser in eine deutsche und eine italienische Einflusssphäre geteilt.

Oberaufseherin Maja Buždon und ihrer Kollegin Nada Šakić, die viele Insassinnen
quälten und willkürlich ermordeten, hinterlässt einen bleibenden Eindruck.

Insgesamt ist die Studie zu Frauen in den Reihen der Ustaše überaus quellengesättigt
und ermöglicht neue Einblicke in eine bis heute kontrovers diskutierte, vielfach in-
strumentalisierte und politisch aufgeladene Thematik. Einige Kapitel hätten allerdings
stringenter strukturiert werden können. Die Sprache ist stellenweise langatmig und die
Übersetzung aus dem Italienischen scheint vereinzelt nicht ganz gelungen. Der Wechsel
zwischen verschiedenen Zeiten und Settings ist manchmal verwirrend: So springt die
Autorin beispielsweise von der Beschreibung der Rolle Marija Pavelićs abrupt zu Višnja
Pavelićs persönlicher Darstellung ihrer Mutter (S. 66). Hinsichtlich der grafischen
Gestaltung der Titelseite ist zu bemerken, dass der Untertitel „Frauen und die Ustaša-
Bewegung" im Verhältnis zu den drei Schlagwörtern des Haupttitels „Verwicklung.
Beteiligung. Unrecht" prominenter hätte gesetzt werden können.

Am Ende ihres Buches wirft Bitunjac die kritische Frage auf, ob die führenden
Frauen in der Ustaša-Bewegung nie oder zu spät zur Verantwortung gezogen wurden,
weil man ihnen die Brutalität ihrer männlichen Kollegen nicht zutraute (S. 224). In
Kroatien selbst wurde ihre Rolle in den letzten 28 Jahren seit der Unabhängigkeit nie
kritisch hinterfragt (S. 230). Insgesamt ist Martina Bitunjac eine Studie mit vielen
interessanten Einblicken in die Lebenswelten von Frauen im USK gelungen. Ihre
Kontextualisierung zu ideologisch verwandten Systemen wie dem Nationalsozialismus
und dem Faschismus hätte intensiver sein können, denn die Frage nach Unterschieden
und Ähnlichkeiten und den sich daraus ergebenden Möglichkeiten und Grenzen der
Mitwirkung von Frauen innerhalb solcher Strukturen wäre in jedem Fall fruchtbar
gewesen.

Franziska Anna Zaugg, Bern

Abstracts

Inken Schmidt-Voges, "Connecting Spheres". Locating Gender in Leon Battista Alberti's "Libri della famiglia" (1433/34)

This article discusses the assumption that the powerful concept of "separate spheres" cannot be directly applied to pre-modern cultures and knowledge orders. The interpretation of the sources, particularly normative and prescriptive texts, requires other epistemological approaches: theoretical reflections must also consider social practice; home and society cannot be adequately defined by the modern terms of "private" and "public". Through a re-reading of Alberti's "Della famiglia", the article stresses that the extent of the social space of the "home" was not congruent with the physical space of the "house", but penetrated spaces that we would today understand as part of "society". Thus the spheres of action ascribed to women in these pre-modern texts must be reconsidered as "connecting spheres". Obvious ambivalences of placing and spacing gender stem from the clash of conflicting concepts within gender and economic discourses as well as from implicitly negotiated fragile masculinities in the space between home and society.

Julia Gebke, Tracing Women's Action. Gender, Space and Agency in Sixteenth-Century Casa de Austria

This article delineates the contours of female and male dominated negotiation spaces at the imperial Habsburg court in early modern times, and thereby aims to outline the Empress's spheres of influence and her political agency in interaction with different court members. What kinds of negotiation spaces were accessible to a Habsburg Empress in the second half of the sixteenth century? Or to be more concrete: how can we trace the scope of action of Empress Maria of Austria (1528–1603) during her marriage with Maximilian II (1527–1576)? Which categories are useful to analyse her scope of action at the imperial court? As a first step, the article's introduction frames the topic by using three categories of analysis – Gender, Space and Agency – also tapping into the explanatory power of the historical term *weiberhandlung* (women's action). Secondly, the article introduces both male and female dominated spaces at the imperial court. Their distinctive features are elaborated upon in more detail with regard to the Empress's scope of action. Finally, the conclusion argues that only a combined analysis of both male and female dominated spaces at the imperial court can provide us with specific insights into the courtly negotiation spaces because those spaces complemented and mutually affected each other.

Björn Klein, Voyeurism and the Power of the Gaze in Sexologies and in New York City's Underworld around 1900

The International Dictionary of Psychoanalysis still considers voyeurism as a deviant manifestation of sexuality. This article reconstructs the emergence of the term "voyeur" in Euro-American sexology in New York City around 1900. Ralph Werther, a female impersonator and sexologist, is the starting point of this analysis. On the basis of his yet unpublished article "The Riddle of the Underworld" (written in 1921) and other sexologist theories of the male voyeur, a bio-political seizure of body experiences becomes apparent. By focusing on the sexologists' appropriation of the more diverse figure of the voyeur in the fine arts of the eighteenth and nineteenth centuries, the regimes of gaze and attention appear to be changed. These changes, taking place in New York City around 1900, were profound not only in architectural and technologicalterms, but also concerning the sensual level of the subject, through sexologist staging and institutionalisation by the white male gaze.

Çiçek İlengiz, Erecting a Statue in the Land of the Fallen: Gendered Dynamics of the Making of Tunceli and Commemorating Seyyid Rıza in Dersim

This article analyses the gendered, spatial and emotional dynamics of the Dersim Genocide (1937/38) and attempts to commemorate the genocidal violence. It traces the transition initiated by pro-Kurdish municipalities in Turkey's public sphere during the relatively liberal political atmosphere of the early 2000s, which switched from the spatial politics of denial to that of mourning. In illustrating the role of gendered military violence both in the destruction of Dersim and in the formation of Tunceli, the article underlines the role of spatial militarisation in upholding a regime of denial. It specifically focusses on the gendered aesthetic framing of the statue of Seyyid Rıza (1863–1937, inaugurated in 2010), who became a symbol of resistance after being executed as part of genocidal violence. The statue of Seyyid Rıza challenges the Turkish denial regime by turning a previously ungrievable dead body into an object of pride. However, Seyyid Rıza's statue could preserve its precarious place and remained within the 'limits of sayable' by not offering a future prospect that competes with the military masculinist aesthetic regime of the statues of Mustafa Kemal Atatürk.

Birgit Sauer, #MeToo. Ambivalences and Contradictions of Affective Mobilisation against Sexual Violence

The article analyses the #MeToo movement against sexual violence from a socio-theoretically informed affect perspective. It shows that #MeToo affectivism is political action and is thus able to transform the affect structure of sexual violence, that is criticising and breaking up violent gender hierarchies and heteronormativity. However, ambivalences and contradictions must be addressed, making visible women's ability to act and thus also their affective involvement in cultures of violence. Finally, to be a sustainable emancipatory movement, #MeToo must also address the intersectionality of violence and affectivity to unearth and eliminate the racialising inscriptions in violence discourses.

Anschriften der Autor*innen

Caroline Arni, Departement Geschichte, Universität Basel, Hirschgässlein 21, 4052 Basel, Schweiz – caroline.arni@unibas.ch

Erzsébet Barát, Central European University and Department of English Studies, University of Szeged, Egyetem utca 2, 6722 Szeged, Magyarország – zsazsa@lit.u-szeged.hu

Johanna Bleker, Emerita Institut für Geschichte der Medizin und Ethik in der Medizin, Charité – Universitätsmedizin Berlin, per Adresse: Ringstraße 30, 12205 Berlin, Deutschland – johanna.bleker@gmx.de

Anthony Castet, Département d'anglais, Université de Tours, 3, rue des Tanneurs, 37000 Tours, France – castet@univ-tours.fr

Jens Elberfeld, Institut für Pädagogik, Martin-Luther-Universität Halle-Wittenberg, Franckeplatz 1, 06110 Halle/Saale, Deutschland – jens.elberfeld@paedagogik.uni-halle.de

Maria Fritsche, Department for Historical Studies, NTNU Norwegian University of Science and Technology, 7491 Trondheim, Norge – maria.fritsche@ntnu.no

Julia Gebke, Institut für Geschichte, Universität Wien, Universitätsring 1, 1010 Wien, Österreich – julia.gebke@univie.ac.at

Ute Gerhard, Emerita Institut für Soziologie, Goethe-Universität Frankfurt am Main, per Adresse: Wätjenstraße 24, 28213 Bremen, Deutschland – utegerhard@arcor.de

Christa Hämmerle, Institut für Geschichte, Universität Wien, Universitätsring 1, 1010 Wien, Österreich – christa.haemmerle@univie.ac.at

Karin Hausen, Emerita Zentrum für Interdisziplinäre Frauen- und Geschlechterfor-schung, Technische Universität Berlin, per Adresse: Miquelstraße 77, 14195 Berlin, Deutschland – karinhausen@t-online.de

Çiçek İlengiz, International Max Planck Research School for Moral Economies of Modern Societies, Max-Planck-Institut für Bildungsforschung, Lentzeallee 94, 14195 Berlin, Deutschland – cicekilengiz@gmail.com

Björn Klein, Didaktik der Gesellschaftswissenschaften, Pädagogische Hochschule FHNW, Hofackerstrasse 30, 4132 Muttenz, Schweiz – bjoern.klein@fhnw.ch

Maren Lorenz, Historisches Institut, Ruhr-Universität Bochum, Universitätsstraße 150, 44801 Bochum, Deutschland – maren.lorenz@rub.de

Claudia Opitz-Belakhal, Departement Geschichte, Universität Basel, Hirschgässlein 21, 4052 Basel, Schweiz – claudia.opitz@unibas.ch

Sigrid Ruby, Institut für Kunstgeschichte, Justus-Liebig-Universität Gießen, Otto-Behaghel-Straße 10, 35394 Gießen, Deutschland – sigrid.ruby@kunstgeschichte.uni-giessen.de

Helga Satzinger, Emerita Department of History, University College London, United Kingdom – h.satzinger@ucl.ac.uk

Birgit Sauer, Institut für Politikwissenschaft, Universität Wien, Universitätsstraße 7, 1010 Wien, Österreich – birgit.sauer@univie.ac.at

Inken Schmidt-Voges, Fachbereich Geschichte und Kulturwissenschaften, Philipps-Universität Marburg, Wilhelm-Röpke-Straße 6, 35032 Marburg, Deutschland – inken.schmidtvoges@uni-marburg.de

Regina Schulte, Emerita Historisches Institut, Ruhr-Universität Bochum, per Adresse: Jenaer Straße 11, 10717 Berlin, Deutschland – regina.schulte@rub.de

Gesine Tuitjer, Thünen-Institut für Ländliche Räume, Bundesallee 64, 38116 Braun-schweig, Deutschland – gesine.tuitjer@thuenen.de

Franziska Anna Zaugg, Historisches Institut, Universität Bern, Länggassstrasse 49, 3012 Bern, Schweiz – franziska.zaugg@hist.unibe.ch

Weitere Hefte von „L'Homme. Europäische Zeitschrift für Feministische Geschichtswissenschaft"

30. Jg., Heft 1 (2019)
Fall – Porträt – Diagnose
hg. von Regina Schulte Xenia von Tippelskirch

174 Seiten, kartoniert
€ 25,– D / € 26,– A
ISBN 978-3-8471-0949-5
eBook: € 19,99
ISBN 978-3-8470-0949-8

29. Jg., Heft 2 (2018)
1914/18 – revisited
hg. von Christa Hämmerle, Ingrid Sharp und Heidrun Zettelbauer

178 Seiten, kartoniert
€ 25,– D / € 26,– A
ISBN 978-3-8471-0877-1
eBook: € 19,99
ISBN 978-3-8470-0877-4

Vorschau:

31. Jg., Heft 1 (2020)
Ehe imperial
hg. von Claudia Kraft und Margareth Lanzinger
Erscheint im April 2020

31. Jg., Heft 2 (2020)
Verstörte Sinne
hg. von Ulrike Krampl und Regina Schulte
Erscheint im Oktober 2020

L'Homme Schriften

Therese Garstenauer (Bd. 25)
Russlandbezogene Gender Studies
Lokale, globale und transnationale Praxis

2018. 313 Seiten mit 12 Abb., gebunden
€ 45,– D / € 47,– A
ISBN 978-3-8471-0876-4
eBook: € 37,99 D
ISBN 978-3-8470-0876-7

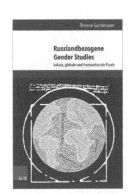

Vorschau:

hg. von Ingrid Bauer, Christa Hämmerle und Claudia Opitz-Belakhal (Bd. 26)
Politik – Theorie – Erfahrung
30 Jahre Feministische Geschichtswissenschaft im Gespräch
Erscheint im Frühjahr 2020

Vandenhoeck & Ruprecht Verlage

 unipress

www.vandenhoeck-ruprecht-verlage.com

Ältere Ausgaben von „L'Homme. Z. F. G." (1990 bis 2015) sind im Böhlau Verlag erschienen und über die Redaktion erhältlich: www.univie.ac.at/Geschichte/LHOMME/ und lhomme.geschichte@univie.ac.at

Heft 26, 2 (2015)
Maria Fritsche, Anelia Kassabova (Hg.)
Visuelle Kulturen

Heft 26, 1 (2015)
Ulrike Krampl, Xenia von Tippelskirch (Hg.)
mit Sprachen

Heft 25, 2 (2014)
Gabriella Hauch, Monika Mommertz,
Claudia Opitz-Belakhal (Hg.)
Zeitenschwellen

Heft 25, 1 (2014)
Margareth Lanzinger, Annemarie
Steidl (Hg.)
Heiraten nach Übersee

Heft 24, 2 (2013)
Claudia Ulbrich, Gabriele Jancke, Mineke
Bosch (Hg.)
Auto/Biographie

Heft 24, 1 (2013)
Ingrid Bauer, Christa Hämmerle (Hg.)
Romantische Liebe

Heft 23, 2 (2012)
Almut Höfert, Claudia Opitz-Belakhal,
Claudia Ulbrich (Hg.)
Geschlechtergeschichte global

Heft 23, 1 (2012)
Mineke Bosch, Hanna Hacker, Ulrike Krampl
(Hg.)
Spektakel

Heft 22, 2 (2011)
Sandra Maß, Kirsten Bönker, Hana
Havelková (Hg.)
Geld-Subjekte

Heft 22, 1 (2011)
Karin Gottschalk, Margareth
Lanzinger (Hg.)
Mitgift

Heft 21, 2 (2010)
Caroline Arni, Edith Saurer (Hg.)
**Blut, Milch und DNA. Zur Geschichte
generativer Substanzen**

Heft 21, 1 (2010)
Bożena Chołuj, Ute Gerhard, Regina Schulte
(Hg.)
Prostitution

Heft 20, 2 (2009)
Ingrid Bauer, Hana Havelková (Hg.)
Gender & 1968

Heft 20, 1 (2009)
Ulrike Krampl, Gabriela Signori (Hg.)
Namen

Heft 19, 2 (2008)
Christa Hämmerle, Claudia Opitz-Belakhal
(Hg.)
Krise(n) der Männlichkeit?

Heft 19, 1 (2008)
Ute Gerhard, Karin Hausen (Hg.)
Sich Sorgen – Care

Heft 18, 2 (2007)
Caroline Arni, Susanna Burghartz (Hg.)
Geschlechtergeschichte, gegenwärtig

Heft 18, 1 (2007)
Gunda Barth-Scalmani, Regina Schulte (Hg.)
Dienstbotinnen

Heft 17, 2 (2006)
Margareth Lanzinger, Edith Saurer (Hg.)
Mediterrane Märkte

Heft 17, 1 (2006)
Ingrid Bauer, Christa Hämmerle (Hg.)
Alter(n)

Heft 16, 2 (2005)
Mineke Bosch, Hanna Hacker (Hg.)
Whiteness

Heft 16, 1 (2005)
Ute Gerhard, Krassimira Daskalova (Hg.)
Übergänge. Ost-West-Feminismen

Heft 15, 2 (2004)
Erna Appelt, Waltraud Heindl (Hg.)
Auf der Flucht

Heft 15, 1 (2004)
Caroline Arni, Gunda Barth-Scalmani,
Ingrid Bauer, Christa Hämmerle, Margareth
Lanzinger, Edith Saurer (Hg.)
Post/Kommunismen

Heft 14, 2 (2003)
Susanna Burghartz, Brigitte Schnegg (Hg.)
Leben texten

Heft 14, 1 (2003)
Gunda Barth-Scalmani, Brigitte
Mazohl-Wallnig, Edith Saurer (Hg.)
Ehe-Geschichten